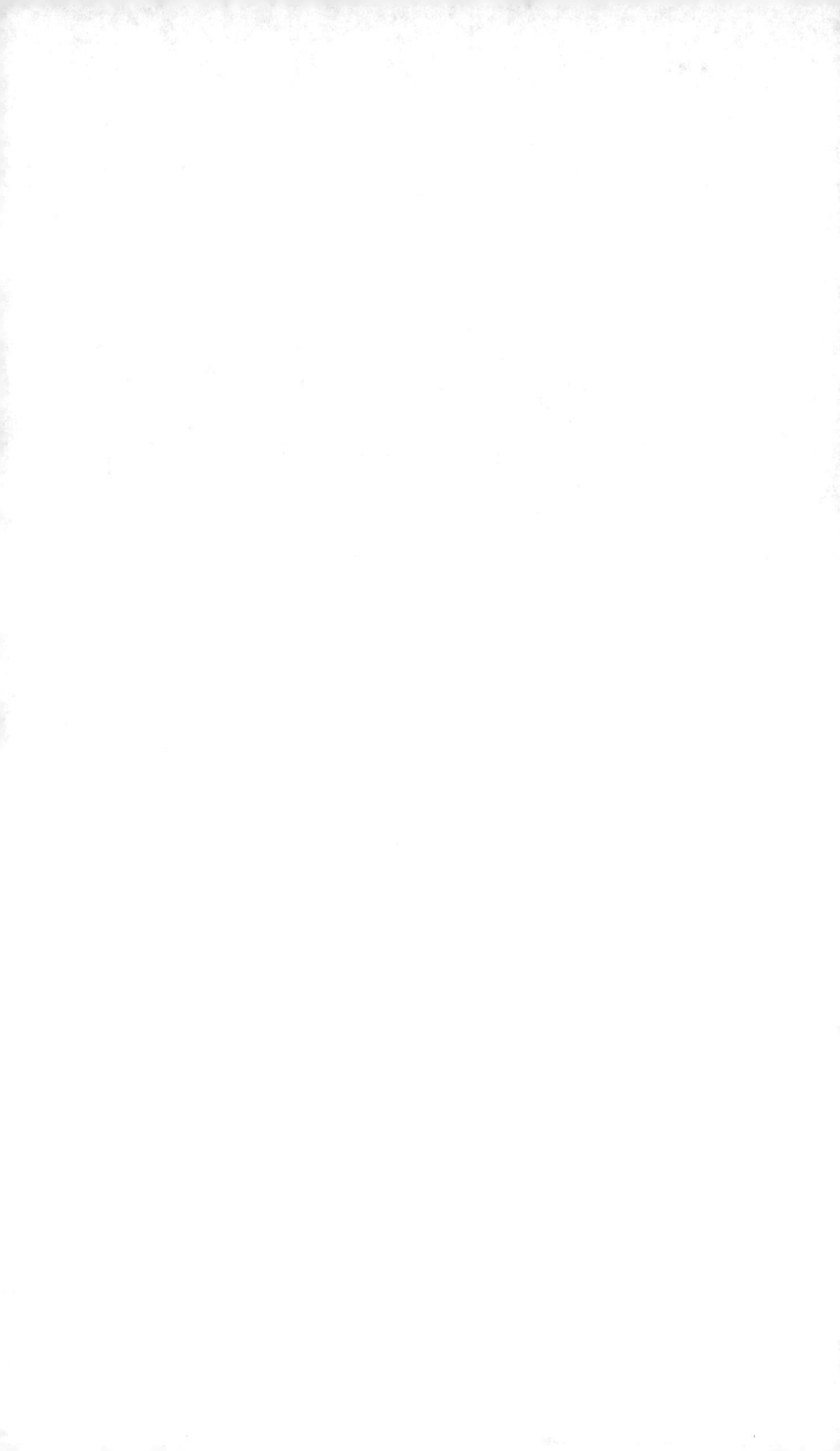

Memorias de una cinefilia
(Andrés Caicedo, Carlos Mayolo, Luis Ospina)

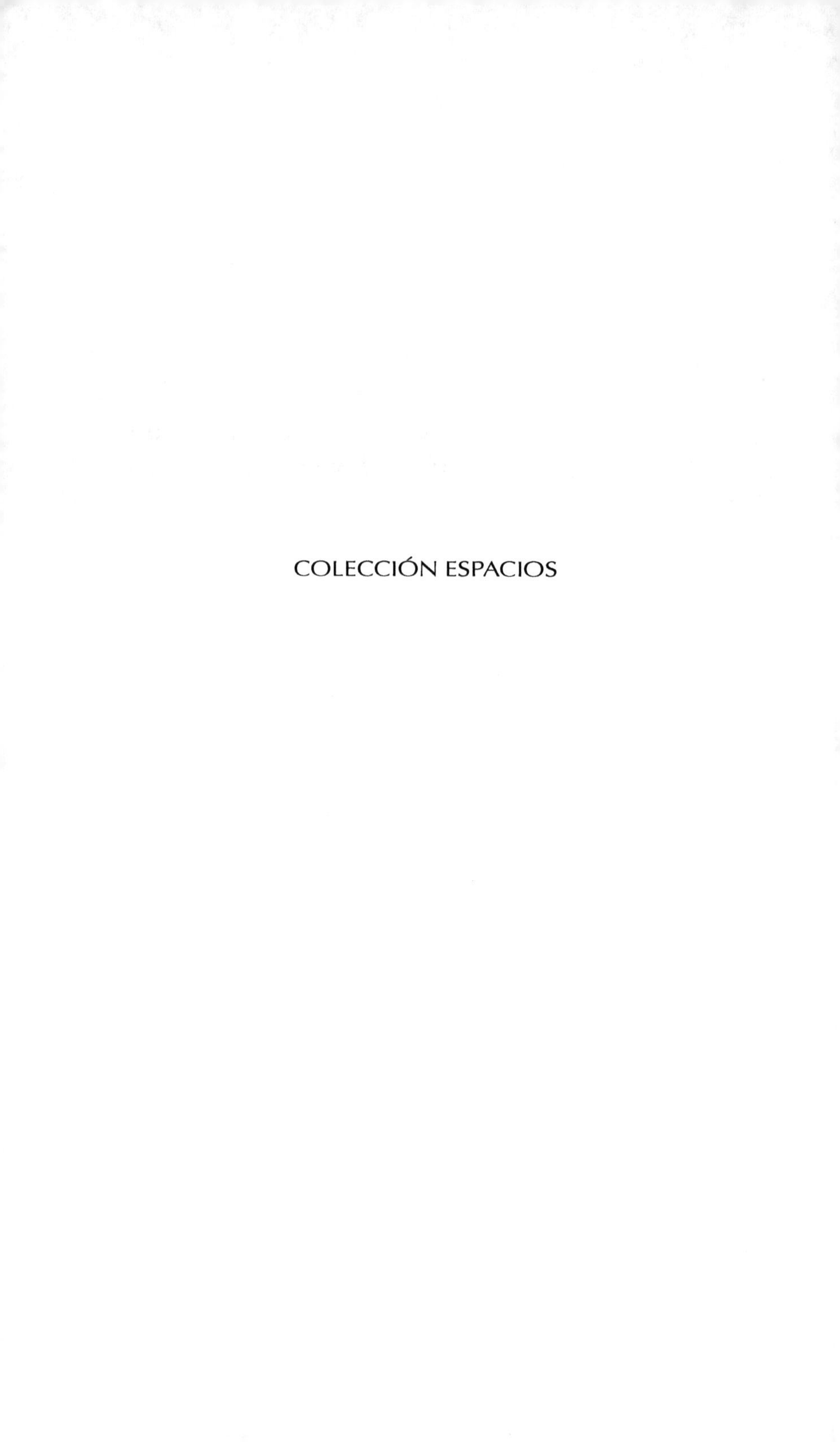

COLECCIÓN ESPACIOS

Memorias de una cinefilia
(Andrés Caicedo, Carlos Mayolo, Luis Ospina)

Sandro Romero Rey

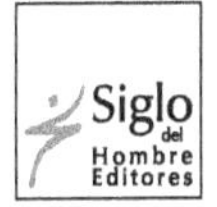

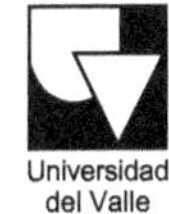

Romero Rey, Sandro, 1959-
Memorias de una cinefilia (Andrés Caicedo, Carlos Mayolo, Luis Ospina) / Sandro Romero Rey; fotógrafos Eduardo Carvajal y Karen Lamassonne; prologuista Ramiro Arbeláez. – Bogotá: Siglo del Hombre Editores y Universidad del Valle, 2015.
264 páginas: ilustraciones; 21 cm.
Incluye bibliografía y videofilmografía

1. Caicedo Estela, Andrés, 1951-1977 2. Mayolo Velasco, Carlos José, 1945-2007 3. Ospina, Luis 4. Cine - Historia y crítica - Colombia 5. Cinematografía 6. Crítica de cine 7. Festivales de cine - Cali (Colombia) I. Carvajal, Eduardo, 1949- , fotógrafo II. Arbeláez, Ramiro, 1952- , prologuista III. Tít.

791.43 cd 21 ed.
A1493

CEP-Banco de la República-Biblioteca Luis Ángel Arango

Primera edición, 2015

Cra 31A n.º 25B-50, Bogotá D. C., Colombia
PBX: (57-1) 337 77 00, fax: (57-1) 337 76 65
www.siglodelhombre.com

Ciudad Universitaria Meléndez
Calle 13 n.º 100-00, Cali, Colombia
PBX: (57-2) 321 21 00
www.univalle.edu.co

Carátula
Juan Felipe Sanmiguel

Ilustración de carátula
Lina González y Luis Ospina

Fotografías interiores
Karen Lamassonne (p. 20)
Eduardo Carvajal (pp. 20, 26, 54, 144 y 194)

Armada electrónica
Ángel David Reyes Durán

ISBN: 978-958-665-354-1

Impresión
Carvajal Soluciones de Comunicación S.A.S.
Calle 17 n.º 69-85, Bogotá D. C.

Impreso en Colombia-Printed in Colombia

ÍNDICE

Fragmentos de unas tales Memorias de una cinesífilis, *encontrados dentro de una botella en las riberas del Canal de Panamá.*

Andrés Caicedo, "Pronto"

Antes de nacer ya estaba aburrido.

Carlos Mayolo, *Pharmakon / Mamá, ¿qué hago?*

Antes de que me hubiera apasionado por mujer alguna, jugué mi corazón al cine y me lo ganó la cinesífilis.

Luis Ospina, *Mi último soplo*

PRESENTACIÓN

A Jaime Acosta, Jimy Carrillo y Socorro Mondragón,
dondequiera que se encuentren.

Nadie mejor que el escritor y crítico Sandro Romero Rey para hacer la crónica de las realizaciones del grupo de cinéfilos que dejaron su marca en la Cali de los años setenta y ochenta, pero especialmente de la segunda década, la que lideraron Luis Ospina y Carlos Mayolo. Nadie mejor que Sandro porque fue participante y testigo de los hechos relativos a la producción de películas, guiones y escritos, hechos en los que tuvo varios papeles: actor, locutor, coguionista, asistente de dirección, corrector y editor de textos, cronista y crítico. Pero sobre todo porque fue y sigue siendo amigo solidario de los dos directores, así Mayolo haya dejado de respirar. Eso lo autoriza plenamente para usar la primera persona en buena parte de los escritos testimoniales que Romero Rey reúne aquí.

Respecto a las crónicas sobre la primera parte de las acciones cinéfilas del hoy llamado Grupo de Cali, la liderada por el escritor y crítico Andrés Caicedo en los años setenta, y lo que tiene que ver con su obra literaria, teatral, crítica y de promoción cultural que produjo en su adolescencia y juventud, el papel jugado por Sandro ha sido distinto: no de testigo sino de reconstructor. Hay que agradecer primero que Luis Ospina y él hicieran posible que la obra escrita por Caicedo haya visto paulatinamente la luz, sin lo cual hubiera sido imposible el disfrute y el culto que hoy se ha creado en torno a su vida y obra, como hubiera sido imposible también captar el interés de editores en otras latitudes, responsables de que haya crecido el número de admiradores de Caicedo Estela en varios países de América Latina, Europa y Norteamérica. Pero los hechos que rodearon la vida de Andrés mientras escribía, hacía teatro, publicaba críticas de cine, organizaba cineclubes, editaba revistas y se dedicaba al conocimiento y disfrute musical, Sandro solo pudo conocerlos después, de oídas y leídas. En ese momento era únicamente un espectador curioso del Cine Club o de las obras literarias y teatrales de Andrés, como él mismo nos lo cuenta en los artículos reunidos aquí, ya que era muy joven en los años setenta. Eso no desmerece en nada el trabajo de reconstrucción, las ricas crónicas que nos brinda sobre esos años; pues como seguidor obsesivo de la obra y vida del escritor suicida, Sandro ha indagado a casi todas las personas importantes en la vida del desaparecido, ya que todas le sobrevivieron: familiares, amigos, amores, protegidos, compañeros, colegas, promotores, críticos y hasta denostadores. De allí que la versión que nos entrega Sandro sobre esos primeros años creativos de Andrés y del Cine Club, sea el producto del cruce y ensamblaje de todas las versiones que ha oído y leído sobre hechos e interpretaciones, no exentos de la porosidad de la memoria, de imprecisiones; pero es una versión por fortuna inmune a las inventivas que hemos tenido que oír de algunos que desean ocupar un lugar visible al lado del escritor admirado. Todos tienen su verdad... incluso yo, que me dediqué al teatro con Caicedo y con Jaime Acosta desde 1967, cuando teníamos entre 15 y 16 años, e hicimos parte de toda la saga teatral comandada por Andrés hasta 1972, año en que cambiamos definitivamente el teatro por el cine. Al menos Andrés y yo, porque Jaime, aunque contagiado también por la cinefilia, se resistió a cambiar las tablas por la pantalla y siguió alternando las dos cosas en Bogotá hasta entrados los años ochenta, cuando el cine terminó por imponérsele hasta hoy.

De manera que aprovechando que una de las editoriales que hacen posible este compendio de Romero Rey es la de la Universidad del Valle, y también que escribo desde uno de los edificios que antes ocupaban las residencias universitarias, veo oportuno aclarar cuál fue la relación que Andrés y el Grupo de Cali tuvieron con el alma máter, para complementar las crónicas de Sandro.

Caicedo no estudió en Univalle como muchos creen, pero fue contratado en el segundo semestre de 1969 (antes de cumplir sus 18 años) por el entonces decano de estudiantes, Diego Roldán Luna —a instancias del profesor Delio Merino, que el dialogante y estudiante de Letras, Álvarez Gardeazábal, le había presentado a Andrés como experto en Eugène Ionesco—, para que montara la obra que quisiera. Andrés hizo una adaptación de *La noche de los asesinos*, obra del cubano José Triana de reciente aparición. Aprovechó la noche para hacer los ensayos en los holgados espacios de los talleres de la entonces facultad de arquitectura de la sede de San Fernando y en el antiguo auditorio de economía, valiéndose del hecho de que Jaime Acosta acababa de entrar a estudiar arquitectura. Andrés me vinculó como actor del nuevo grupo cuando yo cursaba el último año de secundaria en el Preuniversitario San Luis —el colegio donde habíamos comenzado nuestras aventuras teatrales—.Nuestro asistente de dirección en el montaje de la obra de Triana también era estudiante de arquitectura, Jaime Carrillo —Jimy—, más conocido como el Che Carrillo, quien por estar en último año haciendo su tesis, tenía asignado un cubículo de menos de 10 metros cuadrados en el segundo piso de la facultad, en el que tenía su mesa de dibujo y en el que podía pernoctar como todos sus vecinos *tesistas*. Jimy, además de asistir a Andrés en la dirección, se encargó de diseñar el afiche promocional de la obra teatral y los cubos de madera que usamos como módulos escenográficos, con los que construimos diferentes figuras escénicas según los momentos representados. Además de Acosta y yo, que interpretamos los personajes masculinos, la figura femenina de la obra fue representada por Sonia Montero, estudiante de la facultad de Humanidades. Tengo muy buenos recuerdos de esa época, cuando en las noches, después de los ensayos, con frecuencia nos quedábamos encerrados en el cubículo de Jimy oyendo a los Beatles (¡sí, a los Beatles, Sandro!).

Andrés y yo tomábamos cerveza mientras los dos estudiantes de arquitectura abrían la ventana para expulsar los humos recreativos, y la volvían a cerrar para que el vigilante no se percatara de la rumba y de las carcajadas que nos producía a todos la risueña en ese encierro.

El estreno de la obra fue en el Teatro Municipal, donde hicimos tres funciones con la sala llena. Hicimos una más frente a las niñas del colegio Sagrado Corazón del Valle del Lili, cuyo auditorio tenía un tablero de vidrio sobre el que Jimy dibujó telarañas con una tiza, para ambientar el sótano donde los personajes estaban encerrados. En junio de 1970 nos invitaron a presentar la obra en Bucaramanga, donde hicimos parte oficial del programa del Seminario Nacional de Teatro Universitario que tuvo lugar en la Universidad Industrial de Santander, en uno de cuyos auditorios nos presentamos con mucho éxito de público y comentarios. Poco tiempo después de terminarse el contrato de Andrés con Univalle, este ingresó al grupo del TEC, comandado por Enrique Buenaventura, a quien se había acercado durante el Seminario de Bucaramanga. Hacía poco el TEC acababa de abrir su sede propia en la calle Séptima, de manera que Andrés participó como actor en el montaje que se hizo de *Seis horas en la vida de Frank Kulak*, una obra resultante del trabajo colectivo a partir de los textos que escribía a diario Enrique. Estando en el TEC, Andrés organizó el primer cineclub que dirigió: el Cine Club TEC, que alternaba los sábados en el Teatro Alameda (35 mm) con los martes en la sala del TEC (16 mm). Ese cineclub apagó sus proyectores a finales de noviembre de 1970 y es el antecedente del Cine Club de Cali, que inició labores el 10 de abril de 1971 en el Teatro San Fernando, con un ciclo de Jean-Luc Godard, cuando ya Andrés se había retirado del TEC. No obstante, siguió conservando la amistad con los integrantes del grupo, cuya opinión respetaba, y a quienes fuimos a mostrarles orgullosos *El mar* en su propia sede, aunque no recuerdo buenos comentarios.

Para ensayar *El mar* habíamos conseguido prestado, en el nuevo campus de Meléndez, un cuarto grande en uno de los edificios vacíos de las residencias estudiantiles, que no se ocupó de inmediato cuando la Universidad se trasladó allí en 1972. Yo mismo tenía mi habitación de residente en el bloque 7, pues había empezado a estudiar ingeniería civil en agosto de 1970. Esas residencias y las cafeterías habían sido estrenadas por los deportistas extranjeros que se alojaron allí con ocasión de los VI Juegos Panamericanos de 1971, tal como se puede apreciar en una secuencia que Mayolo-Ospina recogen en el documental *Oiga vea*. El edificio donde nos encerramos Andrés, Jaime y yo para ensayar *El mar* durante seis meses, correspondía al bloque 9 en la vieja nomenclatura. Hoy es la Escuela de Arquitectura, a solo tres edificios del que ocupa en la actualidad la Escuela de Comunicación Social (antiguo bloque 6), desde donde escribo, pues las residencias fueron clausuradas en los años ochenta. Un poco antes de estrenar la obra, se la mostramos al actor y fotógrafo Diego Vélez, quien tomó las únicas fotografías que se conservan de ella; y a Socorro Mondragón, una buena amiga, quien fungió de asistente de vestuario para ayudarme a cambiar y entrar sin demora a escena cuando alternaban los hermanos Jacinto y Jesús, que yo interpretaba.

El estreno lo hicimos dentro del mismo campus, en los bajos de la Biblioteca Central, en un salón grande donde hoy funcionan varias salas de audiovisuales. Nos lo facilitó el biólogo Miguel Cantillo, que a la sazón trabajaba en la Biblioteca, a pesar de que no hacíamos parte del grupo de teatro "oficial" de Univalle, que en ese momento dirigía a sueldo José Luis Andreone —aunque argentino, no confundirlo con el bandoneonista— que pregonaba un teatro panfletario afín a la concepción estética del Moir. Para publicitar las funciones, repartimos un volante en una página tamaño oficio impresa en mimeógrafo, que llevaba un dibujo hecho a mano por Andrés de un velero zozobrando en el mar. Fueron tres días seguidos de llenos rotundos, y serían las únicas funciones públicas completas que tuvo la obra de casi dos horas de duración, pues hubo una incompleta que presentamos en la Universidad Santiago de Cali, en el patio del primer piso de su antigua sede, la casa que hoy ocupa Proartes. Detuvimos la función cuando las voces de los actores eran inaudibles, después de luchar inútilmente hablando alto para combatir el ruido que producían los estudiantes que caminaban en los corredores de madera del segundo piso, durante el cambio de clase. Nunca más se volvería a presentar.

Pero la Universidad del Valle siguió siendo nuestro escenario preferido para presentar cine en 16 mm, especialmente el auditorio de la facultad de economía, donde exhibíamos con frecuencia películas que solo llegaban en ese formato y donde recuerdo especialmente el ciclo de cine colombiano que, emulando el de la Cinemateca Distrital, exhibimos en ese auditorio todos los viernes del mes de octubre de 1973 —Andrés acababa de llegar de EE.UU.— como complemento de las funciones sabatinas del San Fercho, ubicado solo a tres cuadras. En ese auditorio univalluno vimos y difundimos obras claves de la cinematografía latinoamericana, como *La hora de los hornos, El chacal de Nahueltoro, Venceremos, Sangre de cóndor*, *Chircales, El ángel exterminador, Los olvidados,* entre otras.

La Universidad del Valle vuelve a tener contacto con el Grupo de Cali cuando Jesús Martín-Barbero, director del recientemente fundado departamento de ciencias de la comunicación de la facultad de Humanidades, invita a Andrés Caicedo y Luis Ospina a diseñar los estudios de cine del nuevo programa de Comunicación Social que iba a comenzar a funcionar en el segundo semestre de 1975. En ese año, el Cine Club de Cali se encontraba en su mejor momento: Luis Ospina y yo nos habíamos unido a Andrés en la dirección desde hacía dos años; estábamos publicando la edición número 2 de la revista *Ojo al Cine*; Mayolo y Ospina realizaban los cortos *Contaminación es…*, *Sin telón, La hamaca, Asunción y Rodilla negra*; y en el San Fercho presentábamos hasta tres películas semanales, una el viernes a medianoche y dos el sábado. Cuando nos dimos cuenta de que en el Museo La Tertulia estaban a punto de inaugurar una sala de cine y conformar una cinemateca, volvimos a buscar a Maritza Uribe, la presidenta del Museo, pues ya Andrés le había enviado una solicitud en 1973, proponiéndole trabajar juntos, sin ningún resultado.[1] En esta ocasión conseguimos que nos prestaran la nueva sala para probar si funcionaba. Había sido construida bajo el lecho del antiguo Charco del Burro del río Cali, ahora desviado. Nos la prestaron desnuda, sin asientos, sin alfombra, sin proyectores y sin pantalla. Ubicamos dos proyectores de 16 mm en la cabina, unimos y templamos varias sábanas blancas y presentamos durante un fin de semana la película boliviana *Sangre de c*óndor de Jorge Sanjinés, con la gente sentada en las gradas, pero con tanto éxito que fue la prueba reina de que una sala de cine arte en Cali era más que necesaria. Más de un año después, un poco antes de morir Andrés, me llamaron del Museo para que me hiciera cargo de la programación de la sala. No me acuerdo si supe por qué me eligieron a mí.

En 1979 Luis Ospina es invitado por la Universidad del Valle como profesor del I Taller de cine del programa de Comunicación Social, y él asume esa cátedra hasta mediados de 1980, cuando entro a reemplazarlo. Siendo el suscrito profesor de estética del cine y del taller de audiovisuales en los años ochenta, vinculé como profesor invitado, en dos ocasiones, a Carlos Mayolo para que realizara talleres de dirección de actores, uno de los roles en los que Carlos se desenvolvía de manera admirable. Posteriormente, a finales de esa década, cuando el espacio *Rostros y rastros* estaba al aire en el canal Telepacífico, tanto Ospina como Mayolo realizaron varios trabajos para UVTV, la programadora de televisión de la Universidad. En 1995 la facultad de Humanidades, con la complicidad del padre de Andrés, publica la pieza teatral *Recibiendo al nuevo alumno;* y en 1997 es la editorial de la Universidad la que publica una antología que reúne otras cinco piezas teatrales.[2] Finalmente, en el 2009, la Universidad del Valle

1 Véase el texto completo de la carta en la tesis de pregrado de Yamid Galindo Cardona, *Cine Club de Cali 1971-1979*. Departamento de historia, facultad de humanidades, Universidad del Valle, Cali, 2006, p. 197.

2 Andrés Caicedo Estela, *Recibiendo al nuevo alumno*. Editorial Facultad de Humanidades, Universidad del Valle, Cali, 1995; *Teatro. El mar, El fin de las vacaciones, Los imbéciles están de testigo, La piel del otro héroe, Las curiosas conciencias*, Editorial Universidad del Valle, Cali, 1997.

le otorgó a Luis Ospina el doctorado honoris causa en Comunicación Social. Todo lo anterior sin que entremos a hablar del campo de estudios que se ha abierto en torno a las producciones críticas, literarias y audiovisuales del citado grupo, tanto en el área de comunicación, como en las de literatura, filosofía y sociología, que han producido en este mismo campus —como en otros nacionales y extranjeros— incontables estudios, tesis, montajes teatrales y películas cuya enumeración nos llevaría otras cuantas páginas. ¿Necesitamos acaso más razones que justifiquen que publiquemos en nuestra propia casa, en colaboración con Siglo del Hombre Editores, un libro que recoja la historia de estos tres creadores de Cali, contada además con la habilidad de una pluma tan diestra como la de Romero Rey?

Ramiro Arbeláez, 13 de mayo de 2015,
desde el bloque 6, 5° piso de la Universidad del Valle, Cali

1. LA NADA (DESPUÉS)

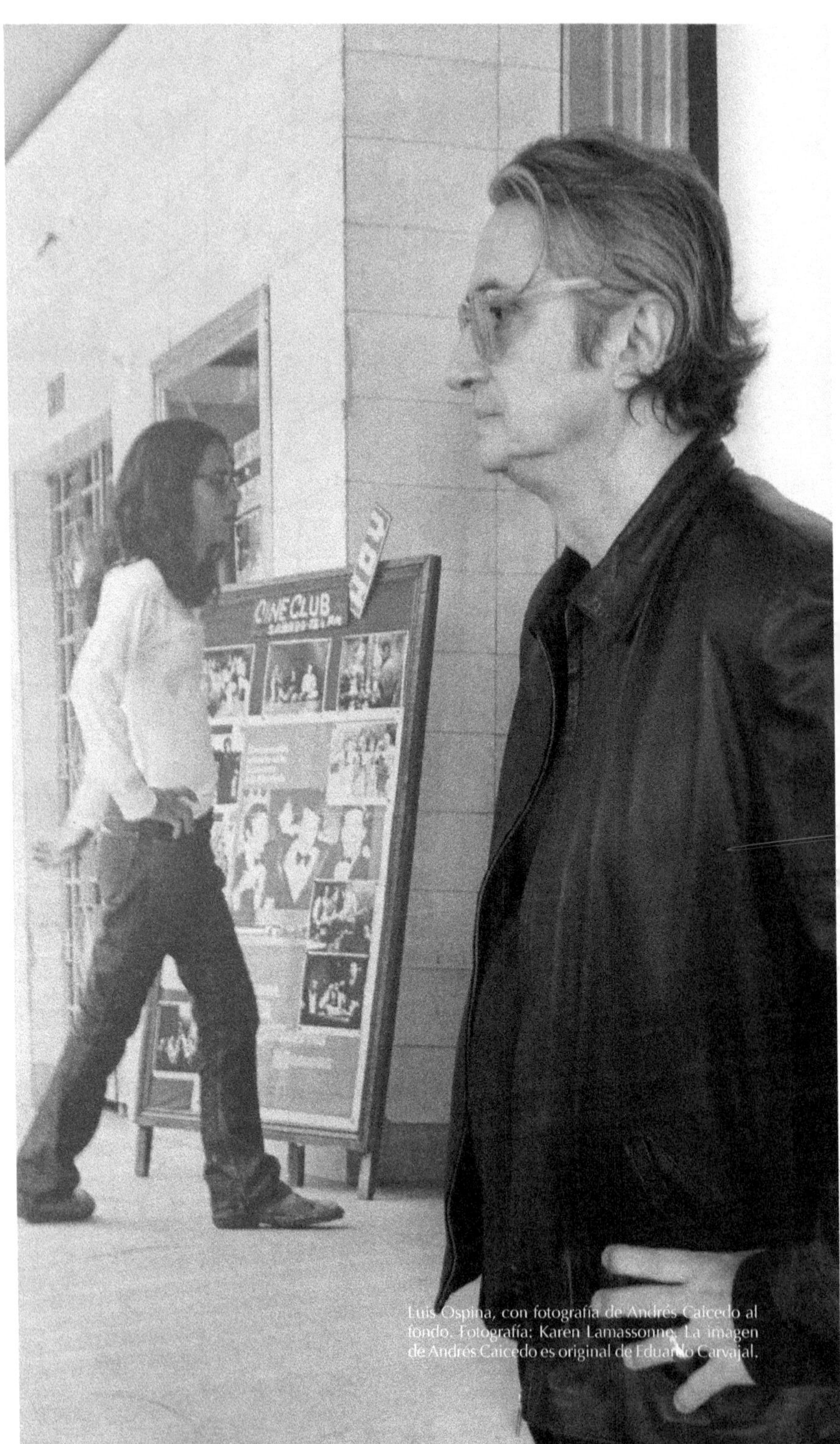

Luis Ospina, con fotografía de Andrés Caicedo al fondo. Fotografía: Karen Lamassonne. La imagen de Andrés Caicedo es original de Eduardo Carvajal.

El 4 de marzo de 1977, Andrés Caicedo Estela se quedó dormido para siempre sobre su máquina de escribir. Se había tomado una sobredosis de somníferos, y ponía fin a sus días tras una discusión definitiva con su amiga Patricia Restrepo. Treinta años después, el 3 de febrero de 2007, el director de cine Carlos Mayolo, con quien Andrés había dirigido la película inacabada *Angelita y Miguel Ángel,* moría de un infarto en su apartamento en Bogotá. La muerte abre y cierra los ciclos. Inaugura y acaba generaciones, inicia y concluye capítulos. Los que quedamos, los testigos, tratamos de darle una razón y una explicación a lo inevitable. Pero la muerte termina triunfando. El reloj se detiene y no queda más remedio que el lamento. Cuando era niño, le tenía terror a la evidencia de la muerte. Primero, no soportaba la idea de la desaparición de mis padres. Tanto, que comencé a reprocharles el hecho de haberme traído al mundo, tan solo para ser testigo de sus huidas. Luego, descubrí el horror de mi propia muerte a los 10, 11 años, y ya no pude volver a ser el mismo. En un país como Colombia, donde la muerte perdió su dimensión metafísica, no se concibe que alguien deje de gozar porque la parca pueda pisarle los talones. Pero sí. En mi caso, la idea de mi muerte siempre ha sido exclusiva, porque es la mía y es única, y la muerte, por más que se quiera, nunca será colectiva. Sin embargo, creo que la desaparición de otro que más me ha desbordado fue la de Andrés Caicedo. Todavía me afecta. Me afecta como un símbolo, como el ejemplo de la insoportable evidencia de la vida como simple antesala de la muerte. Mientras pasan los años, me doy cuenta de que he hecho de todo para preservar la memoria de Caicedo. Obras de teatro, recopilaciones, conferencias, videos, programas de radio, fiestas. A comienzos del 2007, decidí organizar en un solo volumen todos los textos que tenía regados por ahí sobre él, para dejar testimonio de mi viaje submarino por su desolado inframundo. Y cuando esto se forjaba, Luis Ospina, el otro protagonista de esta saga, me llamó por teléfono para darme *la* noticia: Carlos Mayolo estaba muerto. De alguna manera, la historia de la vida y muerte de Andrés Caicedo está ligada a la historia de la vida y muerte de Carlos Mayolo. Ambos fueron jóvenes creadores, ambos fueron obsesivos, ambos fueron cinéfilos, ambos amaron a Patricia Restrepo, ambos tuvieron que ver con las drogas, ambos eran caleños, ambos eran autodestructivos, ambos tienen la muerte encima de sus respectivas historias. He juntado mis textos consagrados a Andrés Caicedo con los escritos que he ido garrapateando, a lo largo de mis insomnios, acerca de mi complicidad con Carlos Mayolo. Cuatro años después, el director de cine Luis Ospina decidió filmar la historia de nuestra generación en un ajuste de cuentas titulado *Todo comenzó por el fin* (2015). Una frase que ya habíamos usado en el guion de un largometraje (*El pobre Lara o las exigencias del delirio*), el cual nunca se rodó. La frase aparece también, por ahí escondida, en una de mis obras de teatro. Durante la realización del documental, Ospina cayó gravemente enfermo y se decidió que, en caso de que desapareciese, el director, Rubén Mendoza, y el que firma este libro terminarían su largometraje. Por fortuna santa Verónica, la santa del cine, no permitió que Ospina se fuera tan pronto y toda su tragedia terminó formando parte de su extenso documental de 208 minutos. En el fondo, este libro terminó siendo una suerte de apéndice de dicho documental. Un largometraje que, para todos nosotros, los caleños de otrora, resulta más que sobrecogedor. Por consiguiente, este libro ha ido evolucionando. Lo que antes se llamó *Andrés Caicedo o la muerte sin sosiego* (Norma, 2007) desapareció de las estanterías y finalmente fue descatalogado. Ahora, cuando la historia parece continuar, esta ave fénix generacional regresa de sus propias cenizas con el título que el lector tiene entre manos, parafraseando un subtítulo cinéfilo del autor de *¡Que viva la música!* Es una vuelta al pasado, porque Caicedo sigue siendo protagonista y las preguntas sobre su gesta aun están abiertas. Por otro lado, porque no ha habido sosiego para este drama que, en última instancia, es el recuento de nuestras propias vidas. La cinefilia, por su parte, ha sido el secreto denominador común de las líneas que siguen.

Este libro se ha armado a partir de muchos textos escritos a lo largo de los años, siguiendo la idea de las "colecciones" que tanto le entusiasmaban al escritor cubano Guillermo Cabrera Infante. Está dividido en cuatro grandes bloques con dos hilos conductores: la ciudad de Cali y la cinefilia de una generación. Como introito, hay cuatro apartados en los que se hace un recorrido por la historia del "séptimo arte" (¿todavía sigue siendo el cine el séptimo arte?) en la capital del Valle del Cauca, donde el autor mira su ciudad natal desde la distancia y, en dos textos coyunturales, se muestran las polémicas acerca de la crisis de la cultura en Cali y, en ese contexto, el nacimiento y consolidación de su Festival Internacional de Cine.

En el capítulo más extenso, a lo largo de diez apartados recogidos bajo el título "Andrés Caicedo o la muerte sin sosiego",[1] he organizado los principales textos que he escrito, de 1984 hasta el 2014, sobre el creador de los *Angelitos empantanados*: desde versiones de los textos escritos a cuatro manos con Luis Ospina (los respectivos estudios preliminares para los libros *Destinitos fatales* y *Ojo al cine*) hasta textos que revelan las costuras secretas de *¡Que viva la música!* y *El atravesado*. Así mismo, se consignan aquí sendas reflexiones acerca del teatro de Caicedo, sobre los audiovisuales realizados alrededor de su obra y sobre la repercusión internacional de su trabajo.

Finalmente, en el capítulo 4, se reúnen dos textos consagrados a Carlos Mayolo y otros dos sobre Luis Ospina. Los textos sobre Mayolo siguen, el primero, el recorrido de toda su aventura audiovisual y el segundo pretende ser una crónica sobre los

---

1 "La muerte sin sosiego" fue el título de uno de los capítulos de la serie de televisión *Cuentos de espanto*, que el autor de este libro escribió para Carlos Mayolo. Era, a su vez, un juego que parodiaba la traducción al español de *The Unquiet Grave* de Cyril Connolly (*La tumba sin sosiego*), libro que tanto le entusiasmaba al autor de *¡Que viva la música!*

acontecimientos alrededor de su muerte. En cuanto a Ospina, hay una versión del prólogo que escribí para su libro *Palabras al viento (mis sobras completas)* y un texto inédito, especial para el presente volumen, a raíz de mi primera visión de *Todo comenzó por el fin* (2015).

Por último, en el capítulo 5, hay exhaustivas bibliografías y filmografías de los tres personajes que atraviesan el libro. A raíz de la publicación de uno de los *Cuadernos de Cine Colombiano* que lanzó la Cinemateca Distrital de Bogotá y del libro editado por el Ficunam de México, me entusiasmé con la idea de colaborar en la escritura de una cronología exhaustiva de Carlos Mayolo. Siguiendo con el ejercicio, lo continué con la obra de y sobre Caicedo. En cuanto a Ospina, me he apoyado en su cuidadoso sitio en internet para dar cuenta de la evolución de su trabajo.

Escribir sobre los cómplices de tu generación es un difícil ejercicio de distancia pero, al mismo tiempo, es una manera de comprometerse con lo mejor que la vida te ha brindado. El resto es fondo musical.

2. INTRODUCCIÓN. CALIWOOD CON SECUENCIAS

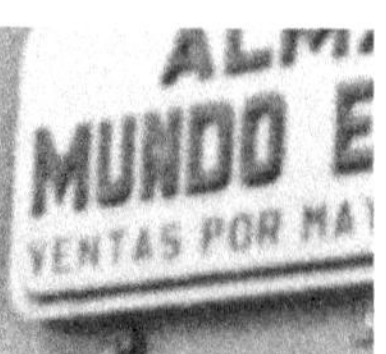

Luis Ospina y Carlos Mayolo durante el rodaje de *Cali de película* (1973).

CALIWOOD: UN CHISTE LARGO

En 1972, los jóvenes directores de cine Luis Ospina y Carlos Mayolo realizaron un cortometraje titulado *Cali de película*, en el que se anunciaba que en la capital del Valle del Cauca habían puesto tres cruces sobre uno de sus cerros para no dejar entrar al diablo. "Pero el diablo estaba adentro y no ha podido salir", concluía la voz, con un eco siniestro. No sabemos muy bien a cuál diablo se estaban refiriendo. Lo que sí es cierto es que el diablo del cinematógrafo, el invento de los hermanos Lumière que hace rato cumplió más de un siglo, apareció y se consolidó en Colombia gracias a los esfuerzos de los habitantes de Cali. Según cuenta el desaparecido crítico de cine Hernando Salcedo Silva en sus *Crónicas del cine colombiano*, es posible afirmar que, al parecer, la primera filmación realizada en el país se efectuó en 1899, en Cali. A partir de ese momento, podemos seguirle la pista a los acontecimientos fundacionales del llamado "séptimo arte" y nos daremos cuenta de que en Cali han sucedido buena parte de los hechos emblemáticos en la accidentada historia del cine colombiano. Entre 1921 y 1922 se filmó el primer largometraje de ficción en el país. Se trataba de la película *María*, realizada por los directores Máximo Calvo y Alfredo del Diestro,[1] a partir de la novela homónima de Jorge Isaacs. De la película solo se conservan, hoy por hoy, escasos segundos. Sin embargo, gracias al entusiasmo de Jorge Nieto y Luis Ospina, podemos conocer la historia de su realización a través del cortometraje titulado *En busca de "María"*, de 1985. En

---

1 Es preciso recordar que ambos eran españoles. Aunque investigaciones recientes parecen afirmar que Alfredo del Diestro era peruano.

dicha película, acompañado de buena parte de los cómplices cinéfilos de la época, el que estas líneas escribe actuó representando el doble rol del actor Hernando Sinisterra, quien a su vez fuese el desafortunado Efraín de la novela. De nuevo, estamos ante una realización vallecaucana. A partir de este momento notaremos que los acontecimientos definitivos de nuestro cine en el pasado se realizaron a tumbos. Grandes saltos que evidencian la irregularidad de una aventura signada por la ilusión y, a veces, por el desencanto. Una vez más, hubo un gran vacío entre las últimas realizaciones del período mudo, hacia 1926; hasta que, en 1927, se realizó la primera película "antimperialista", titulada *Garras de oro* y firmada por un tal P.P. Jambrina.[2] Muchos años después, los realizadores locales Óscar Campo y Ramiro Arbeláez, revelarían el misterio de esta extraña película. Catorce años más adelante, el director Máximo Calvo, el mismo de *María*, se lanzó a la realización del primer film parlante colombiano titulado, cómo no, *Flores del Valle*.

Cerca de quince años pasarían hasta que el director Guillermo Ribón Alba y el productor Tito Mario Sandoval fundasen la Dawn Bowyer Films de Colombia, para la realización del primer largometraje en colores de nuestro país, conocido como *La gran obsesión*, el cual ha sido debidamente restaurado.[3] Una vez más, los paisajes de Cali y del Valle del Cauca son los protagonistas de las imágenes en movimiento capturadas por las cámaras nacionales. Según estas cuentas, la historia del cine colombiano tiene que pasar por el occidente del país. Cali, con casi tres millones de habitantes en el nuevo milenio, ha sido un necesario referente

---

2 El verdadero nombre de P.P. Jambrina era Alfonso Martínez Velasco, pariente lejano de Carlos Mayolo. El historiador caleño Ramiro Arbeláez sería quien revelase el misterio del director de *Garras de oro*. En 2014, la investigación fue contada en el documental *Garras de oro: la herida abierta de un continente*, estrenado en el Festival Internacional de Cine de Cali.

3 Como dato curioso, es preciso anotar que *La gran obsesión* contaba con la presencia de Carlos Julio Ramírez, el único colombiano que triunfó en la edad de oro de Hollywood, en películas como *Anchors Away*, *Bathing Beauty* o *Night and Day*, entre otras.

cultural en Colombia. Allí se han gestado grandes acontecimientos a nivel de la pintura, la música, el teatro, la literatura y la danza. Y el cine nunca ha querido ser una excepción.

En la década del setenta, un grupo de jóvenes entusiastas, afectados por el virus de la cinefilia, fundaron el llamado Cine Club de Cali, bajo la batuta del escritor Andrés Caicedo. Caicedo es una leyenda imprescindible en la historia de la cultura colombiana. Nacido en 1951 y muerto a los 25 años, podemos decir que se trata de una figura que representa la inteligencia y el desencanto, el juego y el riesgo que las nuevas generaciones de colombianos encuentran a través de su obra, permanentemente vital e iconoclasta. Pero Caicedo no solo dejó una inmensa producción literaria, con libros como *El atravesado*, *¡Que viva la música!* o *Destinitos fatales*. También se encargó de impulsar la pasión por el cine, como lo demuestra en su colección de textos recopilados bajo el título de *Ojo al cine*. Alrededor de Caicedo y sus amigos (Luis Ospina, Carlos Mayolo, Ramiro Arbeláez, Óscar Campo, Eduardo Carvajal, Hernando Guerrero, entre otros) se formó una nueva generación de impulsores del trabajo cinematográfico. Entre 1970 y 1978 se hicieron películas fundamentales, como *Oiga vea*, *Angelita y Miguel Ángel* o, la más importante de todas, *Agarrando pueblo*, mezcla de argumental y ficción, que denuncia con perverso humor la utilización de la miseria con fines comerciales.

Después del suicidio de Andrés Caicedo, Cali continuó aventurándose por los caminos del cine. Primero, a través de un director llamado Pascual Guerrero (no confundirlo con el estadio de fútbol de la ciudad), quien, bajo el seudónimo de Inti Pascual, realizaría dos largometrajes titulados *El lado oscuro del nevado* y *Tacones*, los cuales ayudaron a aglutinar a una nueva generación de técnicos y actores que mantendría viva la llama de la pasión por las imágenes. Gracias al estímulo de la Compañía de Fomento Cinematográfico (Focine), comenzó a incentivarse la producción de largometrajes con préstamos a los productores. Es así como, en 1982, se estrena la primera película colombiana con presupuesto estatal titulada *Pura sangre*, sobre la leyenda del Monstruo de los Mangones, un asesino en serie, cómo no, caleño. A lo largo de la década del ochenta se consolida el grupo de alegres cineastas locales que se conocería con el apelativo de Caliwood. *Carne de tu carne*, *La mansión de Araucaíma*, *Aquel 19*, *Cali, cálido, calidoscopio*, *A la salida nos vemos* y *El día que me quieras*, entre otros, son algunos de los títulos realizados y estrenados en aquella época de gran explosión creativa.

Los años han pasado y el cine caleño se transforma. Gracias a los beneficios del video, nuevos lenguajes y nuevos nombres se instalan en el panteón caliwoodense. El caso más destacado es, de nuevo, el de Luis Ospina quien, con documentales como *Andrés Caicedo: unos pocos buenos amigos*, *Ojo y vista: peligra la vida del artista* y, sobre todo, el inmenso fresco titulado *Cali: ayer, hoy y mañana*, se ha convertido en uno de los bastiones de la cultura audiovisual vallecaucana. En el año 2007 moriría Carlos Mayolo, su compañero de aventuras cinéfilas, y con su desaparición, de alguna manera, concluye *l'âge d'or* de la leyenda de Caliwood. Pero el cine sigue su curso. En el nuevo milenio, una nueva generación de directores y creadores se han encargado de consolidar el nombre de la capital del Valle como el epicentro del acontecer cinematográfico colombiano. Los nombres se han multiplicado: desde Óscar Campo, pasando por Antonio Dorado, Carlos Moreno, Andrés Báiz, Jorge Navas, William Vega u Óscar Ruiz, entre otros, el cine caleño ha seguido su ascenso y demuestra, una vez más, que el diablo de la cinefilia no ha podido escaparse de sus límites, no solo por la presencia de las tres cruces, sino simplemente porque sus habitantes no quieren que se vaya nunca.

Elegía en primera persona

Debe ser porque ya atravesé la barrera de los cincuenta pero, cuando voy a Cali, siento que esa no es mi ciudad. Sí. Llevo más de veinte años por fuera de los muros que me vieron nacer, pero eso no debería ser motivo para castigar un sitio con el látigo del desprecio. Mi tío Alfredo Rey, quien también *era* caleño, me dice que lo bueno de Europa es que uno se va y, cuando vuelve, después de mucho tiempo, las cosas están allí donde uno las dejó. Eso no me pasa en Cali, salvo que todavía encuentro algunos amigos orgullosos de haberse quedado, demostrándome que no hay necesidad de salir de casa para ser universales. Como el escritor cubano Lezama Lima quien, dicen, nunca salió de La Habana "y sabía de Ulises más que la misma Penélope", según contaba Julio Cortázar. Los caleños apasionados (yo también fui fundamentalista, por eso los invoco) se aferran a la ciudad como la única justificación que queda para mantenerse en el mundo. De alguna manera, los envidio. Pero yo ya no entiendo a Cali. Y lo digo, de verdad, con infinita tristeza. Cada vez que voy, siento la inminencia de la muerte. Como los viejos vaqueros que regresan a su pueblo para morirse, o los cansados elefantes de la Escarpa Mutia en las películas de Tarzán. Y me resisto a pensar como Mick Jagger, quien decía de Dartford: "Es el lugar perfecto para nacer y el lugar perfecto para no volver". Y les juro que no lo digo burlándome. Lo musito con miedo.

Trato de acomodarme a mis calles, pero esas calles ya no son, ni por asomo, las mías. Nací en la Clínica de los Remedios del Centro, y esa clínica ya no está. Pasé mis primeros días en los alrededores del barrio El Peñón, pero esos lugares no cuentan, porque solo los viví como el cuento de mis padres. No es un cuento donde yo cuento. Mi infancia, mi adolescencia y buena parte de mi primera madurez (me fui de Cali cuando me acercaba a los treinta) los viví en la avenida Segunda Norte, en pleno corazón del barrio Centenario; en el triángulo compuesto entre mi casa, el colegio Berchmans (que ya no existe y, para colmo de la envidia, ahora es mixto en su nueva sede del sur) y "el Conservatorio", o sea, el Instituto Departamental de Bellas Artes, donde estudié teatro y me contagié del virus de la estética, quizás para siempre. La avenida Segunda Norte era una calle larga y solitaria, llena de árboles y de casas galantes, donde se jugaba fútbol con los ojos cerrados y se podía caminar sin prisa. De hecho, yo oía la campana de inicio de clases en el Berchmans desde mi casa, a tres o cuatro cuadras de distancia. Hace algunos años mi casa se convirtió en un restaurante azul. En el segundo piso vivió y murió el gran fotógrafo Fernell Franco, a quien iba a visitar cada cierto tiempo, y en su territorio no quedó ni media huella de la casa de mis recuerdos. Hoy, la casa ya no existe. La molieron a golpes. Cuando fui creciendo, mis fronteras se abrieron al Cine Club de Cali. Y, cómo no, al restaurante Los Turcos. Allí no había que ponerse citas, porque uno se encontraba con quien quería. Allí hice mis amigos cinéfilos y mis amigos escritores. Allí descubrí placeres prohibidos y fui testigo del primer triunfo del América. Ahora todo está en ruinas. Pero son ruinas extrañas, como las de los estudios de cine o televisión. Las rutas son las mismas, pero los decorados no corresponden al recuerdo. Cambian las fachadas, las gentes. Y, por supuesto, la energía. Es triste (e incluso peligroso) decirlo, pero Cali, el Cali que recuerdo, ya no existe. Cali es otra ciudad, con una avenida Sexta inundada de rancheras y vallenatos, con una sobrepoblación apeñuscada en fachadas neutras, llena de carros y trancones, sin un mínimo espacio para caminar o para gozar de la sublime pereza que alborotaba la ciudad en otros tiempos.

A veces viajo con amigos que quieren conocer "el Cali de Andrés Caicedo". Por supuesto que me desconcierta pasear por sitios que son lo contrario de lo que representaron para la literatura. Cali se suicidó con Andrés Caicedo. Y el testigo final de las ruinas fue el documentalista Luis Ospina con sus inolvidables y terribles *Adiós a Cali* (1990) y *Cali: ayer, hoy y mañana* (1995). Creo que con estos trabajos se cerró una época y comenzaron los recuerdos inútiles. Hoy, en Cali me siento hablando otro idioma. De repente es un idioma mucho más rico y diverso, pero siento que ya no es el mío. Por fortuna, veo un renacimiento en algunos de los nuevos realizadores audiovisuales. Algo huele bien en la literatura, según cuenta la antología bilingüe denominada *Caligrafías*. Pero no es del renacimiento que quiero hablar, sino de la muerte irremediable.

Cali, ese Cali de extraña belleza, con una Sexta de doble vía y mujeres de otro planeta, con un río que se desbordaba sobre la avenida Colombia, con un Puente Franco y salas de cine de programa doble. Cali, una ciudad con fantasmas en sus teatros y atracadores eruditos, la ciudad de La Tertulia y el Honka Monka, del TEC y el Cabo Rojeño, de la Caseta Panamericana y el Teatro

San Fernando, se me escapa sin quererlo. En Cali viven mis tías y unos primos. En Cali se pasean algunos cadáveres que reconozco y siento un lejano río que parece cómplice de pasadas madrugadas. Pero es mejor dejar las cosas como están. Ahora, cuando voy a Cali, por desgracia (o, de repente, por fortuna, uno nunca sabe), necesito desempolvar el pasaporte y renovar mi visa, hace muchos años vencida.

Por favor, os ruego que no me odiéis, oh, amados paisanos caleños. Pero a veces me despierto sin haber dormido. ¿Será mejor borrar lo vivido? ¿O será mejor borrar estas líneas?

Cinesífilis (el Festival Internacional de Cine de Cali, Ficcali)[4]

La otra pachanga

A lo largo de la década del setenta, más allá de las sincopadas claves de la salsa, Cali vivía semanalmente su pequeño festival de cine. Los amantes de las salas oscuras teníamos en el Cine Club de Andrés Caicedo y su pandilla un particular oasis en el que se descubría, con anárquica profundidad, el universo de Ingmar Bergman y George Romero, de John Ford y Luis Buñuel. En 1977, Caicedo se largaría de este planeta para siempre y la historia del cine en Cali quedaría en el limbo por un buen tiempo. El entusiasta que ensaya estas páginas recuerda que, en marzo de 1979, iría por primera vez a un festival de cine. Iría a Cartagena donde, dos años atrás, no había podido asistir el citado Caicedo, porque el periódico en el que escribía se negó a enviarlo, y coincidió el hecho con el telón de fondo de su suicidio. Cartagena, por aquellos días, vivía el esplendor de la cinefilia, gracias a don Víctor Nieto y al entusiasmo generacional de su hijo Víctor Nieto Jr. Poco a poco, los cinéfilos caleños tendríamos una estimulante complicidad con la fiesta del cine caribeña y, gracias a los Víctor,

4 Un sueño realizado. A propósito de la primera edición del Festival de Cine de Cali en octubre de 2009.

conoceríamos muchos nombres emblemáticos de la galaxia galante de las pantallas del mundo. Año tras año, la cita en Cartagena era necesaria, porque no había otros espacios para descubrir lo que sucedía en el cine. Pero la tecnología suplió las miserias del medio. Llegó el *betamax* primero, luego el VHS, pronto el DVD, la internet, la aldea global. Víctor Nieto Jr. moriría en la década del ochenta, víctima de *la* enfermedad y, junto a él, desaparecería lo mejor del festival del corralito.

Con el director de cine Luis Ospina, quien esto escribe descubriría fascinado un relato de Caicedo titulado "Los mensajeros", en el que una vieja diva del celuloide evocaba los días gloriosos de una ciudad llamada Cali, convertida en la capital mundial del cine. El relato fue incluido en la compilación titulada *Destinitos fatales*, y siempre soñamos, entre rumba y chanza, con que nuestro villorrio se convirtiese en el paraíso del séptimo arte. Una noche, en medio del polvo de las estrellas, surgió la palabra mágica: Caliwood. Y con ella, una constelación de rodajes que adornó nuestras vidas. Los recuerdos que tengo de la década del ochenta son los de una fiesta inmortal en la que se hacían películas mientras jugábamos a desafiar a la muerte. Pero el cine del mundo se veía en Caliwood a cuentagotas. Había que viajar, salir del útero, para descubrir lo que pasaba en otras latitudes, más allá de los estrechos límites de Hollywood. Quién iba a pensarlo. Los años pasaron como borrascas y tres décadas después de mi primer festival de cine regresé a mi ciudad, para ser cómplice del nacimiento del primer festival de cine de la capital del Valle del Cauca, dirigido por mi cómplice de tantas batallas, el profesor Luis Alfonso "Poncho" Ospina, conocido en latitudes más cercanas como el Capitán Misterio.

Pues el Capitán Misterio se salió una vez más con la suya. De nuevo, sin hacer concesiones, característica que ha mantenido en toda su producción audiovisual. Bajo el lema "Encuentros cercanos entre la ficción y la no ficción", Ospina se encargó de inventarse un festival enorme, con más de trescientos títulos seleccionados con paciencia de entomólogo, organizados en distintas secciones temáticas que gozan de sonoros títulos: "¡Que viva México!", "Vive la France", "Mirada retrospectiva", "El documental y el yo",

"El cine y su espejo", "Encuentros cercanos", "Caliwood: ayer, hoy y mañana", "Cine X español", "Zinema zombi", "Cinema expandido"... entre otros, entre muchos otros. Por mi parte, y por la parte de los miles de espectadores que asumieron la adicción del Festival de Cine de Cali, hubo que trazarse un mapa de ruta estricto para poder videar, al menos, unas cincuenta películas entre el 27 de octubre y el 2 de noviembre de un lejano 2009 que se acabó hace rato. El Festival, por fortuna, tuvo un arranque contundente y ya se prepara para convertirse en uno de los eventos audiovisuales más importantes de nuestro entorno. Como no quiero que esto suene a exageración valluna o a entusiasmo de viejos cómplices, he tratado de organizar mis diarios. En estos recuerdo lo vivido en Cali durante su rumba cinéfila, para que el especialista o el iniciado que no pudo pasearse por las calles sagradas de mi infancia, logre al menos llevarse un recuerdo cálido de lo no vivido. Espero no morir en el intento.

Del puente para acá

Cada vez más se multiplican los festivales de cine. En Colombia, fuera del de Cartagena y del impredecible Festival de Cine de Bogotá, hay festivales en Medellín, Santa Fe de Antioquia, Pasto, Villa de Leyva, Barranquilla, Toro y Barichara. Eso está muy bien. Sin embargo, en Cali, desde un principio, se decidió que el festival de una de las ciudades con mayor tradición cinéfila en Colombia tenía que ser distinto. Así que se optó por recurrir a las mejores vanguardias audiovisuales del mundo. Desde hace muchos años, Ospina es asiduo visitante de todos los encuentros que su oficio le permite. Gracias al éxito de su documental *Un tigre de papel*, el caleño es protagonista de buena parte de las fiestas universales en las que la oscuridad y las pantallas son las protagonistas. Lejos de querer convertir el Festival Internacional de Cine de Cali en un asfixiante jugueteo arribista para darle gusto a los cultores de la danza farandulera, se decidió que en el encuentro cercano de nuestra tierra se recurriría a lo nuevo, a lo transgresor, a la aventura, a lo provocador, a la contracorriente y a no seguirle el juego a los asfixiantes lugares comunes del cine de centros comerciales. Así, el asunto comenzó a tomar cuerpo. Desde la distancia, vi crecer y crecer la programación y, de verdad, no me lo creía. Mi amigo, el crítico de arte Miguel González, curador del Museo de Arte Moderno La Tertulia, me llamaba preocupado desde Cali, advirtiéndome que Ospina se había vuelto loco. "Déjelo, Miguel", le contestaba con nerviosa paciencia. "Él sabe lo que hace". Pero, en el fondo, yo también estaba muy desconcertado. En Colombia hay tantas preocupaciones urgentes, que ponerse a juguetear con las vanguardias puede convertirse en un deporte inútil. Así que llegué a Cali pachanguero con una sensación de pánico entre pecho y espalda. Pero todo fue muy distinto cuando, en el avión de regreso, el 2 de noviembre, revisé mis notas y me di cuenta de que había estado en una maratón bastante parecida al Paraíso. Un paraíso con el que soñamos siempre los cinéfilos: seis, siete películas por día, buenas fiestas, mesas redondas, ambiente relajado, poco sueño, felices amistades. Y el asunto se fue tejiendo lentamente, en delicada filigrana, sin demasiados aspavientos, con buen color local y dejando mudos a los detractores que afilaban sus colmillos, prestos al primer error para lanzarse sin red a las yugulares de los organizadores. Por fortuna, no fue así. Desde la tarde del lunes 26 de noviembre, en la que se desarrolló una primera mesa redonda con algunos de los invitados especiales (las jóvenes realizadoras españolas María Cañas y Virginia García del Pino, el mexicano Matías Meyer, el anfitrión Ospina...) comenzaron a dibujarse las reglas del juego. Todos los asistentes al Centro Cultural de Cali, al frente del legendario Teatro Municipal, nos regodeamos con el desmadre y los planteamientos "de otro mundo" de los insólitos protagonistas. Desde un principio, saltaron a la palestra los nuevos temas: desprecio por los circuitos convencionales de distribución, traviesa condescendencia con el parche del pirata, búsqueda incesante de nuevos lenguajes, temas inesperados, humor inmarcesible y mala leche condensada. Me atrevería a asegurar que todos los asistentes salieron, salimos, felices.

Esa misma noche, la caravana cinéfila se dio cita en el Museo de Arte Religioso para acompañar a Eduardo "la Rata" Carvajal en la apertura de su exposición de fotos de la película del caleño Jorge Navas, *La sangre y la lluvia*. Un buen abrebocas para la *première* de la ópera prima de Navas que se desarrollaría al día siguiente. Bueno, eso de óperas primas es un concepto que, a la luz del cine de hoy, está en mora de ser revaluado porque, cada vez más, se cierran las diferencias entre el celuloide y el video. Así que el primer largometraje de Jorge Navas es, en realidad, su inclasificable *Calicalabozo*, realizado en 1997, sobre la iconografía del archicitado Andrés Caicedo. Pero no nos adelantemos. El martes 27 de noviembre comenzó nuestra procesión, guiados por la cartillita salvadora del Festival, hilo de Ariadna en el laberinto cinéfilo inventado por Ospina y sus secuaces. A las nueve de la mañana estábamos aguantando un frío glacial en la sala de Comfandi (¿quién se habrá inventado esa idea de que el aire acondicionado es símbolo de estatus?), siendo testigos del largometraje *Kawase-san* del chileno Cristián Leighton, presentado dentro de la deliciosa sección denominada "El documental y el yo". En el documental de Leighton somos testigos de la mirada personal del director acerca de la realizadora japonesa Naomi Kawase y, al mismo tiempo, lo acompañamos a visitar a su abuela, próxima a cumplir cien años. Es una película íntima y desconcertante acerca de la cinefilia y la muerte, lo desconocido y las recriminaciones familiares. Un estupendo abrebocas para la maratón. Muy poco público, por supuesto, porque ni en Cannes el público asiste masivamente a una proyección en la mañana. El cine, por lo visto, es una actividad nocturna. A las diez y treinta creció la audiencia para acompañar a una realizadora local, María Isabel Ospina (sin nexos ni con el alcalde de Cali, Jorge Iván Ospina, ni con el director del Festival). Su documental, *Y todos van a estar*, nos presenta a esta directora reencontrándose con su familia, luego de su viaje a Europa para estudiar cine. Aquí el juego de las matrioskas se multiplica: una película acerca de una joven que hace películas y que regresa a Cali, su ciudad natal donde, finalmente, se presentará su película. Paciente mecanismo para recordarnos el calvario y el descenso de la ciudad, luego de las efímeras euforias del narcotráfico y sus consecuencias en la clase media. Hacia la una de la tarde, solo hubo tiempo para un ligero bocadillo, mientras curioseábamos algunos títulos de la muestra del Centro de Capacitación Cinematográfica de México (*Señora pájaro, Roma, Buenas intenciones, Nebraska, El niño sin piernas no puede bailar...*). A esas alturas del Festival me di cuenta de que era mejor estar solo. "Cine o sardinas", pensé, parafraseando a Cabrera Infante. Y la vida, por desgracia, ya no está para las sardinas, aclarándole al lector foráneo que las "sardinas" en Cali son las adolescentes. Una lástima. Pero estaba en Cali para escribir sobre cine y no... En fin.

A las tres de la tarde, regresé a Comfandi (esta vez con suéter, buzo, bufanda y gorrito de lana) para continuar viendo la muestra de "El documental y el yo", esta vez con el elegante fundador del Buenos Aires Festival Internacional de Cine Independiente (Bafici), Andrés di Tella, quien presentaba su película *La televisión y yo*. Un recorrido por la historia argentina, gracias a una reflexión audiovisual acerca del pasado de su realizador, su desarraigo, su vida fuera de las fronteras patrias y su regreso a la historia, gracias a los artificios audiovisuales. A estas alturas del partido podía confesar que me gustaba esta sección del Festival, una nueva y pertinente manera de asumir eso que en otros tiempos se llamaba "el cine de autor". La vida con punto de vista. Y si se quería un punto de vista único y desmadrado, no había necesidad de salir del auditorio de Comfandi pues, hacia las cinco de la tarde (esa hora mágica en la ciudad de Cali en la que la brisa se convierte en caricia) hizo su entrada la señorita María Cañas con sus cortos de títulos ensordecedores (*El perfecto cerdo, La cosa nuestra, Meet my Meat N.Y., Por un puñado de yuanes, Kiss the Murder...*). Toda una lección de lo que debe ser el cine del futuro. Esto es, del presente. Cine sin derechos, repleto de citas y de procacidades, jugueteo de/contra el videoclip, crítica y divertimento, génesis y apocalipsis. Aun hoy, cuando la tormenta ha cesado, me río para mis adentros con los ingeniosos galimatías visuales de María Cañas, con la que no tuve tiempo de tomarme su apellido. Maldita sea la cinefilia.

A las seis de la tarde, el mundo cambió. Yo me puse una camiseta (pirata de calidad, por supuesto) que había impreso el Teatro Matacandelas de Medellín con el rostro sonriente de un angelito empantanado. Así, con el pecho protegido, viajé a pie a las instalaciones del Teatro Municipal, donde se agolpaba la gente para la inauguración del Festival. Muchos, muchos amigos de otras épocas y de generaciones y aventuras más recientes. Por una puertecita lateral nos escabullimos con el cinéfilo mayor, el gran Enrique Ortiga, mientras se agolpaban las fuerzas del orden y el desorden en los palcos y plateas del templo que otrora hubiese administrado mi madre. Pero el viaje al pasado duró poco, puesto que comenzaron las ceremonias y, con ellas, mis temblores. ¿Por qué será que a los colombianos nos gustan tanto los himnos? En ningún país del mundo he visto que se recurra tanto al himno nacional como en Colombia. El Festival de Cine de Cali no fue la excepción. Y había que acompañar la fanfarria de don Oreste Sindici con el himno del Valle del Cauca y con el himno a Santiago de Cali. ¿Será que el alcalde decidió componerle también un himno al Festival de Cine? No. Por fortuna. Pero la ceremonia continuó con la Orquesta Filarmónica de Cali que, bajo la dirección de Paul Dury, interpretó una selección de grandes bandas sonoras de clásicos del cine: desde la legendaria partitura de Bernard Herrmann para *Psicosis* de Alfred Hitchcock, a momentos no menos emocionantes como *Le mépris* de Godard o *Drácula* de Coppola. Una manera contundente de inaugurar un festival de imágenes contemporáneas, rindiendo homenaje a nuestros primeros padres audiovisuales.

Pero no hubo tiempo para las emociones. Había que huir, sin perder las alas, al Centro Comercial Chipichape, donde se presentaba la primera exhibición pública de *La sangre y la lluvia*. En Chipichape, donde quedaban las antiguas bodegas del ferrocarril soñamos, en alguna época, debían ubicarse los estudios cinematográficos de nuestra ciudad. Hoy, diez años después de inaugurado el nuevo milenio, el mundo no es como nos lo imaginamos. Pero en los Multiplex de Chipichape se presentan películas. Y películas de un realizador local que, como Jorge Navas, no dio su brazo a torcer hasta que su largometraje, oscuro y bogotano, vio la luz de las proyecciones. Hermosa y triste, *La sangre y la lluvia*. Una película para cinéfilos descascarados, con ecos de *Taxi Driver* de Scorsese y una divina diva reciente de nombre Gloria Montoya. Es muy probable que sea uno de los últimos títulos de una manera de hacer cine que, por lo visto, tiende a desaparecer. Pero la película de Navas cumplió su cometido. Salí, salimos, hacia las once y treinta, a un indiscreto bar del barrio Granada, donde se celebró con copas y fanfarrias hasta altas horas de la madrugada. Pero yo, teatrero viejo, hice mutis por el foro a una hora imprudente porque, a la mañana siguiente, había que estar alertas para la maratón. El Festival no daba tregua.

Cuando avanzaba triunfante hacia mi hotel (es delicioso dormir en un hotel en la ciudad que alguna vez fuese de uno) me acordé que en el sitio denominado Lugar a Dudas, del artista local Óscar Muñoz, comenzaba, hacia la media noche, el ciclo consagrado al realizador de culto brasileño José Mojica (no confundirlo con José Mujica, el carismático presidente del Uruguay, ni mucho menos con el actor mexicano del mismo nombre que abandonó su carrera cinematográfica para convertirse en monje franciscano). No me lo podía perder. A Mojica lo había descubierto hacía algunos años en México, gracias a Enrique Ortiga, y su mezcla luciferina de horror, erotismo y drogas era irresistible. El título de la película de la noche rezaba así: *A medianoche me llevaré tu alma*. Realizada en 1964, se trataba de una siniestra historia en blanco y negro en la que su director y protagonista, mezcla de Glauber Rocha con el Marqués de Sade, se encargaba de buscar a la mujer perfecta a base de torturas y gritos reverberados. Bonita manera de terminar la jornada, como para soñar el resto de la madrugada con los ojos abiertos.

Trasnoches siguientes

A partir del miércoles 28, la vida se mantuvo al mismo ritmo. Pero cada título era un viaje a lo desconocido. Como ya me sentía a gusto en la sección "El documental y el yo", decidí devorarme todos los ejemplos que allí se consignaron: *Alguna tristeza*, para no ir más lejos, del peruano Jaime Alejandro Ramírez, contaba un curioso viaje íntimo y fractal de las miserias de su país; mientras que en *Remitente: una carta visual*, la chilena Tiziana Panizza trataba de establecer contacto con sus ancestros italianos. Bien. Muy bien. Luego, listos para el conversatorio con Jorge Navas, hacia las once de la mañana, moderado por Juan Carlos Romero. Olisqueé un instante las preguntas, pero pronto puse pies en polvorosa, porque quería respirar un tanto las calles de mi ciudad, divertirme con el fragor del centro, redescubrir el calor, el fuego eterno.

Tanqueada la nostalgia, le propuse a la historiadora Katia González (quien acababa de terminar un estupendo texto sobre el Cali de los setenta) que me acompañara a pecar. Y el pecado consistía en traicionar por dos horas el Festival de Cine y colarnos en la proyección del documental sobre Michael Jackson titulado *This is It*. "Que Ospina no se dé cuenta", le supliqué. "Nos podría costar la vida". Pero yo qué podía hacer. Así como hay personas que son adictas al basuco, yo soy adicto al rocanrol. Y Michael Jackson forma parte de mi fauna. Al llegar al teatro, pensé encontrarme multitudes. Pero, oh, sorpresa. No había nadie. Solo un espectador: mi profesor de mecanografía del colegio Berchmans. Nadie más. Bueno. Katia, el profesor de mecanografía y yo. Pobre Michael Jackson, tan desconocido en Cali.

Una vez satisfechas mis vergüenzas, regresé a mi realidad festivalera. Esta vez a la sección "Mirada retrospectiva", en la que se le hacía un homenaje al realizador francés Jean-Gabriel Périot con un recorrido por sus inclasificables trabajos: *Entre perros y lobos, Njuman no borei, Hubiera sido ella criminal, Under Twilight, Undo, We are Winning don't Forget, Antes estaba triste, 21.04.02, Dies Irae, Journal intime* y *Gay?* Una lástima que Périot hubiese tenido que cancelar su visita a Cali a última hora por razones familiares, pues se hubiera divertido de lo lindo en nuestros pagos. Ese mismo día se presentaba, en el ciclo consagrado a Éric Rohmer, la deliciosa *Pauline en la playa*, que quise repetir, pero en los festivales de cine está prohibido revisar películas. Había que esconderse, por favor, en la sección "El cine y su espejo", en la que se presentaba el largometraje *Diario de Sintra* de la viuda de Glauber Rocha, la colombiana Paula Gaitán, hija del desaparecido poeta Jorge Gaitán Durán. Algún día habrá que escribir el paso de Paula Gaitán y sus hijos (Ava y Erik, las Pirañas, los Niños del Brasil) por el Cali de los años ochenta. Pero eso es harina de otro costal. Por lo pronto, bástenos celebrar la aparición de este cometa incandescente en la historia siempre alucinante del último gran poeta del cine latinoamericano.

¿Qué nos deparaba el destino? *En la ciudad de Sylvia*, del español José Luis Guerin, *Quiero ver* de Joana Hadjithomas y Khalil Joreige del Líbano o la excelente *Las playas de Agnès* de la inmortal Agnès Varda. Por fortuna, el cronista ya había viajado a otras latitudes y podía prescindir de algunos títulos sin necesidad de traicionarse. Pero el riesgo de perderse algo era ineludible en el Festival de Cali. ¿Tendría razón mi amigo Miguel González al decir que había demasiado? Siempre es mejor pecar por exceso que por defecto, sobre todo en un país en el que la regla es el defecto. Opté entonces por *Los bastardos* del mexicano Amat Escalante. Ese día, decidí que le iba a dar prioridad a los documentales, porque en otra ocasión podría ver los largos que se presentaban en los aparatosos Multiplex. Me di por bien servido. Al salir, me fui a echarle una ojeada al video de 840 minutos del chino Wang Bing titulado *Petróleo crudo*. Proyectado en la calle, en la ventana de Lugar a Dudas (el *parche* por excelencia del Festival de Cine de Cali. Y "parche" quiere decir, en caleño, el lugar de los gratos encuentros), allí se reunían adolescentes y desprogramados para ver desfilar las inalterables imágenes de la instalación del artista oriental. Esa noche, el ciclo consagrado a José Mojica presentó *Esta noche reencarnaré en tu cadáver*, otro de los jugueteos asesinos del brasilero que, con un título tal, no necesita mayores comentarios. Cuando nos disponíamos a acostarnos, nos llegó la noticia de que en el Museo La Tertulia se dañó la copia de la película canadiense *El caso Coca-Cola* y algunos espectadores fundamentalistas arrinconaron al operador y le echaron la culpa del accidente al imperialismo norteamericano. Sin comentarios.

El jueves amaneció nublado y el cielo nos indicó que había que refugiarse pronto en el cine. Comenzamos la jornada con *El general*, otro de los documentales de la sección autobiográfica. Dirigido por la mexicana Natalia Almada, cuenta la historia del general de la revolución Plutarco Elías Calles, visto desde la perspectiva de su bisnieta, cómo no, la mismísima realizadora. Ese mismo día vimos, en el mismo bloque, el segundo largometraje de Andrés di Tella (quien también hizo su aparición triunfal en Cali) denominado *Fotografías*, que fascinó a todos los asistentes del auditorio de Comfandi. Allí, el realizador regresa sobre sus pasos, averiguando los orígenes de su madre hindú y viajando hasta los confines de su propio misterio familiar. Todo un *thriller* en tono de *home movie*.

El mismo día, hubo foros y debates en el auditorio de la Cámara de Comercio, acerca del futuro de los negocios del cine colombiano. Como yo estaba en plan de espectador, tuve el pretexto para hacer mutis por el foro. No hay nada más estresante que las mesas de negocios para hablar de arte y de cultura. Será en otra ocasión. Y sería en otra ocasión porque no quería perderme las películas de otro de los niños terribles invitado al Festival: el norteamericano Jim Finn, quien presentó sus cortos *El güero* y *El comunista*. Pero, sobre todo, su *mockumentary* titulado *La trinchera luminosa del presidente Gonzalo*. Creo que si me ponen a escoger uno de los títulos del Festival, yo diría que este desmadrado ensayo, filmado en una cárcel, con unas supuestas presas del movimiento Sendero Luminoso, es uno de mis favoritos. Debo confesar que me tragué entera su trampa e hice cálculos acerca de cómo este gringo de cartón piedra había podido filmar semejante tesoro. Tardaría un buen tiempo en darme cuenta de la inteligencia de su patraña. Una obra maestra del falso documental.

De Comfandi salí corriendo a degustar otra joya: la película-tributo a François Truffaut, dirigida por Anne Andreu. Si uno ama el cine tiene que amar un film consagrado al más grande cultor de la cinefilia. Todo un regalo para la nostalgia. ¿Qué puede hacer uno después de recorrer la historia del director de *Los 400 golpes*? Pues buscar un buen desmadre. Y el desmadre estaba, una vez más, en Lugar a Dudas, con la presentación de *Lost, Lost, Lost* de la leyenda del *underground* norteamericano Jonas Mekas. Sí. En cartelera estaban las cuatro horas de las *Historias extraordinarias* de Mariano Llinás, la obra maestra del cine argentino contemporáneo, por solo citar un ejemplo. Pero al argentino me lo podía videar después, y el pequeño tesoro del diario filmado de Mekas no se podía dejar perder. Y ya me lo había perdido una vez en la Cinemateca Francesa pues, por oír hablar al maestro en vivo, me perdí su producto. Vale la pena agregar que el Festival de Cali presentó, a su vez, *Walden*, otro de los bloques de sus diarios, en el que se constata que el lituano-americano aplica aquello de que hay que "vivir para filmarlo".

El viernes, nos aplicamos un tremendo documental judío titulado *Para uno solo de mis ojos* de Avi Mograbi, en el que toda la violencia y la intolerancia del conflicto se presentan con agresiva eficacia en tono de autobiografía. Hacia las once, fuimos "a hacer barra" en el foro acerca del cine caleño, denominado "Caliwood: ayer, hoy y mañana", con la presencia de toda "la titular" de las pantallas locales: Ospina, Óscar Campo, Antonio Dorado, Carlos Fernández de Soto, Carlos Moreno, Jorge Navas y el insatisfecho Andi Baiz, a quien los bromistas decidieron llamar Comfandi Baiz. Todo un panorama de lo que está sucediendo con "la tercera generación" de cineastas vallecaucanos.

Hacia las tres de la tarde, otro descubrimiento: los mediometrajes emblemáticos del gran Alain Resnais: *Las estatuas también mueren, El canto del estireno, Guernica, Toda la memoria del mundo* y el tremendo *Noche y niebla*, sobre los campos de concentración del nazismo. Pensé que me iba a morir sin haber conocido estos documentos invaluables del creador de *Hiroshima mon amour*. Mientras los veía, pensé en el cinéfilo local Jaime Vásquez, quien desapareció una mañana sin dejar huella, para siempre. Él amaba el cine francés. Pero no había tiempo, había que seguir. Y lo que siguió fue una borrasca: los cortometrajes del brasileño Jorge Furtado; la película de Manuel de Oliveira, *Singularidades de una chica rubia*, filmada cuando el realizador portugués cumplió... ¡cien años!; *El último guion, Buñuel en la memoria* de Gaizka Urresti y Javier Espada, que ya había visto en Cartagena, pero no me resistí a repetirla; una selección de pornos españoles del período mudo y, para cerrar, *El despertar de la bestia*, la obra maestra del infaltable José Mojica. No había nada que hacer. El cine reinaba por doquier. El espacio se termina, pero no los recuerdos. Entre el sábado y el lunes vimos más películas de Jim Finn; el documental *Los herederos* del mexicano Eugenio Polgovsky (de México hubo otras maravillas, como *Los ladrones viejos* de Everardo González o la celebrada *Intimidades de Shakespeare y Víctor Hugo* de Yulene Olaizola); el contundente documental del camboyano Rithy Panh titulado *El papel no puede envolver la ceniza*; *Los que se quedan* de Juan Carlos Rulfo y Carlos Hagerman; *El toro azul* del español Daniel Villamediana; y el tributo al desaparecido Tomás Gutiérrez Alea titulado *Titón*, de su compañera Mirtha Ibarra. El festival se cerró el lunes con la exhibición de la película *Doctor Alemán*, filmada en el barrio Siloé por el germano Tom Schreiber, película que ya andaba pirateada por las calles locales.

Cuando regresé a la realidad, me di cuenta de que había dejado pendientes muchos otros títulos, y para un cinéfilo insaciable la vida nunca es suficiente. Pero regresé a las alturas bogotanas con el sabor inocultable de la misión cumplida. Cali, la ciudad de mis mejores recuerdos, mi infierno y mi paraíso, el útero infalible donde descubrí que el séptimo arte podía convertirse en el primero, se había transformado, por casi diez días, en una excepción, en un islote, en el faro del fin del mundo donde brillaba la luz de las pantallas. En el futuro, cuando el mundo se acabe y los antropólogos del desastre traten de descubrir los rastros finales de la ciudad sin nombre, podrán adivinar, sin ánimo a equivocarse, que en la temible ciudad de Santiago de Cali se dieron el lujo de volver realidad lo que todos los días se adivinaba como una improbable ficción.

¿Calidad es cantidad?[5]

Historia e histeria

La noticia que la comunidad cinéfila colombiana estaba sospechando, finalmente se hizo realidad. La tercera edición del Festival Internacional de Cine de Cali, luego de dos exitosas ediciones, decidió aplazarse indefinidamente. Según el secretario de Cultura de la ciudad, no había recursos disponibles ni para realizarlo ni para garantizar su continuidad. Apenas se supo, una oleada de protestas invadió las redes sociales. Pero el asunto se quedó allí. No habrá Festival de Cine. Lo mismo se decía del Festival Internacional de Danza, del Festival de Jazz, del Festival de Teatro. Estos, por fortuna, se salvaron gracias al apoyo de la empresa privada, del Ministerio de Cultura y hasta de despampanantes soluciones de emergencia, como el concierto del pianista Chucho Valdés en Bogotá para apoyar a los jazzistas vallunos. Al parecer, la administración local promete la realización de eventos, pero luego no puede cumplir con ellos y tanto artistas como productores locales se molestan. Y se molestan hasta llegar a tremendas diatribas, como la del escritor Julio César Londoño en el diario *El País* de Cali, o a medidas extremas como la del artista Diego Pombo quien, hace pocos meses, hizo un *performance* en contra de la administración local que produjo la ira del alcalde.

¿Qué es lo que está pasando? Santiago de Cali no solo ha sido "la capital mundial de la salsa", sino que también se había ganado el título de "capital cultural de Colombia". Desde 1932, cuando Antonio María Valencia fundase el Conservatorio de Música, la ciudad fue creando, un poco por azar, un poco por destino, sus distintas identidades estéticas. Por un lado, estaban sus artistas, sus pintores, su teatro y su ballet, sus escritores y sus cineastas. Por

---

5 ...la batalla que no cesa. Polémica a raíz del posible cierre de la tercera edición del Festival de Cine de Cali, en el año 2011. Gracias a distintas rebeliones locales, la vida cultural de la ciudad siguió su curso. Una versión del presente apartado se publicó en la edición de mayo de dicho año en la revista *Arcadia*.

el otro, estaban sus músicos, bailando entre la clave y el clavecín. Todos han convivido a lo largo de los años. Como los tiempos pasados siempre parecen ser mejores, hoy se pinta a la cálida capital del Valle del Cauca de los años sesenta y setenta como un verdadero hervidero de actividades culturales. Aunque es posible que, desde la distancia, el asunto se vea muy distinto y los festivales de arte organizados por Fanny Mikey, las aventuras provocadoras del nadaísmo, los grandes espectáculos de folclore en el Teatro al Aire Libre Los Cristales, o la gesta audiovisual de Caliwood se conviertan ahora en eventos magnificados por la nostalgia.

De todas maneras, muchos han sido los protagonistas de la gesta cultural caleña: Pedro Alcántara, Fernell Franco, Óscar Muñoz, Gustavo Álvarez, Carlos Duque, Fernando Cruz Kronfly, el Teatro Experimental de Cali, los nadaístas, Andrés Caicedo, Luis Ospina, Carlos Mayolo, Lucy Tejada, Óscar Campo, Giovanni Brinatti, Óscar Collazos, Harold Alvarado, el Ballet de Bellas Artes, Incolballet, el Museo La Tertulia. Incluso "inmigrantes" como Jesús Martín Barbero, Estanislao Zuleta o William Ospina se pueden contar entre los habitantes que forjaron sus mejores herramientas creadoras bajo el cielo caleño. Pero la herencia de estos nombres ilustres, hoy por hoy, pareciese que no encuentra cómo articularse a las nuevas ideas políticas que, en materia de cultura, se intentan construir en la ciudad. Con el paso de los años, hay una permanente preocupación por darle prioridad a "lo popular", hasta el punto de que si las manifestaciones artísticas no son masivas, los encargados de la llamada "gestión", simplemente les dan la espalda. El problema de equilibrar lo popular con las grandes élites de la cultura sigue siendo el mismo, con la diferencia de que, hoy por hoy, Cali es mil veces más grande que hace cincuenta años. El gran dilema por el que pasa la cultura de la capital del Valle sigue girando en torno a si se debe poner a bailar lo masivo con lo "erudito", las "bellas" artes con la salsa, lo que le gusta a las grandes masas con lo que le fascina a unos pocos. Este es el dilema, y tanto defensores como detractores de uno y otro lado comienzan a sacar la calculadora. Los defensores de "la alta cultura" se aferran a la célebre afirmación de Borges:

> Para mí la democracia es un abuso de la estadística. Y además no creo que tenga ningún valor. ¿Usted cree que para resolver un problema matemático o estético hay que consultar a la mayoría de la gente? Yo diría que no; entonces ¿por qué suponer que la mayoría de la gente entiende de política? Para mí ser político es uno de los oficios más tristes del ser humano. Esto no lo digo contra ningún político en particular. Digo en general, que una persona que trate de hacerse popular a todos parece singularmente no tener vergüenza. El político en sí no me inspira ningún respeto. Como político.[6]

Por supuesto, los políticos, o mejor, los encargados de eso que hoy se ha dado en llamar las "políticas culturales", saltan furiosos y se aferran a la mayoría para demostrar que, en nuestros días, los parámetros de la estética son otros. Umberto Valverde, el escritor de libros sobre el mundo de la cultura popular caleña, asegura que todo en Cali es cultura popular. Y que ese es el gran triunfo de la ciudad. Aunque no está de acuerdo con la manera como la Alcaldía y la Secretaría de Cultura han manejado el tema de la salsa. "Ese no es un invento de esta administración", asegura. Para él, la identidad caleña está atravesada por la adopción incondicional de la música de las Antillas, materializada en muchos grupos y bailarines locales que ya han gestado una tradición. Pero otros no están de acuerdo. A los que temen que Cali se convierta en un reducto salsero, les parece terrible que se estén inventando una ciudad como si fuera del Caribe, sin serlo. Amparados en el 58% de la población afro que hoy por hoy habita en la ciudad, la gran apuesta de la presente administración es la de subrayar los negros ancestros de esta capital. Y así, existe el inmenso Festival Petronio Álvarez, el Festival Mercedes Montaño (en ambos, reivindicando los ritmos provenientes de la costa pacífica), el Festival de Salsa, la Feria de Cali y hasta un Festival de Música Vallenata. Para el escritor Pepe Zuleta, "el problema de la cultura en Cali es que se volvió tan solo de dos o tres grandes eventos, porque está po-

---

[6] Bernardo Neustadt, "Se llama Borges: se le perdona todo… hasta su racismo", en *Tiempo Nuevo*, revista extra, Buenos Aires, No. 133, año XII, julio de 1976.

litizada. Y no hay garantía de que haya plata para lo que no sea evidentemente masivo".[7]

BLANCO Y NEGRO

El asunto se centra entonces, de nuevo, en las minorías. A finales del 2010 saltaron en los medios declaraciones de distintas fuentes, que planteaban sospechas según las cuales instituciones como la Orquesta Filarmónica de Cali (antes Orquesta Filarmónica del Valle, a la que el exgobernador Abadía le retirase los recursos, en un drama digno de la *Prova d'orchestra* de Fellini), el naciente Festival de Cine, el zoológico o festivales de títeres o de música *gospel* no serían incluidos en las cuentas locales. El secretario de Cultura y Turismo, Carlos Alberto Rojas, fue enfático al decir que estas organizaciones no iban a perder sus recursos, sino que su deber era el de poner los presupuestos en orden y optimizar los dineros con los que contaba la Secretaría. Para ello, la administración se apoyaba en un polémico Plan Decenal en el que se incluían todas las actividades financiables por el gobierno local. Los recursos anuales, según Rojas, irían creciendo en la medida en que avanzara el año. Y a todo el que hubiera presentado sus proyectos de manera racional, le tocaría su parte. A primera vista, el asunto habría podido convertirse en una película de suspenso para quienes estaban organizando sus eventos. Según se ventiló en algunas publicaciones, el Festival Internacional de Cine, en el 2010, solo tuvo sus desembolsos quince días antes de comenzar y se llegó a pensar, fatalmente, que no se podría contar ni con los invitados internacionales, ni con las películas. Por fortuna, el evento se desarrolló con todo éxito, Sin embargo, algunos críticos opinaron, una vez más, que el Festival no debería existir porque no mueve el mismo número de gente que, digamos, el Petronio Álvarez. ¡Y eso que cine ha habido en Cali desde antes de que se inventara la salsa! Pero, ¿quién puede competir con la música

7 Testimonio especial para el presente texto.

popular? *¡Que viva la música!*, gritaba Andrés Caicedo en su novela emblemática. Y la salsa termina devorándose todo en Cali, a pesar de los que quieren brindarle otras alternativas culturales a la ciudad.

No obstante, pareciese que en la capital del Valle hay lugar y actividad para todo el mundo. El crítico de arte Miguel González, otrora curador del Museo La Tertulia, desconfía de todos los alientos populistas de sus gobernantes. Por consiguiente, él sabe inventarse "su" propia vida artística, más allá de la rumba y del guaguancó. El museo en el que trabaja, sin embargo, da la impresión de estar perdiendo el brillo de otros tiempos. Quizás el símbolo de lo que pasa en La Tertulia está representado en la escultura de Edgar Negret que antes engalanase su entrada, hoy convertida en una rosada y descolorida sombra de lo que fue antaño. ¿Un símbolo de la muerte de las bellas artes? Nadie lo sabe. Pero algunos aseguran que, en el nuevo milenio, las reglas del arte son muy distintas a las del vanguardista final del siglo XX. En estos tiempos, estuvo en el ojo del huracán el viejo edificio del hotel Aristi, en el centro de la ciudad, donde funcionase un proyecto que pretendía organizar las llamadas "industrias culturales" de la región. María Elisa Holguín, para entonces coordinadora de sostenibilidad, explicó pacientemente los proyectos a los que se estaban enfrentando y afirmó que la ciudad estaba viviendo un momento altamente positivo. Según ella, gracias al Plan Decenal, renacerían muchas cosas en Cali: el cine, el baile, la música. Pero todas estas actividades tenían que aprender a ser rentables. Y este asunto no les suena a los que llevan años luchando por consolidar sus nichos artísticos en la ciudad. Para Orlando Cajamarca, del Teatro Esquina Latina, en la ciudad no hay una política cultural real, sino que todo depende del gobernante de turno. Para él, el asunto de la "rentabilidad" de las industrias culturales no se le puede aplicar ni a las artes representativas, ni a las orquestas sinfónicas. "El hecho artístico no se puede convertir en un producto", dice. "El valor de una obra no se puede dar por la cantidad de público que lleve a una sala. Es una lógica perversa".

Por eso, quizás, nacen "catacumbas" para las artes, la estética y el pensamiento. Al menos eso es lo que piensa el director de cine Óscar Campo:

> A veces pienso que yo no vivo en Cali sino en la Universidad del Valle. Allí, me parece, se refugió el arte de la ciudad. Pero el arte no se ha integrado con Cali. Los nuevos cineastas caleños salen de las universidades. Y, desde allí, la cultura trata de regresar a la ciudad. Me da la impresión de que nuestros productos artísticos se miran como si fueran una cosa mágica. Y, en realidad, la Universidad ha sido muy importante en su renacimiento. Aquí tengo la sensación de que todo lo encuentro: las nuevas corrientes filosóficas, las tendencias actuales del teatro, el cine del nuevo milenio, las músicas del mundo. El que quiere arte y cultura en Cali, la puede encontrar, si sabe buscarla. Yo, cuando voy a Bogotá, siento que hay las mismas cosas que se ven por aquí.[8]

Por su parte, la ministra de Cultura de Colombia durante el gobierno de Juan Manuel Santos, Mariana Garcés, caleña, responsable de buena parte del acontecer artístico de la ciudad, opinaba con vehemencia sobre el tema:

> Desde la perspectiva del Ministerio creemos que Cali tiene mucho potencial: es la ciudad del país que más artistas produce, con hitos que le han logrado reconocimiento a nivel nacional e internacional en muchas áreas, pero desarticulada desde los gestores y desde los artistas, donde no interactúan entre sí, sino más bien que cada uno desde su marco de acción quiere dar la lucha por lo suyo.[9]

En todas partes, la discusión se centra sobre lo mismo, en este mundo cada vez más superpoblado. ¿El arte para todos? ¿O todos para el arte? ¿La cultura es lo que se le da a la gran masa o hay que enseñarle a la gran masa a que existen otros mundos po-

---

8 Testimonio especial para el presente texto.

9 Testimonio especial para el presente texto.

sibles? ¿Es importante conservar un arte que, necesariamente, va a ir a pérdida? ¿Los gobiernos solo deben apoyar lo que quiere la mayoría? ¿O la no tan inmensa minoría también tiene un lugar en las sociedades en desarrollo? En la capital del Valle del Cauca, para completar el asunto, ha habido, en el nuevo milenio, un "descubrimiento" de la costa pacífica. Hay una muy interesante fusión del currulao con la salsa. Es un fenómeno cultural muy rico, pero es solo una parte de lo que produce una sociedad. Y de allí pareciera que no se quiere salir.

El debate que tanto entusiasmaba a los artistas de los años setenta, está abierto. Ojalá que el Festival de Jazz y El Barco Ebrio, el Teatro La Máscara y Lugar a Dudas, el rock de Superlitio y la salsa de Yuri Buenaventura, los dos festivales de danza y el Festival Internacional de Cine, el Teatro Municipal y el Teatro Aristi, la avenida Sexta y el distrito de Aguablanca, las viejotecas y la Orquesta Filarmónica de Cali, todos, aprendan a convivir y a desarrollarse en un mundo que todavía no termina de inventarse.

3. ANDRÉS CAICEDO
O LA MUERTE SIN SOSIEGO

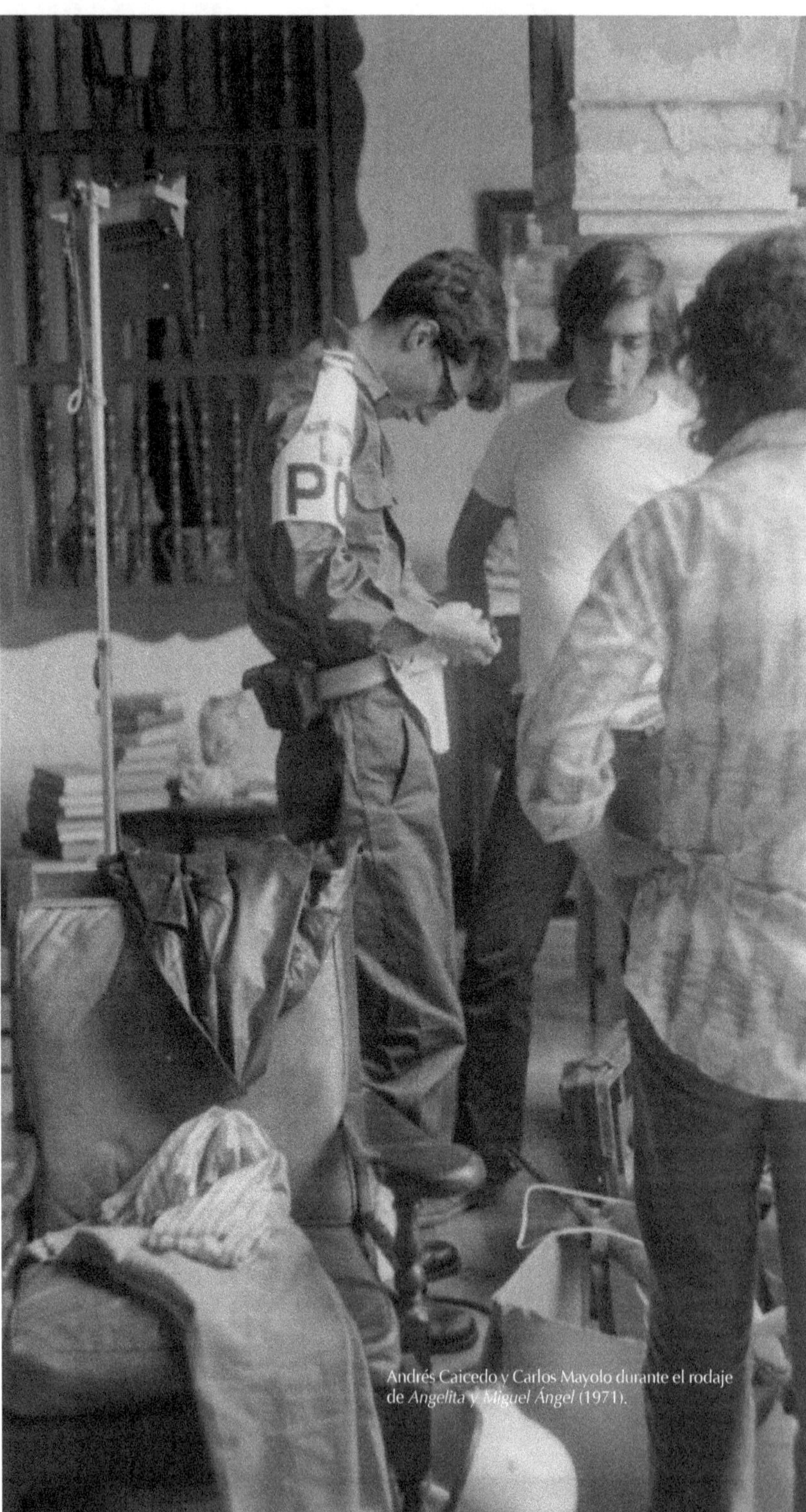

Andrés Caicedo y Carlos Mayolo durante el rodaje de *Angelita y Miguel Ángel* (1971).

Andrés Caicedo Estela es indudablemente la promesa del teatro colombiano. El Festival de Arte de Cali lo reconoció al admitir su montaje de la obra Las sillas *de Ionesco, premiada ya en el festival estudiantil de arte de este año. Con él puede decirse que Andrés logra el escalafón del triunfo [...] Quiere que sus cualidades se aprovechen, que no se queden no más en* Las Sillas *y que después no tengamos que lamentarnos...*

Diario *El País*, Cali, 3 de octubre de 1969

Lejana aproximación al Cali de Andrés Caicedo[1]

Cuando Andrés hizo su montaje de *Las sillas* yo acababa de cumplir los diez años de edad, estudiaba en el Colegio Berchmans y comenzaba a formarme como actor en el naciente Departamento de Teatro Infantil de Bellas Artes, bajo la dirección de Ana Ruth Velasco. El Teatro Experimental de Cali (el TEC) y Enrique Buenaventura habían hecho toldo aparte y la nueva escuela consagrada a las artes escénicas era dirigida por su hermano Alejandro. En el Teatro al Aire Libre de La Tertulia vi, de pie, *Las sillas* de Caicedo. Guardo buenos recuerdos de aquel montaje, porque las reiteraciones de Ionesco y eso que después se llamaría teatro del absurdo, marcarían mi formación en las tablas durante mucho

1 Este texto se elaboró a partir de la presentación del libro *Ojo al cine* en la Cinemateca La Tertulia de Cali, el 25 de octubre de 1999 en Popayán y en la Filmoteca Nacional de Lima.

tiempo. No conocía a su director. En aquel entonces, mi papá me llevaba a las inauguraciones pictóricas de un sitio llamado Ciudad Solar y, con muchas advertencias, pude ver los montajes de *Seis horas en la vida de Frank Kulak* (donde había actuado Andrés Caicedo y a mí se me ha escapado de la memoria) y *El convertible rojo,* las "escandalosas" obras de vanguardia del Teatro Experimental de Cali. Muchos años después vine a saber que Andrés Caicedo había actuado, sin tartamudear, como tenso discípulo del maestro Buenaventura. Pero no tenía por qué saberlo.

Cali era una ciudad joven y fascinante. Joven, porque nadie parecía tener más de veinte años. Yo estudié en el colegio San Juan Berchmans, y también, luego, (¡siempre luego!) supe que nuestro hombrecito había soportado los mismos patios. Cali era fascinante, porque había muchos árboles y mucho viento, niñas hermosas e idealizables, festivales de arte y música *go-go* y *ye-ye*, nadaístas y estudiantes que tiraban piedra, la Sonora Matancera y Tito Cortés, "el Daniel Santos colombiano". Mi entusiasmo por el teatro y la literatura se transformó rápidamente en pasión y solo cuando me empezaron a dejar salir a la calle sin ir de la mano de mis padres, el cine vendría a ocupar también un lugar de privilegio en el cajón de mis curiosidades. El Cine Club Nueva Generación (la competencia del templo cinéfilo de Caicedo) los sábados en el teatro Calima, fue el primer lugar donde descubrí el llamado Séptimo Arte, así, con mayúsculas. En los primeros años de la década del setenta, mi papá me habló de un tal Ingmar Bergman que tenía que conocer y, gracias a su recomendación, ingresé por primera vez al sanctasanctórum del Cine Club de Cali, en el Teatro San Fernando, o San Fercho, para los iniciados. Creo que un ciclo compuesto por *Persona, Vergüenza, La pasión de Ana y La hora del lobo* fue mi iniciación al rito sabatino del mediodía. Nunca llegué a imaginar que quien disponía la programación de aquel lugar fascinante era el mismo jovencito que años atrás había descubierto en su puesta en escena de la obra de Ionesco.

Caicedo. Andrés Caicedo. Poco a poco su nombre se me fue haciendo muy familiar. Leí sus textos en la revista *Aquelarre* (allí se publicó su cuento "El tiempo de la ciénaga"), en la revista *Vi-*

vencias (allí descubrí sus primeros escritos alrededor del cine), en el diario *Occidente* y en el diario *El País.* Sus hojas mimeografiadas que se recibían en la entrada del San Fercho, bajo la mirada vigilante de un portero de idéntico parecido a Cristopher Lee, eran el misal necesario para la misa de los sábados. Creo recordar cuándo comencé a acercármele: una vez, de la mano de mi profesora de teatro Vicky Hernández, con quien logramos colarnos en una función abarrotada de público, en vísperas de la Semana Santa; se presentaba, en programa doble, *Edipo rey* y *El evangelio según San Mateo* de Pasolini. Gracias a Vicky, escuché su voz por vez primera. Me sorprendió su belleza y su tartamudez. En aquella época, el pelo largo ejercía sobre mí una admiración mucho más grande que la nostalgia y la envidia que me producen ahora. Poco a poco, me le fui acercando. Recuerdo algún momento en que a Andrés le tocaba compartir programación con los dueños del Teatro San Fernando en funciones de medianoche. A la salida de la presentación de *Carrera contra el destino (Vanishing Point*, con guion de Cabrera Infante), Andrés, sentado en la silla de cuero de la entrada, vociferaba: "¡Y-yo no p-programé esa p-pendejada!". No, no hablaba de la película de Richard Sarafian. Se refería a un afiche que anunciaba en la puerta la película *A Hard Day's Night* de otro Richard, el odiado Richard Lester. Bien es sabido que a Caicedo Los Beatles le producían un fervoroso rechazo, tan grande como su pasión por los Rolling Stones.

Y, claro, estaban los Rolling Stones. Yo los descubrí tarde, porque, por desgracia, nací tarde. El primer disco que tuve fue *Through the Past, Darkly,* en homenaje a la muerte de Brian Jones. Es decir, cuando las posiciones del 69 ya se habían extinguido. Luego tuve *Get Yer Ya-ya's Out!,* que todavía me sé como si yo lo hubiera compuesto. Y todos los sábados, tiempo después (¡después, después, siempre después!) estaba la música del Cine Club de Cali, antes de las proyecciones. Allí no sonaban. Aullaban los Rolling Stones. Trepidaba el teatro con la música de los Rolling Stones. Unos años más tarde, sería la salsa. Pero eso fue unos años más tarde. No nos adelantemos, porque la exhibición de *Gimme Shelter* (sobre la gira de los Stones por los Estados Unidos en el

69) de los hermanos Albert y David Maysles en el San Fernando fue para mí un descubrimiento del cual no me he podido recuperar. Ahora es muy fácil repetir una película, gracias a la mentirosa comodidad del video casero. Pero en aquella época (me siento como si hablara de la Edad de Piedra, de la Edad de la Piedra Rodante) aprender de cine era tan difícil como aprehender el cine. Y repetir un film era lo mismo que "coronar", con todas las connotaciones que este verbo tiene en nuestros días. Sé muy bien que he visto cincuenta y dos veces proyectada la película sobre el *tour* de los Stones, porque lo tengo anotado en mis viejas libretas. Y esa emoción cinéfaga se la debo a Caicedo. Sin ponernos de acuerdo. Era un deber que todo fanático que se respetase debía cumplir, si quería llegar al cielo del rocanrol.

Y entonces empecé a asimilar las críticas de cine de Andrés. Aun guardo como un precioso tesoro su comentario sobre *Muerte en Venecia* de Visconti, película por la cual él sentiría menos pasión con el correr de sus rápidos años. Era fácil leer a Caicedo en los años setenta. En las hojas del Cine Club. En los periódicos. En las revistas. A partir del año 74, en su propia publicación: *Ojo al Cine,* de la cual vieron la luz cinco números. Si uno estaba interesado, su prosa de prisa tenía siempre una cita con un puñado de lectores que lo seguíamos con admiración creciente. En el año 75 apareció publicado su primer relato largo, o novela corta, como se quiera, en las Ediciones Pirata de Calidad, gracias a la benevolencia de su madre. Se llamaba *El atravesado.* En esa edición casera había muchas claves felices para sus primeros adictos: la presentación de Jaime Manrique, escapada de las mismas teclas compulsivas de Andrés; el cuento "Maternidad", "su obra maestra", según sus palabras, en entrevista con el escritor Umberto Valverde. El mundo de las pandillas, la marginalidad, la violencia, la música, la narración en segunda persona, todo, conformaba un relato lleno de logros y felicidad literaria. Comenzaba lo mejor.

Poco después, Colcultura, en el número 17 de su colección de literatura titulada *Obra en marcha 2*, incluyó el relato "Pronto", sus desbordadas "memorias de una cinesífilis", que anunciaban la prosa de un profundo conocedor del cine, la literatura y las pasiones desmesuradas. Allí se encuentra lo que mejor supo Andrés escribir en la vida: la mezcla sistemática de ficción y realidad, la autobiografía y las trampas de la imaginación, la cinefilia y la obsesión inclemente por la creación. Este cuento venía con el anuncio de la publicación, en breve, de su novela *¡Que viva la música!*, la cual nació para el mundo cuando su autor decidió cerrar los ojos para siempre.

En los meses que antecedieron a la muerte de Caicedo, sus textos se fueron volviendo cada vez más radicales y desencantados. Publicó su ensayo sobre Marlon Brando y luego sobre *Duelo de gigantes* (*The Missouri Breaks* de Arthur Penn). Los acompañaron sus escritos sobre Kim Novak, sobre "Hollywood desvestido" y sobre el genio de Jerry Lewis.[2] El viernes 4 de marzo de 1977 en horas de la mañana vi a Caicedo, o al menos creo haberlo visto, sentado en el restaurante Los Turcos con Patricia Restrepo, Patricialinda. Allí lo veía uno siempre, cerca a la cartelera que anunciaba las películas del Cine Club. Sí. Los Turcos parecía un sitio diseñado por la pandilla salvaje del Cine Club de Cali. Había afiches de *La balada del desierto* de Sam Peckinpah, de *El restaurante de Alicia* de Penn y de *El discreto encanto de la burguesía* de Buñuel. No era extraño encontrarse allí a Caicedo, como no era extraño encontrarse a Valverde, a Fernando Cruz, a Luis Ospina, a Carlos Mayolo, al Loco Guerra o a Jaime Azcárate. Lo extraño fue ver a Andrés por última vez. En las horas de la tarde, cuando salí de mis clases de teatro, Pablito, el desaparecido mesero que hizo un pequeño personaje en la película *Agarrando pueblo*, me dijo que Caicedito se había suicidado. Me dio rabia. ¿Cómo así que *se iba* sin mi consentimiento? Corrí al edificio Corkidi donde vivía, para comprobar que todo era una colosal mentira, pero el silencio de la avenida Sexta comprobó lo inevitable.

2 Valdría la pena anotar que, en la revista *Ojo al Cine 3/4*, en un artículo *contra* Pasolini, el texto termina proféticamente con la frase "esperamos, eso sí, que Pier Paolo no muera de sed en el desierto". Poco tiempo después, el director de *Accattone* sería asesinado en una playa a las afueras de Roma.

Al día siguiente, se exhibió la película *Los olvidados* de Buñuel. A la entrada del teatro estaba Rodrigo Vidal, mientras sonaba "Angie" a todo pulmón. "Ahí está la música que le gustaba al hombre", me dijo, con esa forma tan caleña de decir *el hombre*, como si se tratase del único ser humano sobre la tierra. Antes de comenzar la proyección, sonó la voz de Ramiro Arbeláez por el micrófono del teatro. Dijo algo así como: "Desde hoy y para siempre el Cine Club de Cali se llamará Cine Club Andrés Caicedo. Andrés ha muerto. ¡Que viva Andrés!". Y arrancó la proyección. No hubo pasado el primer rollo, cuando una pandilla de iconoclastas delirantes entró al teatro, se paró frente a la pantalla y suspendió las imágenes del film. De allí en adelante siguieron las exigencias del delirio, en la fuente del Parque Panamericano. Allí, entre los discursos alados de Luis Fernando Vásquez y José María Borrero, comenzó el mito de Caicedo.

Se sabe que Andrés recibió el primer ejemplar de su gran novela el día en que tomó la decisión fatal. Desde esa época, han aparecido muchas ediciones de *¡Que viva la música!,* sin contar las piratas, ni las traducciones al italiano y al alemán. Su obra se lee, se relee, se monta, se cita y se recita con una fascinación que cada día sorprende más y más. Unos meses después de su muerte, salió publicado en Medellín su libro *Angelitos empantanados o historias para jovencitos*, editado por jóvenes suicidas de la capital de Antioquia. "El pretendiente", "Angelita y Miguel Ángel" y "El tiempo de la ciénaga", los relatos que lo componen, consolidaban el talento de Andrés, siempre juvenil, siempre divertido, siempre con la tristeza a carcajadas que lo acompañaría para siempre. Después, nada se supo.

Los pocos buenos amigos de Caicedo guardaron silencio. Gracias a la complicidad de Hernando Guerrero, tuve la gloriosa fortuna de visitar a los padres del escritor y de proponerme voluntariamente como organizador del archivo de mi desaparecido maestro. Nellie y Carlos Alberto aceptaron y durante varios meses viajaba todas las tardes a Ciudad Jardín para colocar en su sitio los miles y miles de folios escritos por Andrés en vida. Luego, en compañía de Luis Ospina, comenzamos a darle cuerpo a esa cantidad impresionante de talento concentrado hasta que, en 1984, publicamos el libro *Destinitos fatales,* con toda su obra narrativa inédita, incluyendo la novela inconclusa *Noche sin fortuna,* una absoluta obra maestra.

Y desde esa época comenzamos a gestar un volumen que, siempre lo quisimos, debería llamarse *Ojo al cine.* Pasaron quince años hasta que dicha colección de textos fue, por fin, compartida con los lectores. Era grande, porque así lo quería su autor. Faltaron sus cartas y sus guiones, porque ello daría para un volumen de propósitos distintos. Por encima de cualquier otra consideración, lo más importante de ese libro era dar cuenta de cómo la pasión por las imágenes proyectadas fue una de las más profundas y magníficas obsesiones que tuvo Andrés en vida. Tanto o más que la literatura, que los Stones, que Richie Ray y Bobby Cruz (de quienes se salvó de tener que oír en su rol de pastores cristianos). En *Ojo al cine* están consignados casi diez años de trabajo ininterrumpido, y allí se demuestra hasta la saciedad que Andrés Caicedo no fue un muchachito exótico con un delirio tanático por culpa de las drogas, sino un creador en todo el sentido de la palabra, con una disciplina y un rigor de hierro, que lo hicieron producir todo lo que produjo en tan poquitos e intensos años. Andrés Caicedo inauguró una nueva manera de abordar la crítica de cine en Colombia. No fue un crítico oficial ni un apologista de las distribuidoras. Fue un provocador a quien le gustaba de su oficio "lo audaz, lo irreverente". Atacaba lo que el gusto común consideraba "artístico" y adoraba aquello que consideraba imperfecto "pero vivo", según palabras del crítico español Miguel Marías, su amigo epistolar. Sus textos son excesivos, desmesurados, histéricos, comprometidos y tercos, pero allí hay cuenta de una época y, sobre todo, de un ser humano irrepetible. Es una lástima que no hayan quedado análisis definitivos de sus películas favoritas (*La noche de los muertos, Psicosis, Parásitos asesinos, Gimme Shelter, Tráiganme la cabeza de Alfredo García...*), pero también hay otra colección atortolante de textos que no solo son piezas memorables de la crítica, sino también de la literatura.

Desde que se murió Andrés, me he encerrado a organizar sus textos, he publicado una veintena de artículos sobre su obra; he colaborado con Luis Ospina en la realización de su documental *Andrés Caicedo: unos pocos buenos amigos* (1986); he colaborado con Eduardo Carvajal en la recuperación de sus fotos; he realizado diecisiete horas con la Radiodifusora Nacional de Colombia tituladas *Toda la música de ¡Que viva la música!*; he montado su obra de teatro *El mar*, con la cual nos acercamos a las cien representaciones; he puesto mi voz en el montaje de los *Angelitos empantanados* del Teatro Matacandelas de Medellín; he estado en París en la supervisión y presentación de la traducción de *El mar* al francés. Cada uno de estos trabajos involuntarios me llenan de alegría, pero nunca la he sentido tanta como con el volumen *Ojo al cine* de quince años. Siento que con él se cerró un ciclo y se abrió otro. Se abrió el camino para que los lectores, para que los cinéfilos, para que los amantes de la escritura y del universo de Andrés Caicedo Estela llenen por fin la página y redescubran al eterno adolescente de veinticinco años que se devoró la vida para que otros muriéramos de felicidad con sus palabras.

Invitación a la noche[3]

El archivo expiatorio

El trabajo de recopilación de la obra de Andrés Caicedo se nos había presentado como una necesidad generacional, toda vez que su voluminosa producción quedó refundida en la profundidad

---

[3] En 1984, después de varios meses como ratones de biblioteca, organizamos con el director de cine Luis Ospina el libro *Destinitos fatales*, publicado por la editorial Oveja Negra. *Invitación a la noche* fue el primer título que tuvo la primera novela que escribí y que terminó llamándose *Oraciones a una película virgen*. El título sirvió como introito para nuestra primera (mas no última, como se adivina) reflexión sobre la obra de Caicedo. Este texto, corregido y disminuido, fue escrito en el apartamento de Ospina en el barrio Centenario de Cali, a media cuadra de mi casa, tecleado entre vasos de aguardiente con hielo y canciones alborotadas. Da cuenta del criterio de selección para la edición de un libro que, hoy por hoy, ya no es uno sino tres.

de unos baúles misteriosos. Dados a la tarea del rescate, poco a poco fuimos haciéndonos a la idea de acercarnos al develamiento de las miles y miles de cuartillas ignoradas, luego de que ambos recopiladores conocimos hasta la saciedad todo el trabajo que Andrés publicó en vida. Ospina y yo nos habíamos acercado a Caicedo por caminos diferentes: Luis Alfonso "Poncho" Ospina fue amigo y compañero del autor desde la época del Cine Club de Cali y un realizador de cine que ha trabajado su obra bajo criterios similares a las obsesiones caicedianas. En mi caso, he sido un lector permanente de Caicedo, devorador de sus textos y me he ido creando, con el paso del tiempo, una especie de vicio por la lectura del autor de *Destinitos fatales*. Armados de este previo común acuerdo, nos fuimos cursando diarias invitaciones nocturnas, en las que conversamos sin descanso sobre el tema. Meses atrás, habíamos ido a la casa del escritor, habíamos hablado con sus padres y finalmente se abrió el candado que protegía con celo el material inédito. El hallazgo fue impresionante: cientos de folios amarrados con relativo orden, contenían versiones y versiones de cuentos, varias novelas, buena cantidad de largometrajes que se quedaron en el papel, obras de teatro, correspondencia desaforada, proyectos, traducciones de artículos de cine y canciones de los Rolling Stones, incalculable colección de críticas de cine, poemitas y toda suerte de arrepentimientos varios.

Dados a la tarea de organización de este material, el primer paso a seguir fue establecer un posible criterio de selección, de tal suerte que pudiéramos sacar a la luz una colección de escritos que correspondiese a los deseos siempre manifiestos del autor, en el sentido de "morir y dejar obra" y, así mismo, tratar de mantener cierta coherencia y rigor en los textos para publicar. De esta manera, iniciamos la lectura de los materiales.

Pero es en este momento, oh, queridos lectores, que debemos hacer un pequeño alto en la lucha y echar un poco marcha atrás. Para llegar a la síntesis de *Destinitos fatales* hubo en el camino muchas más sorpresas de las que sospechábamos.

Aunque las leyes del destino casi siempre son fatales, en este caso el camino nos deparó gratas sorpresas. Pero será mejor empezar, otra vez, por el principio.

La plaza de Caicedo

Toda la obra de Andrés Caicedo parte, depende y se inscribe en la ciudad de Cali. Esto, que parecería un accidente, se convierte en una actitud en todo su trabajo, pues no es posible que un autor como Caicedo existiese en otra ciudad colombiana. Este planteamiento, que podría ser tomado como una absurda declaración chauvinista, es una realidad de múltiples connotaciones, puesto que Andrés asumió a su ciudad como una especie de metáfora de su propia vida, entendiendo la *caleñidad* como una excepción, como una salida por la puerta trasera, como un reto. La capital del departamento del Valle del Cauca ha sido un medio donde la vida cultural se ha arrastrado para tratar de imponerse, y las excepciones juveniles (en particular, en la década del setenta), han tenido una salvaje, agresiva e inteligente manera de cuestionar las normas establecidas, a través de todos los excesos posibles, llámese cinefilia, erudición, drogas, pasiones irrefrenables o soluciones radicales. Así mismo, a dos horas de la costa pacífica, la cultura de la ciudad de Cali es una mezcla del sudor del trópico y el anhelo de los paisajes transilvánicos, es la baba de la rumba y el continuo arrepentimiento por el tiempo perdido, es la desmesura en los excesos y el sopor de los trabajos inútiles.

Aquí nació Andrés, un desesperado que no quiso perder un minuto de su tiempo porque sabía, desde muy joven, que tenía una cita pendiente con la muerte a los veinticinco años. Sin embargo, le tocó cumplir su vida en un medio que no admite el riesgo de contar con un genio en su propia casa. Por ello, tuvo que frustrar gran cantidad de sus proyectos y esconderse en la ametrallante impaciencia de su máquina de escribir. Desde muy niño comenzó a producir. En la época de los célebres festivales estudiantiles de teatro a finales de los sesenta, se conocieron sus primeras piezas dramáticas *(La piel del otro héroe, Recibiendo al nuevo alumno)*, las cuales contaban con un nuevo concepto de la puesta en escena, inaugurando así esa tendencia de "vanguardia", hija del teatro pánico por un lado y de Ionesco y Beckett, por el otro. Andrés llevó a las tablas piezas como *La noche de los asesinos* de José Triana y *Las sillas* de Ionesco, montajes que coinciden con la publicación de sus primeros cuentos en los dominicales de la ciudad. Ya había asistido a una reunión del grupo de escritores llamados Los Dialogantes, en el que participaban autores y críticos como Gustavo Álvarez Gardeazábal, Carmiña Navia, Eduardo Serrano y otros. Entonces (y una vez desaparecida dicha asociación de forjadores de la pluma) se inicia la compulsividad en el trabajo de Caicedo. Horarios estrictos en lecturas, montajes teatrales y escritura. Desde las primeras horas de la mañana hasta las últimas de la noche, Andrés parecía no pensar en otra cosa que en armar su propia obra, inventar su propio universo, darle vuelta a sus propios caprichos y tratar de acumular la mayor cantidad de escritos, películas vistas y obsesiones, para llegar bien armado a la hora del lobo.

Es también cuando el hombrecito empieza a darle un orden a su desbocada pasión por el cine y funda el Cine Club de Cali, inicialmente en la sala del TEC, luego en el Teatro Alameda y finalmente en el San Fernando, donde, los sábados a las 12:30, todos los cinéfilos por convicción, estudiantes por obligación, marginales por drogadicción, amistades por seducción, intelectuales por reacción, se daban cita, bajo las órdenes de los gustos y los materiales escritos por Andrés. Poco a poco, el público del Cine Club se convirtió en el ejemplo de una actitud generacional. El cine, junto a la música rock (y, en especial, a las canciones de los Rolling Stones), a la salsa, a los viajes de todo tipo, era la constante de una juventud que reventaba el sábado a mediodía y comenzaba a destruirse el lunes en la mañana.

El Cine Club de Cali, por su parte, fue la escuela de Andrés y su cátedra para imponer sus propios caprichos. Cientos de cuartillas sobre películas comentadas, prolongados estudios a directores, artículos de prensa, materiales del propio Cine Club, y, ante todo, discusiones eternas con los que seguirían siendo sus compañeros de batalla en el cine.

Paralelamente a su actividad como director del Cine Club (junto a Ramiro Arbeláez, Hernando Guerrero y Luis Ospina, entre otros), su trabajo literario no paró un instante, incluso luego del frustrado intento de llevar al cine su guion de *Angelita y Miguel Ángel* (codirigida con Carlos Mayolo, 1971). "Tal vez podremos hacer cine en el año 2000", profetizaba en alguna carta. Su producción como escritor se fue volviendo cada vez más compulsiva, hasta llegar a darle forma a todas sus obsesiones temáticas. La obra de Caicedo se asemeja mucho al concepto de "canibalismo" del que hablaba Raymond Chandler, en el sentido de nutrirse de sus propios textos y correlacionar los temas de unos y otros, de tal manera que todos sus trabajos conformasen un corpus de fijaciones y argumentos recurrentes. Pero esta aventura interior corrió con continuas dudas en lo referente a los resultados. Allí están sus profundas caídas en el arrepentimiento y sus relatos son escritos una y otra vez, como tratando de dar caza a una totalidad imposible, a un estándar de insatisfacciones.

En sus lecturas y gustos literarios prefería a autores que complementan y avivan las voces de esos jóvenes habitantes de la ciudad de Cali que Andrés rescató de su propio pantano. Siempre presentes los ecos de autores como Edgar Allan Poe y H.P. Lovecraft con su obstinada pasión por lo macabro; de Nathaniel Hawthorne, Herman Melville, Bioy Casares y Borges en su apuesta total a la literatura; de Malcolm Lowry, Henry James, Flannery O' Connor, Ciryl Connolly, Camilo José Cela o el mismísimo Pío Baroja y su gigantesca saga sobre el mar. Siempre le atrajeron los escritores que tocaron el tema de la adolescencia y de la infancia, como los peruanos Mario Vargas Llosa (en especial por *La ciudad y los perros* de la cual hizo una extensísima adaptación para el teatro) y Alfredo Bryce Echenique (autor de *Un mundo para Julius*), y el mexicano José Agustín (de cuya novela, *Se está haciendo tarde [Final en laguna]*) los jóvenes caleños sabían el dato exacto de cuántos cigarrillos de marihuana se fumaban sus protagonistas); así como algunas novelas de Carlos Fuentes (incluso *Terra nostra*, que alcanzó a devorarse), Cortázar (con excepción de *Libro de Manuel*, que detestaba) y, en fin, todo lo que se tratara de influencia *vargasjoyceana.*

Este bagaje literario se combinaba con su voraz aprehensión de la historia del cine, su conocimiento de films, actores y toda suerte de trivia del celuloide. Directores como Hitchcock, Buñuel, Corman, Bergman, Peckinpah, Jerry Lewis, Billy Wilder, Penn, Truffaut, Deville, Polanski, Nicholas Ray, Huston, Chabrol, Aldrich o el enigmático Leonard Kastle, solo por citar nombres que trazaban, dentro de los límites de lo imprescindible, las reglas de los gustos caicedianos. Esta influencia del cine dentro de su literatura es fundamental, puesto que su trabajo como crítico era una manera de *recrear* el film que se había degustado en la butaca, y como decía en una entrevista, debería existir un método que “universalizase lo particular”, puesto que “cada gusto es una aberración”. Con el lenguaje insistía en traspasar los límites de lo real para proponer una permanente aventura creativa individual. Por ello sus obsesiones temáticas empiezan a tener connotaciones enfermizas. Una y otra vez aparecen recurrencias en sus textos tales como el canibalismo, el vampirismo, la nostalgia, el amor, el sexo, la violencia, la noche como circunstancia, las flagelaciones dentales, el gusto por los complejos y los conflictos (sobre todo los edípicos), el incesto y, en últimas, la muerte, como *grande finale* de todas las derrotas. Estos temas son abordados desde múltiples flancos los cuales, paulatinamente, van adquiriendo un interesante nivel de concreción. De esta manera pudimos abordar el método para recopilar sus textos. Poco a poco fuimos estableciendo un hilo de condensación en sus cuentos, hasta el punto de llegar a un nivel de síntesis verdaderamente representativo. Por ejemplo: hay una constante en todo lo escrito por Andrés en términos de ficción que consiste en partir de un personaje que se levanta, reflexiona sobre todo lo que lo rodea, sale a la calle y deambula por la avenida Sexta, o simplemente establece una travesía; el hombrecito va a una fiesta y finalmente la narración se desborda en un pasaje de “horror” ulterior.

Este recorrido (con evidentes ecos del *Ulises* de Joyce) conlleva un develamiento de la ciudad, pero siempre desde una óptica adolescente, la cual es una combinación entre el humor y la amargura, la curiosidad y el desarraigo. "Cali es una ciudad solo para adolescentes", repetía Caicedo continuamente. Y esta máxima se convirtió en su mínimo común múltiplo de caracteres y situaciones. Muchos de sus relatos recopilados en *Destinitos fatales* se integran en este esquema, pero cada uno posee una variante definitiva: la trazada por el lenguaje. Sus obsesiones temáticas y tanáticas son, en otras palabras, la búsqueda de una obra total única. Pero este era un proyecto para inmortales.

Nostalgia de la muerte

1969 fue el año en el que Andrés logró imponerse una disciplina de trabajo, la cual dio como resultado una gran cantidad de cuentos, dos borradores de novelas, algunos guiones para cine y poemitas varios. Es en este año cuando escribe siete versiones de "Los dientes de Caperucita", cuento con el que ganaría el segundo premio del Concurso Latinoamericano de la revista *Imagen* de Caracas, a los diecinueve años. Escribe la mayor cantidad de relatos que constituirían la saga de Angelita y Miguel Ángel. Con estos trabajos, proyectaba publicar un extensísimo libro que se llamaría *Calicalabozo*,[4] cuyo contenido siempre varió (así como su título) y no se concretó en vida del autor. Fascinado por los libros mamotréticos, Andrés pretendía un libro como el de los cuentos completos de Allan Poe, cuyo ejemplar editado por la Universidad de Costa Rica y traducido por Julio Cortázar, siempre tuvo a la mano, llevándolo consigo a donde fuese. Todos sus cuentos pretendían entonces formar parte de una obra que Caicedo empezó a forjar aun desde que era un niño. Su precocidad se delata en la insólita disciplina que mantuvo para todos los proyectos que comenzó desde muy temprana edad. Sus lecturas las guardaba en un fólder considerablemente voluminoso, en el que, con juicio,

4 Otro de los títulos considerados para esta colección de relatos sería *Baladas para niños muertos*. Así como *Despescueznarizorejamiento*, fue el título primitivo para su novela (inacabada) *Noche sin fortuna*, según le manifestó a Juan Gustavo Cobo Borda en una carta dirigida al editor y poeta el 6 de octubre de 1976. Ver edición de *¡Que viva la música!* (Editorial Norma, Bogotá, 2001).

da cuenta de cada libro leído, con su respectivo comentario de más o menos una cuartilla de extensión, sobre el texto. Se percibe casi un plan de lecturas impuesto por él mismo desde sus once o doce años, como si de antemano supiera que debía llenar todos los baches en su cultura tan rápido como fuera posible.[5] Con el mismo rigor codificó su experiencia como espectador de cine. En el periódico *Occidente* de la ciudad de Cali, publicó sus primeras críticas; también en otros diarios, indistintamente. Y luego él mismo se encargó de editar un folleto titulado *Ojo al Cine*, el cual se convertiría, en 1974, en la revista especializada más importante que se publicase en Colombia.

Andrés viaja a los Estados Unidos, "al país de Alphaville", con tres ideas para el cine (allí escribiría dos largometrajes completos y un tratamiento), con el firme propósito de vendérselos al productor-maestro de la serie B, Roger Corman (el cual, entre otras cosas, había rodado un film con Vincent Price llamado *Tales of Terror*; cuya traducción al español fue, cosas del destino, *Destino fatal*). Los guiones, traducidos de afán por su hermana, se quedaron en el papel y no llegaron nunca a manos de este realizador que logró llevar varios cuentos de Poe a la pantalla. Sin embargo, el viaje no fue en vano. Tanto en Los Ángeles como en Nueva York, Andrés pudo ver todo el cine que quiso; comenzó a escribir *¡Que viva la música!*, la única novela que terminó totalmente (¿con él?) en vida; inició la redacción de una suerte de diario, que pretendía publicar y se llamaría "Pronto"[6]; confirmó su alocada afición por los *blues*; intentó por todos los medios entrevistar a Alfred Hitchcock; adquirió las grabaciones "solo para coleccionistas" de los Stones; entrevistó a Sergio Leone y regresó a Colombia a precipitarse en el riesgo de los últimos años de su vida.

---

5 Años después, los herederos del autor y la periodista María Elvira Bonilla publicarían este material bajo el título *El libro negro de Andrés Caicedo* (Editorial Norma, Bogotá, 2008).

6 Andrés Caicedo, "Pronto: fragmentos de unas tales *Memorias de una cinesífilis*, encontrados dentro de una botella en las riberas del Canal de Panamá", en *Obra en Marcha 2. La nueva literatura colombiana,* No. 17, Instituto Colombiano de Cultura, Bogotá, 1976, pp. 463-490.

En 1975, publica su relato *El atravesado* (cuya carátula dibujó él mismo, basándose en la portada de una grabación no autorizada de los Rolling Stones). El libro tuvo un relativo éxito en el ámbito local. Pero su desespero y la desazón tenían un límite y lo superaban, y cometió dos intentos de suicidio. En ambos lograron salvarlo (?) y, en los períodos de relativa recuperación, Andrés siguió trabajando. Publicó el número 5 de la revista *Ojo al Cine*, escribió semanalmente extensos artículos en el dominical del diario *El Pueblo*, entregó la versión final de *¡Que viva la música!* al Instituto Colombiano de Cultura para su publicación, trabajó en el Cine Club, alcanzó a recibir un ejemplar de su novela ya editada, hasta que, en su último viernes, decidió que su cabeza estallase de una vez por todas y dejara de pensar para siempre.

Al día siguiente, el sábado 5 de marzo, mientras su familia lo enterraba, el Cine Club de Cali trataba de seguir su curso. Antes de la proyección se escucharon himnos de los Stones, "Periódico de ayer" de Héctor Lavoe, "El rumbero mayor" de Ricardo Ray y Bobby Cruz. El domingo siguiente, el *Semanario Cultural* de *El Pueblo* publicó su último artículo, sobre *La década prodigiosa* de Claude Chabrol. Por esos días salió al público el número 19 de la Colección Popular de Colcultura con *¡Que viva la música!* Los comentarios, las críticas, las alabanzas, los manifiestos, los recitales de apoyo y las declaraciones suicidas, no se hicieron esperar. Incluso los petardos: días después de su muerte, se organizó en un bar de la ciudad un homenaje a la memoria de Andrés. Pasada la medianoche, una pequeña bomba estalló en el establecimiento, puesta por algún celoso guardián de la figura de Caicedo.

¡Que viva la música! se convirtió, sin proponérselo, en un libro de culto en una generación de lectores que no tenían la lectura como parte de sus prioridades.

Poco tiempo después, aparecieron los tres relatos de la serie Angelita y Miguel Ángel y los responsables de su edición (La Carreta Literaria, Medellín) también dieron fin a sus vidas por sus propios medios.[7] *¡Que viva la música!* fue reditada con una es-

---

7 Andrés Caicedo, *Angelitos empantanados o historias para jovencitos,* La Carreta Literaria, Medellín, 1977.

pantosa carátula que mostraba unos *hippies* como de ilustración de cartilla escolar. El libro salió en Italia tiempo más tarde. Los jóvenes leían los textos de Andrés Caicedo en la clandestinidad de los ratos de ocio. Las ediciones piratas empezaban a reproducirse. Bastaba solo el ejemplo de un libro llamado *Erotismo y perversiones*, en el que se publicaron las tres últimas cuartillas de "Los dientes de Caperucita", seguido de André Breton y toda una lista de autores que, supuestamente, practicaban con la pluma lo que debían hacer con el cuerpo. Apareció a su vez, una que otra recopilación arbitraria de sus cuentos y varios relatos aislados en suplementos y revistas. Pero la gran obra póstuma de Caicedo estaba por salir a la luz. Pasaron varios años de silencio. Luego de la tempestad, pensamos que vendría la calma. Pero el tiempo ha corrido a gran velocidad y, de repente, nos dimos cuenta de que los personajes y el mundo descrito por Andrés se habían vuelto increíblemente proféticos. El fantasma de María del Carmen Huerta (la protagonista de *¡Que viva la música!*) camina por las calles de Cali. Los angelitos empantanados chapotean de nuevo. La línea blanca de las drogas parece no acabarse nunca. La incertidumbre de las nuevas generaciones es como cualquier párrafo que describe a los angustiados personajes caicedianos. *Destinitos fatales* salió de su tumba, porque el ataúd no ha sido del todo enterrado.

Los viejos baúles

Pudimos recopilar alrededor de sesenta cuentos, luego de organizar por secciones todo el archivo de Caicedo. Su cuarto, en la casa de sus padres en el barrio Ciudad Jardín, ya era otro. Todavía se conservaba parte de su biblioteca, había un archivador con papeles de su papá, un baño decorado con un gigantesco afiche de *Performance* (el excelente film de Nicolas Roeg y Donald Cammell, con Mick Jagger, James Fox y Anita Pallenberg, que tanto le gustó en vida), unas pocas fotos de cine en la pared y, a un lado de la habitación, un baúl negro que contenía los folios. En ellos estaba la mayor parte de su gigantesca producción como crítico de cine, dos versiones de su novela *La estatua del soldadito de plomo*, todos los guiones, unas seis obras de teatro (hay, incluso, una extensísima adaptación inconclusa de *The Narrative of Arthur Gordon Pym of Nantucket* de Edgar Allan Poe), los cuentos, toda su correspondencia escrita y recibida, incesantes notas autobiográficas, traducciones y cuadernos de proyectos; estos últimos, redactados a mano.

Para la selección consignada en *Destinitos fatales*, nos concentramos en los cuentos y en su obra de ficción no cinematográfica, pues el libro da cuenta de esta faceta en la obra de Andrés Caicedo. Allí nos detuvimos a lo largo de varios meses.

Dividimos su trabajo como narrador en tres "etapas" (seguramente, en el aspecto temático, muy arbitrarias), que nos ayudaron a la simplificación y organización del material. La primera, son sus cuentos de adolescencia, publicados algunos en dominicales de los diarios *Occidente* y *El Espectador*, entre 1966 y 1968. La segunda, es su prolífico trabajo de 1969. Y la tercera, todos los relatos que conducirían a la saga de Angelita y Miguel Ángel. Habría que advertir que, en paralelo a la escritura de los relatos, Andrés trabajaba en sus novelas, las cuales formaban parte de las obsesiones temáticas de sus cuentos.

Sus primeras narraciones adolescentes son las menos afortunadas. Hay un excesivo nihilismo y recursos narrativos que pretendían seguir la línea de los triunfos formales de la nueva literatura latinoamericana. Andrés mismo se burlaría, tiempo después, de estas trampas "estéticas". La segunda etapa nos muestra la producción más abundante de la cuentística caicediana. Cada relato es escrito una y otra vez, con una compulsividad sin tregua. Lo interesante de estas continuas versiones es que no se trataba de variaciones mecánicas, sino, por el contrario, eran lecturas del tema desde nuevos ángulos, con otros narradores, con elementos cada vez más frescos. Casi todos estos cuentos, a su vez, presentan ciertas recurrencias en el estilo, las cuales Caicedo terminaría manejando con absoluta maestría.

A partir de estos relatos se consolidarían muchos elementos que han terminado llamándose, no en vano, "el universo caicediano". Por un lado, su progresiva obsesión por la "descripción de mundos corrompidos". Sus personajes comienzan a vivir dentro de un ambiente oxigenado por la nostalgia de veraneos, calles recorridas, novias, colegios, vacaciones, y terminan entregándose, incluso a pesar de ellos mismos, al camino de la perdición. En cada uno de sus relatos hay una lucha permanente entre la narración y el tiempo interior, de tal suerte que pareciese que los acontecimientos no avanzaran. Hay muchos cuentos que comienzan en una historia específica y, poco a poco, se van desbocando en reflexiones que van más allá del relato mismo. Esta característica la encontramos incluso en *¡Que viva la música!*, cuando la narradora concluye, en las últimas páginas, en una enumeración de máximas sobre la marginalidad, guardando alguna semejanza con *El libro de Monelle* de Marcel Schwob.

En los textos de Caicedo hay una relación permanente entre lo personal y lo distanciado, el narrador se incluye y se aleja de la historia como si pudiese entrar y salir a su antojo, dentro de sus arbitrarias leyes. Siempre habrá una continua experimentación en este sentido, brindándole a los cuentos una permanente sensación de libertad, a pesar del encierro en que se encuentran (con)sumidos los personajes. Uno no llega a saber, a ciencia cierta, si lo que se cuenta es o no posible, si el narrador lo vive o lo imagina, si los acontecimientos suceden o se nos imponen por la lógica de los sueños. Apoyado en los arabescos coloquiales del lenguaje, Caicedo le confiere al relato una dosis de vitalidad extraída de todo tipo de recurrencias y de recuperación de voces, unidas por su permanente necesidad de autodefinirse en una búsqueda por atrapar ecos casi exclusivos de la palabra hablada. La recuperación del lenguaje de la droga es una constante, sobre todo en sus últimos textos, así como su recurrente utilización de expresiones del lenguaje juvenil caleño. En ninguno de sus relatos se recurre a la tercera persona: siempre se parte de un narrador (sea hombre, sea mujer, sea homosexual) que es víctima de su propia circunstancia y *cuenta* (muchas veces con un interlocutor hipotético en segunda persona) los acontecimientos, casi siempre con connotaciones apocalípticas.

Aquí las palabras van y vienen, le dan muchísimas vueltas al asunto, hasta el límite de convertir los puntos de apoyo del relato en un simple pretexto que se explaya en la reflexión de su propia tragedia. Ante esta circunstancia, en casi todos sus cuentos hay una obstinada sombra de amargura que se evidencia incluso en el permanente humor que mantienen las narraciones. No falta, en ninguno de sus relatos un sugestivo tono de imperturbabilidad para contar los acontecimientos más escabrosos y temibles. Todas las relaciones físicas entre los personajes (bien sean eróticas o violentas) se le comentan al lector con frialdad, mezcladas con "opiniones" que el narrador impone sobre los acontecimientos que escoge contar.

Pocas veces aparece un narrador adulto. Tal vez la excepción está en un breve cuento titulado "Teaching & Tal", el cual parte de las reflexiones de un inmamable profesor de colegio. Por desgracia, se trataba de un relato inconcluso y, de seguro, sin muchas ganas de llevarlo a un buen final. Así mismo, Caicedo tenía proyectado para la segunda parte de *Noche sin fortuna* un monólogo interior de la mamá de Solano Patiño, el protagonista, el cual nunca llegó a escribir. Una verdadera lástima, pues bien sabido es su tendencia a refugiarse en la contemplación de las madres, otorgándoles siempre un admirado homenaje de postración. Su imagen adolescente del mundo siempre está presente, hasta el punto de plantear que uno nunca debía dejar de ser niño y, por ende, "vivir más de veinticinco años es una insensatez".

A partir de este propósito de vida, de esta necesidad urgente por acabarlo todo y acabar con todo, se construyó su obra. A un ritmo destructivamente veloz.

De la mano del destino

Pero, ¿qué compone los *Destinitos fatales*? Dado que la mayoría de los textos inéditos de Caicedo estaban en constante proceso de transformación, e incluso varios de ellos quedaron sin terminar, nos vimos en la obligación de hacer una selección un tanto rigurosa, respetando además la posición de Andrés de ser bastante estricto a la hora de publicar.

El libro se divide en tres secciones: la colección de cuentos titulada *Calicalabozo*, la saga de Angelita y Miguel Ángel *Ange-*

litos empantanados o historias para jovencitos y la novela *Noche sin fortuna*. Los quince relatos que conforman *Calicalabozo* son las versiones más acabadas de cada uno de ellos. Algunos fueron publicados en suplementos dominicales, uno que otro en alguna revista y los demás son inéditos.

"Infección" es quizás el mejor ejemplo del trabajo adolescente de Andrés. Allí están incluidos todos los ingredientes de sus primeros relatos: un mínimo esquema argumental, las reflexiones de derrota, el discurso recurrente, el rechazo a todo lo que se le presente por delante, el tono de escritor "maldito" y la secreta influencia del poeta Eugenio "el Loco" Guerra. "Por eso yo regreso a mi ciudad" es un relato de extraña belleza, con un esquema que luego se volverá permanente en su obra: el encierro de un personaje y sus reflexiones sobre Cali desde la óptica del aislamiento. "Vacío" es una de sus mejores narraciones breves y uno de sus primeros tanteos sobre sus dos personajes adolescentes, Angelita y Miguel Ángel. "Besacalles" está basado en un famoso habitante de las calles de Cali, quien moriría en oscuras circunstancias, luego de practicar alguno de los trabajitos que Andrés le designa en su relato. "De arriba abajo de izquierda derecha" es un cuento del cual encontramos muchas versiones y entregamos al lector la más acabada, a juzgar por una hipotética enumeración que el autor había trazado. "El espectador" es otro de los cuentos escritos en 1969, en el que empieza a utilizar el cine como parte constitutiva de sus ficciones narrativas. "Felices amistades" inicia lo que podríamos llamar la etapa "criminal" del autor, en un relato lleno de ambigüedades ingeniosas y situaciones que luego aparecerán en *Noche sin fortuna*. "¿Lulita que no quiere abrir la puerta?" es una versión primitiva de "Los dientes de Caperucita", que, a juzgar por el resultado final de este último relato, se transformó totalmente. Está aquí porque tiene méritos por sí solo y porque es casi el inicio de su imagen de la mujer como devoradora (otro de los temas que llegará a felices términos en *Noche sin fortuna*). "En las garras del crimen" es su único cuento influido por la novela negra y el *thriller*, dos de sus géneros favoritos. Es un relato muy en plan de regodearse con el tema y está escrito como si Andrés jugase con su propia imagen y sus propios gustos. Se trata, al parecer, de una de sus últimas narraciones breves. "Patricialinda", el cual se iba a llamar inicialmente "Destinito fatal", es otra de sus interminables reflexiones acerca de un personaje, tomando un par de anécdotas mínimas, como punto de partida para las siempre reconfortantes divagaciones de sus protagonistas. Y no es difícil adivinar a qué Patricia estaba homenajeando. "Calibanismo" era un fragmento de *Antígona* (una de las versiones de *Noche sin fortuna*) en el que con mayor obsesión insiste en el tema del canibalismo. "Los dientes de Caperucita" es uno de sus relatos más delirantes y de considerable riqueza estilística. Premiado en Caracas, fue el cuento del cual encontramos mayor número de versiones y variantes temáticas. Aunque le somos fieles a Andrés al sacar a la luz la que él consideró el cuento terminado, había otras aproximaciones excelentes, como la titulada "¡Pero qué ojos más grandes tienes, Caperucita!", que, por desgracia, tuvimos que echar a un lado. "Maternidad" salió al público en la contracarátula de *El atravesado*, en la edición que él mismo supervisó. Allí se destacan elementos que luego desarrollará en *¡Que viva la música!*, como la descripción del desmoronamiento de la dama de la historia. El tono del cuento es inmejorable y su delicioso ambiente decadente lo convierte en el mejor ejemplo de cinismo y *agite* que cualquier autor colombiano hubiese tenido hasta el momento. Recuérdese, por ejemplo, cuando el narrador dice: "Rasgué con su sangre el pasto yaraguá", al referirse a la primera cópula con su mujercita. O su definitiva decisión: "Le haré un hijo a esta mujer". Estos son logros contundentes de su estilo. "Los mensajeros" es el cuento de mayor belleza de toda la selección. Hay un imagen apocalíptica y nostálgica de Cali, vista desde la óptica de una legendaria estrella de cine que surge y desaparece cuando la ciudad se convierte en la meca del séptimo arte y los soñados Estudios del Río dan cuenta de por qué a la capital del Valle del Cauca se le iba a llamar alguna vez Caliwood. Uno de los cuentos memorables para la historia del cine colombiano. Por último, los tres "Destinitos fatales" que el lector encontrará al final del primer bloque, fueron publicados por Andrés en 1971, en uno de los folletos del Cine Club de Cali (que se llamaba, cómo no, *Ojo al Cine*), en medio de reflexiones sobre las películas de Polanski y el género de horror. La frase "destinitos fatales" será una constante en todo lo que Caicedo escribió y, su vida en general estuvo marcada por esta chapa. De hecho, su suicidio fue la respuesta a dicho sino recurrente.

El título *Calicalabozo* habla por sí solo. Este era el nombre que Caicedo siempre quiso para su colección de cuentos, una vez publicados. Entre sus notas, encontramos varios proyectos de unificación de sus relatos, siempre bajo el mismo nombre. Incluso, hay un proyecto para aglutinar sus cuentos, *¡Que viva la música!, El atravesado* y los *Angelitos empantanados*, todos en un solo volumen. "Para mí vivir en Cali es como para el cónsul de Lowry vivir en Quauhnauac", decía Andrés de manera lapidaria. Con esto quizás explique un poco el sentido de su título y la sensación de obligado encierro que le inspira la ciudad. De todas formas, no se trata, ni mucho menos, de un rechazo a los muros caleños. Su insistente "capacidad de sufrimiento" trascendía los límites de la capital de la alegría. Andrés, con el tiempo, se hundió definitivamente en la desazón. Pero su obra no se puede considerar tan solo como un acto de expiación, pues Caicedo trabajó con afán para intentar, inútilmente, borrar las huellas de su propia tristeza. Cuando a Andrés le preguntaban, por ejemplo: "Quiubo, ¿qué has hecho?", él respondía bergmaniano: "Sufrir incalculablemente", como responde algún personaje con cáncer en *Gritos y susurros*. Su desespero lo llevaba consigo a todas partes y esa sensación de *calicalabozo* la llevó a cuestas hasta Los Ángeles, Nueva York, Bogotá o Cartagena. Sin embargo, Caicedo no pecó por trágico durante su vida y, por el contrario, su extraordinario humor se integró sin problemas a su incertidumbre. Esta posición, bastante caleña por cierto, de reírse de las propias derrotas y frustraciones, se define en nuestro medio como la exégesis del *medaunculismo*, del cual Andrés fue uno de sus principales cultores. Es por esto que en sus relatos (y, en general, en toda su obra) hay una feliz amargura, hay una satisfacción por el desmoronamiento, hasta llegar a plantear, por ejemplo: "Y vamos creciendo, puede que madurando nuestros conceptos, ganando número de visiones importantes, pero nada tendría de raro que después de un film excepcional desfallecieran nuestras fuerzas. Rico". Incluso, podemos afirmar, sin duda, que el único lugar donde Caicedo se sintió a gusto fue en su ciudad natal: la música, el ambiente, el clima, las peladas, le fueron, evidentemente, mucho más reconfortantes para ayudarle a morir a gusto. "Qué jartera tener que morirse en Bogotá", planteaba en alguna de sus narraciones desbordadas. E hizo todo lo posible porque esto no sucediera. Se esperó un poquito, se cortó el pelo a navajazos, sonrió para algún periódico, se dejó entrevistar para la televisora nacional y regresó a su Calicalabozo a recuperar su encierro, esta vez para siempre.

La segunda sección del libro, *Angelitos empantanados o historias para jovencitos*, comprende tres relatos. Uno de ellos, "Angelita y Miguel Ángel", contiene buena parte de su cuento "Berenice", sobre todo en lo referente a la fascinación por las pocas piezas dentales coleccionables del poeiano personaje. La editorial Plaza & Janés publicó una selección con este título en 1978, compuesta por "El atravesado", "Maternidad", "El tiempo de la ciénaga" y un relato que bautiza el volumen. Este "Berenice" es una variación inserta en *Angelitos empantanados*. Todas las narraciones citadas dan vueltas alrededor de los mismos sujetos e, incluso, de las mismas situaciones que luego veremos ampliadas en *Noche sin fortuna*.

En estos relatos encontramos que los protagonistas siempre descienden a la "espiral sin fondo de la perdición". Este viaje se evidencia en una búsqueda ingenua de la marginalidad, hasta el punto de caer en las garras "de los mundos corrompidos". Los personajes principales de estos cuentos son dos muchachos divinos, estereotipos de la burguesía, limpiecitos y portadores del amor, en estado virginal. Hasta que el descenso a los infiernos, el reconocimiento de los barrios populares, la evidencia del lumpen y de lo inmundo, los conduce a la muerte. Dicha sensación se encuentra manifiesta en "El tiempo de la ciénaga", de lejos, el mejor relato de la serie. Todos los actuantes en la presente saga, están marcados por un destino precoz, juvenil, dramático. Son poseedores de tempranas tragedias, se ahogan en su propio pantano y se tornan, a veces, en obstinados y reflexivos o en crueles jovencitos inocentes, según el caso.

La capacidad narrativa de Caicedo se hace evidente en esta colección de retratos de unos personajes que parecen narrar una historia ya sucedida y repetida para ellos mismos desde la tumba. "El pretendiente", por ejemplo, inicia la invención de su historia desde la cama. El "héroe" está encerrado en un cuarto y tiene a la ciudad como telón de fondo, distanciada y solemne. A pesar de estar todos en una tierna juventud, pareciese como si ellos hubieran tenido una sobredosis de vida y estuviesen cansados de pensar. Hay una extraña reverencia en los diálogos, en la descripción de los ambientes, dándonos la idea de ser personajes a los que la derrota les ha conferido el don de la sabiduría. Es un poco distinto este espíritu al de *El atravesado*, en el que el narrador le cuenta a un interlocutor su edad de oro como peleador callejero, con un trasfondo hijo de *Rebelde sin causa*, de *Al compás del reloj*, de *The Wild One*, pero también de los ambientes "duros" del sur de Cali, del espíritu de las galladas y de una evidente nostalgia por el mundo de los años sesenta. Se percibe su gran capacidad de estar en "la piel del otro héroe", para utilizar sus propios términos. En *El atravesado* quien narra es el portador de la violencia. En *Angelitos empantanados* los personajes son sus víctimas. Estas dos tendencias van a unirse (o, por lo menos, a intentarlo) en *Noche sin fortuna*, novela que cierra esta recopilación.

Su título es tomado de una canción de Los Panchos (conocidos en nuestro medio como Los Chopanes), la cual dice, en una de sus estrofas: "Tú diste luz al sendero / en mi *noche sin fortuna* / iluminando mi cielo /como un rayito claro de luna / ...". Caicedo nunca llegó a concluir este proyecto. La novela aparece tal como la encontramos, anexándole dos extensas notas en las que el autor reflexiona sobre sus personajes y sobre el tratamiento general del texto. Es una lástima que Andrés *no haya tenido el tiempo* para concluirla, puesto que se trataba de una de sus propuestas literarias más ambiciosas. Originalmente, él trabajó el tema en un extenso relato titulado "Antígona", en el que se explica la relación amorosa por las vías de la antropofagia.[8]

En la novela, se unen casi todos los elementos trabajados por Andrés a lo largo de su obra. *La estatua del soldadito de plomo*, su novela de adolescencia, está presente; pues en esta, de igual forma, tenemos el personaje que se levanta, se arregla y sale para asistir a una fiesta y encontrarse con un amigo: todo esto plagado de continuas "trampas", las cuales serán, a la postre, de preferencia del autor para reflexionar sobre sí mismo. El personaje central, Solano Patiño (este nombre se utiliza en Cali para referirse a alguien que está solo, que se quedó sin nadie), ya había aparecido en los relatos de Angelita y Miguel Ángel, pero en contraplano, del otro lado de la fiesta. Danielito Bang, igualmente. Carevaca aparece como personaje, pero no se cita su nombre. Es, en otras palabras, la historia de los actores secundarios de los *Angelitos empantanados*. Quizás el personaje más importante sea Antígona, una especie de metáfora de la mujer con la vagina en la boca, destructora y a la vez portadora de placeres. En vida, a Andrés se le oyó decir que si encontraba el amor, este lo destruiría. Esta imagen de la feminidad se describe en el extraño conductor de placeres en que se convierte dicha mujer, la cual lame ojos, chupa ombligos, succiona granos o muerde muslos tiernos, feliz y solemne. A su vez, uno siente que hay una concepción edípica en la manera de mirar a este ser que deambula por Cali como si navegase en el mar, que se pierde en su propio placer, hasta contagiar a sus víctimas inocentes.

En una de sus notas, Andrés pone en tela de juicio toda esta aventura mental y carnal de los personajes de su novela y pensaba reescribirla con el nombre de *Lilith*, como el gran film de Robert Rossen. Esto, como se ve, nunca pasó de ser más que una vaga idea que desapareció con su autor. Consideramos que *Noche sin fortuna* posee méritos incuestionables y todo lo que Caicedo al-

---

8 Este relato fue publicado en la revista *Eco*, en 1979, en una versión con fecha 1970. Finalmente lo incluimos en la edición de *Noche sin fortuna* de Editorial Norma de 2002.

canzó a escribir de ella valió la pena sacarlo a la luz. La novela llevaría un monólogo de la mamá de Solano Patiño y, de seguro, el viaje interior por la ciudad de Cali continuaría, en esa deliciosa transformación geológica de la avenida Sexta, en esa descripción submarina del barrio Santa Teresita, en ese desenfrenado delirio mezcla de coprofilia y abulia, en ese descenso al Maelstrom de la perdición. *Noche sin fortuna* se convierte, por consiguiente, en su testamento literario y en una pieza de especial riqueza literaria.[9]

Los *Destinitos fatales* de Andrés Caicedo vieron la luz, luego de varios meses de encierro voluntario, para tratar de develar el misterio de los caprichos de su pluma. El trabajo terminó y empieza a envolvernos la profunda tristeza de la obra concluida. Esperamos que el verdadero Caicedo perdure no como un *hippie* que no se entendía ni a él mismo, sino como el poeta que, en realidad, llegó a convertirse. No sobra agregar que, entre los más escondidos papeles de Ramiro Arbeláez, uno de sus mejores colaboradores del Cine Club de Cali, encontramos una colección de *Poemitas*, escritos a mano por Andrés y en los que están presentes los versos que alguna vez debieron estar inmersos en su obra en prosa. Solo nos queda sacar a flote el esfuerzo y esperar que la procrastinación no acabe con nuestra paciencia. Hay fuego en el 23.

SECRETOS DE *EL ATRAVESADO*

El 18 de enero de 1973, en el Inglewood Forum de Los Ángeles (California), se llevó a cabo el primer concierto de la gira de invierno de los Rolling Stones. El concierto, en realidad, fue un abrebocas para la gira australiana de la banda, y se dio a beneficio de las víctimas de un reciente terremoto en Nicaragua. La banda recolectó un poco más de medio millón de dólares. Poco tiempo

9 En mi libro *Género y destino: la tragedia griega en Colombia*, tomos I y II (Ediciones Universidad Distrital "Francisco José de Caldas". Bogotá, 2015, pp. 88-107) hay un capítulo completo titulado "'Antígona', 'Destinitos fatales' / *Noche sin fortuna*: el mito en / de Andrés Caicedo", donde se analiza en detalle la relación de los mitos antiguos con los escritores románticos, la literatura gótica y, en particular, la relación de Lovecraft con *Noche sin fortuna*.

después, un acetato pirata, conocido como *All-Meat Music*, salió al mercado ilegal del disco. En la carátula se veía una serie de viñetas que caricaturizaba los títulos de algunas de las canciones emblemáticas de los Stones. Entre ellas, al centro de la diagramación, se destacaba la figura de un Keith Richards pandillero, con un cuchillo y una cadena en sus manos. En la pared de atrás, algunos grafitis. Entre ellos se lee el título de un tema histórico: "Street Fighting Man". Y la palabra *Man* está debajo de las piernas del pandillero. Hoy por hoy, el disco es una joya para los coleccionistas de discos ilegales de la llamada "banda de *rock and roll* más grande del mundo".

En 1975, "gracias a la iniciativa de Nellie Estela de Caicedo, en el aniversario número 24 del nacimiento de su hijo", apareció en Cali una edición local del relato *El atravesado* de Andrés Caicedo, apoyada por un sello de tinta azul que decía: "Ediciones PIRATA de calidad". La carátula del libro era de un intenso fondo amarillo y el dibujo de la misma reproducía la feroz caricatura de Keith Richards del álbum *All-Meat Music*. Un "homenaje" que tenía ligeras variaciones: en lugar de la palabra *man*, se leía, debajo de las piernas de la figura, la muy caleña expresión *mano* (en el relato se nos aclara que los bacanes locales de la época "evolucionaron" la expresión *hermanolobo* a *hermanolo*, luego a *hermano* y finalmente a *mano*). A un lado de la cara de Richards, leemos un insulto: "loca". Y debajo, un corazón con las iniciales "M.J. y B.". El apellido de la B. (de Bianca, suponemos), está tachado. El dibujo está enmarcado por dos letreros verticales que rezan: "El atravesado" y "Andrés Caicedo". La figura fue "reproducida" por el mismo autor, quien también era entusiasta dibujante. Un disco pirata, que sirve de modelo a una edición "Pirata de Calidad", para un autor que terminaría siendo el paradigma de los autores contestatarios colombianos.

Dos versos de la citada canción, "Street Fighting Man", sirven de epígrafe al relato. Un relato lleno de aventuras pandilleras, de peleas, en el que se reconstruye una ciudad de Cali "calcada" de las películas de delincuentes juveniles de los años cincuenta a setenta, tipo *West Side Story*, *Rebel Without A Cause*, *A Clockwork*

Orange o *The Wild One*. En la dedicatoria de *El atravesado*, tres nombres: Clarisol Lemos, Guillermo Lemos y Carlos Tofiño. La primera repetiría "el honor" de ser homenajeada por el autor, pues es la misma "Clarisolcita" que inaugura las páginas de *¡Que viva la música!*, la novela emblemática de la saga caicediana. A Lemos y Tofiño los identificaríamos gracias a las reconstrucciones documentales de Luis Ospina (*Andrés Caicedo: unos pocos buenos amigos* y el denominado *Angelitos empantanados*). A su vez, Guillermo Lemos es el protagonista del documental de 1998 titulado *Un ángel del pantano*, dirigido por Óscar Campo. El resto de la introducción de *El atravesado* reza: "Naturalmente, en aquella época todos estábamos enamorados de Anthony Burgess y Marito Vargas Llosa". Anthony Burgess es el nombre del autor de la novela que sirvió de base al film *Naranja mecánica* de Stanley Kubrick (me temo que los homenajeados conocerían más la película que el libro, tal como podemos ver en los materiales de Luis Ospina). En cuanto a "Marito" Vargas Llosa, el entusiasmo se debe a sus libros sobre la juventud: *Los jefes*, *La ciudad y los perros* y *Los cachorros*. Vargas Llosa, de alguna manera, le servía de modelo a Caicedo en lo referente a cómo mostrar el mundo de los jóvenes a través de la literatura.

Pero quizás la mayor curiosidad de la primera edición de *El atravesado* se encuentra en la contracarátula. Se trata de un texto introductorio firmado por el escritor barranquillero radicado en Nueva York, Jaime Manrique Ardila. En aquel tiempo, Manrique oficiaba como poeta y como crítico de cine (su foto apareció en la edición 3/4 de la revista *Ojo al Cine*). Según cuenta el mismo Manrique, Andrés le pidió que le presentase su libro, pero como el autor de *El atravesado* siempre vivía a contrarreloj, decidió escribir él mismo la presentación y firmarla como si fuera de Manrique. Sobra agregar que a Manrique le gusta tanto la presentación como si hubiese salido de su propia pluma. Esta anécdota es confirmada por el escritor chileno Alberto Fuguet en su libro *Mi cuerpo es una celda*, en el que reconstruye la autobiografía de Andrés Caicedo a través de sus cartas y sus diarios.

Para completar la reconstrucción, en las contratapas de la edición original de *El atravesado*, Andrés incluyó el relato titulado "Maternidad". En una entrevista ya citada con el escritor caleño Umberto Valverde para el desaparecido diario *El Pueblo*, Caicedo aseguraba que dicho cuento era "modestamente, mi obra maestra". Según cuenta "Jaime Manrique Ardila" en la presentación, el autor quería debutar con un libro de 500 páginas subtitulado *Historias para jovencitos*. Pero la premura y el desasosiego hicieron que *El atravesado* fuese su primer libro de combate. Hoy por hoy, se ha cumplido el anhelo de su autor, quien quería que el relato fuese leído "en los recreos, en voz alta, pero en la clandestinidad del grupo selecto"; puesto que los libros de Andrés Caicedo se han convertido en textos obligados para los adolescentes que se entusiasman por la literatura sin que haya ningún maestro que se los imponga.

Las ediciones posteriores de *El atravesado*, con sus tropeles y sus serenatas, con Edgar Piedraíta (sin la hache paleolítica) y Rebeca, con Akira Nagasaka y María del Mar, con la mamá alcahueta y las pedreas callejeras son *reconstrucciones* de aquella publicación casi privada que Andrés Caicedo hizo en vida para que, décadas más tarde, siguiéramos descubriendo, celebrando y degustando con el placer que solo permite la aventura de los grandes textos literarios.

Toda la música de *¡Que viva la música!*

... que todo en esta vida son letras.

Andrés Caicedo, *¡Que viva la música!*

Pocos meses después del suicidio de Andrés Caicedo en Cali, apareció en la Colección Popular del Instituto Colombiano de Cultura, en su número 19, la novela *¡Que viva la música!*, publicada gracias al impulso del escritor Juan Gustavo Cobo Borda. En dicha colección habían salido libros de todo tipo (obras de Pedro Gómez Valderrama y Jorge Zalamea, una antología de teatro de vanguardia nacional, las *Crónicas y reportajes* de García Márquez, una antología de León de Greiff...). La Colección Popular había reunido una selección de textos del suplemento literario del diario *El Pueblo* de Cali, en el que Andrés publicaba sus comentarios sobre cine, realizada por María Mercedes Carranza, quien también se quitaría la vida en el año 2003. Hablo en primera persona, porque no puedo hablar por los demás. La muerte de Andrés Caicedo me había dejado como una piedra en el estómago y un preocupante temblor en las rodillas. Yo leía con devoción sus comentarios cinéfilos e iba al Cine Club de Cali, su templo del Teatro San Fernando, con la misma sensación de peligro y de alegría con que se visita una discoteca. Pero había más, mucho más, que yo ni siquiera sospechaba. Andrés había hecho una edición local de su novela corta *El atravesado*, poco después de cumplir los 24 años. Pero la aparición de *¡Que viva la música!* fue demasiado. Por aquellos días, yo me preocupaba por consolidar mi vocación como actor en la Escuela Departamental de Teatro de Bellas Artes de Cali, tenía 18 años y quería saberlo todo. Al leer la novela, el mundo empezó a venirse al piso. No es que el mundo no se hubiese venido antes: se empezó a venir ahora con horrorosa contundencia. *¡Que viva la música!* era un "no va más" al orden establecido: se pedía sabotear los cines, acabar con los libros, comer todo lo que fuese malo para el hígado. Mi corazón quedó hecho un desastre. Y, lo peor, estaba escrita muy bien, demasiado bien.

Los años pasaron. Comencé, sin querer queriendo, a leer muchas veces *¡Que viva la música!* y a sabérmela, fatalmente, de memoria. La edición de Colcultura se agotó y, durante muchos años, el libro fue reeditado (una edición más fea que la otra) por Plaza & Janés: salió con una carátula "psicodélica" que haría suicidar de nuevo a su autor; salió con una clave de sol, entre nubes, que se convierte en piano; salió con un pentagrama púrpura; salió con una foto de un concierto de rock en los años setenta, en la que se recuadra a un Andrés Caicedo que no es Andrés Caicedo. Incluso conservo una edición pirata en la que se ilustra la novela con instrumentos indígenas. Todas estas ediciones circularon de mano en mano y son las responsables de construir el llamado "mito" de Caicedo entre los jóvenes colombianos (aunque también hay peruanos, argentinos, mexicanos y venezolanos: la vida te da sorpresas).

Como hacen los lectores de Joyce en Dublín, los de Cortázar en París o los espectadores de Fellini cuando van a Roma, también los lectores de Andrés Caicedo van en peregrinación a Cali para descubrir, en cuerpo presente, las "locaciones" de *¡Que viva la música!* Hasta finales de la década del noventa, algo se les podía mostrar. En el nuevo milenio, Cali ya no se parece, casi en nada, al paisaje caicediano. Y para allá va mi cuento. Yo creo que ese Cali de las novelas y relatos de Andrés Caicedo nunca existió. Hay unos nombres y unos referentes, pero, en realidad, se trata de un Cali alucinado, de grata pesadilla, el cual no pertenece sino al imaginario de la literatura. Y mucho más el Cali de *¡Que viva la música!* Cuando alguien me pide (y son muchos, no vayan a creer) que les indique los lugares "donde sucedió" la novela de Andrés, yo les digo que busquen en los discos. Pocos, valga la verdad, se han puesto a la tarea.

En 1995, yo trabajaba en la emisora juvenil (bueno, eso de juvenil ya era un chiste del tiempo, pero esa es otra historia, aunque no tan alejada) de la Radiodifusora Nacional de Colombia en Bogotá. Gracias a la complicidad de sus directivos, tenía un espacio semanal (que después creció y creció hasta horarios *rocktámbulos* insospechados) en el que podía hacer lo que me daba la gana. Allí me inventé una serie de episodios de una hora semanal, los sábados (a la misma hora en que se hacían las proyecciones del Cine Club de Cali, veintitantos años atrás), que se llamó: *Toda la música de ¡Que viva la música!* Lo que yo pensé iban a ser cuatro o cinco programas, terminaron siendo dieciocho exhaustivísimas horas en las que se oyeron todos los temas musicales citados en el libro, incluidas las "caballerías[10] sin interés alguno". Estos programas

---

10 "Caballo", en el argot caleño de los años setenta, era la expresión acuñada para las personas que no consumían droga. Al contrario del significado español, en el cual se denominaba "caballo" a la heroína. Por su parte, "caballería", en

permanecieron, durante algunos años, guardados en la fonoteca de la Radio. Después, cuando el Instituto Nacional de Radio y Televisión de Colombia fue borrado del mapa, se borraron los programas. En las líneas que siguen, voy a tratar de darle vida a esa gesta feliz que, en compañía de la entonces estudiante de teatro Paola Andrea Cázares (a la sazón, otra María del Carmen Huerta, que después llegó a parecerse tan poco a la heroína), pudo ser escuchada en Bogotá (o Tabogo, para los del "parche") durante varios meses de notas fascinadas. Esta es la historia secreta de las canciones de la novela.

Desde el título, la novela de Caicedo tiene una directa referencia musical: en 1972, con el sello Fania, el percusionista de Brooklyn Ray Barreto grabó un álbum titulado *Que viva la música*. Así, sin admiraciones. En la carátula, se ve una ilustración del gran músico, de espaldas, sin camisa, alabando un puño deificado que lo saluda desde el cielo. En los manuscritos originales de Caicedo, el título de la novela no tiene tampoco los signos de admiración. Estos aparecieron en la edición de Colcultura en la que, suponemos, el autor los incluyó. La canción es una descarga de percusiones y un manifiesto que invita a la felicidad. Muchos, muchísimos años después, en 2005 para ser exactos, Ricardo Ray y Bobby Cruz grabarían un álbum en Medellín (Colombia) titulado *Que vuelva la música*, en el que regresan a eso que ellos llaman "la música secular". ¿Coincidencia?

Uno de los epígrafes de la novela reza así: "Qué rico pero qué bajo, Changó", firmado, Canción Popular. Esa canción popular es la célebre "Cabo E"[11] que interpretaban los mismos Richie Ray y Bobby Cruz en el álbum *Jala-jala & boogaloo*. Es un tema tradicional de santería, como muchos otros de los que interpretaron

---

este caso (y es el significado que toma en alguno de los pasajes de *¡Que viva la música!*) se refiere a la música aburrida, ortodoxa, conservadora.

11 Sobre el origen de las letras afrocubanas de las canciones de Ricardo Ray y Bobby Cruz, véase: http://www.herencialatina.com/Edicion_marzo_abril_2014/Poesia_Afrocubana_Richy_Bobby/la_poesia_afrocubana_en_las_canc.htm. Consultado el 22 de abril de 2015.

en la época. Vale anotar que Richie y Bobby, los dos coprotagonistas musicales de la novela, grabaron, entre 1964 y 1973, gran cantidad de temas inspirados en la música cubana. Con Richie y Bobby he mantenido una fraternal conversación a lo largo de los años y ellos me comentaron, en entrevista para mi documental *Sonido bestial,* que no sabían, a ciencia cierta, lo que estaban cantando ni el significado de las letras de las canciones. De hecho, las improvisaciones finales del cantante en muchos de estos temas, mezclaban textos en yoruba con el español. Es muy probable que este "qué rico pero qué bajo" sea inventado por Bobby. De hecho, lo que dice es: "Mira qué rico y bajo, Changó". Andrés lo adaptó a los placeres autodestructivos de su protagonista.

Ahora bien, una de las claves de la novela (por supuesto, no la única, pero sí una determinante) es la mezcla de frases originales del personaje, con citas de canciones, como si formaran parte de su discurso. Cuando apareció el libro, en 1977, yo conocía al dedillo las canciones de los Rolling Stones y las canciones de Richie Ray. Me sorprendió, como una coincidencia fatal, el hecho de que Andrés las conociera tan bien como yo. Me preocupaba, en su momento, que la novela fuese un libro "para iniciados". Como suele suceder en estos casos, el libro trascendió esta aparente limitación y *¡Que viva la música!* lo disfruta tanto el conocedor aguzado como el lector desprevenido.

Cuando se entra en materia, la primera referencia a la música es la confusión que genera en la narradora el nombre de Lillian Gish, la célebre actriz del cine mudo, quien es confundida con "una cantante famosa". Un poco más adelante, aparece la primera frase "cantada": "Tres mañanas fueron, las de las reuniones, y yo le juro que lo comprendí todo, íntegro, *la cultura de mi tierra*". (El subrayado es mío). La frase es de la canción "Guaguancó triste", compuesta por un jovencito Rubén Blades, pero grabada por Ricardo Ray y Bobby Cruz para el álbum *El bestial sonido de...* de 1971, una de las obras maestras indiscutibles del dúo. De esta canción se citan múltiples frases a lo largo de la novela. El tema es una evocación nostálgica de "la tierra" (en este caso, Puerto Rico, aunque Blades es panameño), la cual Andrés transforma de acuerdo a las necesidades *logorreicas* de la narradora. Las citas al "Guaguancó triste" se repiten, en distintos momentos: "Felicidad y paz en mi tierra" (...), "la cultura de mi tierra"; "adentro nace un sol y yo no encuentro a mi amor", "triste es su canto"... Si hay más, anótelas, lector, sin dejar un charco de tinta sobre este manuscrito.

Dice también que: "Ya eran las 6 y me tiré a la noche. *Babalú conmigo anda*". (El subrayado es mío). De nuevo, la cita viene de Richie Ray y Bobby Cruz (ya sabemos de quiénes se trata, ¿no?), de una canción que se llama "(Yo soy) Babalú", también del repertorio tradicional cubano (de Celina y Reutilio, dice en el disco). Babalú Ayé es san Lázaro, dentro del sincretismo religioso de la Isla, pero no nos vamos a meter en ese terreno, porque terminaremos en el Mare Tenebrum. Sigamos con la novela.

La narradora reconoce que ella es "como enredadera de *night club*", y así debemos aceptarlo, ante la erudición impresionante que la damisela ha adquirido en sus andanzas por las discotecas caleñas. Curioso es que concluya una frase diciendo: "Aun tengo la vida". No es que quiera hilar demasiado delgado, pero esa es una frase del poeta Miguel Hernández, universalizada en la música por Joan Manuel Serrat en su álbum de 1972. Que Andrés me perdone. Para la libertad.

Es curioso (o al menos así me pareció) que un cinéfilo tan desaforado sea tan despreciativo con las imágenes en movimiento. Pero, entre más escondía su identidad, más se le colaba. El papá de la narradora es fotógrafo y, a lo largo del libro, lanza algunos terminachos que revelan un lejano reconocimiento del oficio. Aunque rápidamente lo rechaza. Prefiere citar, sin mayores explicaciones, a Jeannette MacDonald y Nelson Eddy, actores y cantantes de musicales de los años treinta, que canturreaba la mamá de la protagonista. Así mismo, hay recuerdos de una tal "Amor indio", "caballería"[12] que no es citada en la lista final de la novela. Se puede dar el lujo también de comparar a Ricardito el Miserable

---

12 Véase la nota 9 del presente capítulo.

con John Gavin, uno de los actores de *Psicosis* de Alfred Hitchcock (la película favorita de Andrés que, según cuentas, videó 24 veces, cuando no existía el video casero).

Aunque Caicedo despreciaba a Los Beatles (como buen *fan* sesentero de los Rolling Stones), da la impresión de que la narradora de la novela los respeta, al juzgar por la manera como los cita. A John Lennon lo recuerda gracias a "una carátula de un disco" que en realidad es la del álbum *The Plastic Ono Band – Live Peace in Toronto 1969*, en la que una nubecita se confunde con un polvo. ¿Polvo de sexo, polvo de droga o polvo de *rock and roll*? El lector decidirá.

Y volvemos a las "caballerías". Como se recordará, al final de la novela se revela una lista con todas (?) las canciones necesitadas para la escritura de María del Carmen Huerta. La lista la firma una tal Rosario Wurlitzer (Rosario es el nombre de una de las hermanas de Andrés; Wurlitzer, la marca de las más famosas rocolas, o *jukebox*. ¿Que qué son las rocolas? Bueno, hasta allá no llego, adolescentes: consultad la red). En dicha lista se incluyen unos temas, estigmatizados con un asterisco, por ser "caballerías sin interés alguno". Uno de esos temas es la canción "Vanidad", la cual fue inmortalizada por el intérprete argentino Yaco Monti. Será la primera de una extensa lista hípica que no siempre está consignada en la discografía final.

A la narradora de todo este asunto, le resultan importantísimos los equipos de sonido, entre más potentes mejor. Sin embargo, sus gustos musicales, en la primera parte de la novela, están todavía demasiado "aburguesados" (los gustos, no los equipos). No dudó en eliminar ipso facto una charanga que suena en su diminuto transistor viejo. Después de su epifanía salsera, los ritmos antillanos no se separarán de la damisela. Los chicos que acompañan a María del Carmen, nuestra heroína, se sabe, avanzan por el nortecito de la ciudad, al ritmo de las melodías que salen del pequeño radio citado y, de repente, suena "tremendo rock pesado": es Grand Funk, el célebre trío de Michigan de finales de los sesenta (Grand Funk Railroad, para los puristas) que luego aparecerá de nuevo, como fondo sonoro, en la fiesta del *descaballe* de la protagonista. Y seguimos con las aclaraciones: el *descaballe* no tiene nada que ver con las "caballerías" y mucho menos con el "descabelle". Es empezar a meter droga por primera vez, en este caso, cocaína y ácido. Aquí comienzan los felices inconvenientes de la narradora: evoca, a su vez y por primera vez, el centro "a gogó" instalado en el parque de los almacenes Sears. Estos templos de la música en inglés no son visitados por la futura Siempreviva. A partir del momento en el que comienza a avanzar en el relato, su contacto con el rock es sombrío, de fiestas oscuras, rodeada de amigos atormentados y precoces adolescentes asesinos. En su caminata ceremonial (suponemos que dentro de los límites del triángulo Dari Frost-Squibb-Sears), los sonidos se confunden: se pasa del rock pesado a "Llegó borracho el borracho" (célebre ranchera, para parar los pelos), de "Va cabalgando un jinete" (otra ranchera notoria) a "The House of the Rising Sun" en versión de Eric Burdon. La famosa "Casa del sol naciente" es un tema mítico, de origen desconocido que ha sido interpretado por gran cantidad de bandas del rock en el mundo. Hasta un grupo colombiano, Los Speakers, la hizo en español. La narradora inmortaliza la versión local. Pero sigamos con el embale de nuestra guía. Durante su recorrido, se le suman más personajes, que anuncian las distintas posibilidades de rumba. ¿Cuándo empezó a utilizarse en Colombia el término *rumba* para hablar de fiestas? Vaya uno a saber. El hecho es que, en el trayecto, se pasa del rock latino (se cita, literalmente, el sonido de Carlos Santana) con alguna canción de Los Beatles la cual, suponemos, es "Here Comes the Sun", puesto que la narradora dice: "Me distrajeron los picos de las montañas, como espejos, y 'Viene el sol', pensé, preparando mi morral y asegurándome…".

De los rituales cinematográficos, María del Carmen Huerta hace referencia a las entradas y salidas de cine en las funciones "social" y vespertina. En Cali, en los setenta, había tres funciones diarias (social, vespertina y noche) y la censura era para Todos, Catorce, Dieciocho y Veintiún años. Y Andrés habla de los que siempre salían a una u otra hora de los teatros del norte. Que, de hecho, eran dos salas: el Teatro Bolívar (el único sobre el "corazón" de la avenida Sexta) y el Teatro Calima, cuando la avenida Cuarta se convertía, en ángulo obtuso, en un *sextazo*.

Al llegar al parque Versalles ("el jardín de Marienbad", lo llama Ricardito el Miserable, haciendo referencia a la película del año 61 *El año pasado en Marienbad* de Alain Resnais. Por lo visto, los personajes de *¡Que viva la música!* a veces eran tan cultos como el escondido narrador) al llegar al parque Versalles, digo, entran a siniestra casa donde hay fiesta y suena "White Room", del álbum *Wheels of Fire*, interpretada por Cream, el súper trío de finales de los años sesenta, conformado por Eric Clapton, Ginger Baker y Jack Bruce, quienes eran considerados, por aquellos días, los representantes de Dios sobre la Tierra.

Y, señoras y señores, los sombreros abajo, puesto que la primera aparición de sus satánicas majestades, los Rolling Stones, se manifiesta cuando suena el tema "Milla de luz de luna", según la traducción del políglota Ricardito el Miserable. "Moonlight Mile" es el último corte del álbum *Sticky Fingers* de 1971, considerado por muchos como la obra maestra de los Stones, primer disco de la Rolling Stones Records y primer disco, en estudio, en el que participa el nuevo guitarrista de la banda, Mick Taylor (¡y en "Moonlight Mile" sí que participa!), tras la muerte de Brian Jones. Ricardito le traduce a María del Carmen hasta los *yeahs* y los *babies*. Luego se descubren los cadáveres de los papás del Flaco Flores, el anfitrión-parricida. Al asesino lo mandan a Dallas, donde termina rodeado "de *biscuits* y *Country Music*" que, suponemos, para la narradora es sinónimo de *lo peor*. Acto seguido, la futura Siempreviva lanzará una de sus máximas generacionales. Anuncia que ella pertenece al conjunto de jovenzuelos que nacieron "a partir del cuarto Long Play de Los Beatles". Primero, aclaro que un *long play* es un disco de acetato (o también llamados vinilos) que hacían la dicha de los escuchas antes de la década del noventa del siglo pasado; cuarenta años después, en vías de resurrección. Segundo, el cuarto LP de Los Beatles es el también conocido como *A Hard Day's Night* (que en Inglaterra fue el tercero, porque allá el cuarto fue *Beatles for Sale*) en el que el cuarteto de Liverpool consolidó las bases de su genialidad. Insisto en que esta opinión no la diría Andrés Caicedo, pero la "cuela" a través de los puños de su narradora. Para los que les gustan las fechas, dicho álbum salió al mercado en 1964. A propósito, ¿cuántos años tiene María del Carmen Huerta cuando "escribe" su novela? Hagan sus cálculos, señores.

Tras la fiesta, la perversa pequeñuela le "roba" el amigo a su amiga Mariángela, un gringo guitarrista de nombre Leopoldo Brook, quien cita "la Casa Usher" (*The Fall of the House of Usher*) de Allan Poe como si se tratase del mismísimo Andrés Caicedo. Pero bueno, es gringo y "es poeta", dice la narradora. "Hará rock fuerte con buena letra", concluye. Incluso María del Carmen se permite sus licencias literarias al comparar el aullido de Ricardito el Miserable con el efecto de "barrido" que sucede cuando en el cine se intenta sonorizar un film mudo. Cuando alguien me pregunta que quién era en "la vida real" la narradora de *¡Que viva la música!*, yo no dudo en responder que era el mismísimo Caicedito empantanado. Pero volvamos a Leopoldo. Tenía su casa adornada con afiches en los que Salvador Dalí se codeaba con Alice Cooper. Alice Cooper es un hombre, no una mujer, para los que no lo saben. Bueno, en realidad es un grupo de *hard rock* que se llamó, se llama, Alice Cooper; pero su cantante, el siniestro y teatral Vincent Furnier se quedó, en la práctica, con el apelativo. Sin embargo, lo que más impresiona a la narradora no son los afiches del *gogrin* (gringo, al *vesre*, o sea, al revés: otra caleñada) sino la potencia de su equipo de sonido: "Era el disco mejor grabado que había oído en mi vida", confiesa. Además, apoyado por la guitarra en vivo de Mr. Brook. Claro que lo que ahora es virtud, un poco más adelante se convertirá en horroroso defecto, cuando María del Carmen, aburrida de su entorno, dice que Leopoldo solo servía para seguir los solos de los discos con su guitarra llorona.

Doce horas dura la sesión de música entre Leopoldo Brook, Mariángela (la futura suicida) y la narradora. Luego de conocer el cuestionario del Hospital Psiquiátrico de San Isidro (que nos indica el principio del fin de Ricardito el Miserable), María del Carmen se explaya para contarnos un fragmento de la vida de los Rolling Stones. En realidad, una apología y una justificación de la trágica muerte de Brian Jones. A pesar de notarse que la narradora es bastante parcializada, su versión de los hechos no está demasiado lejos de la realidad. Se citan varias canciones y se confiesan varios "secretos": se dice que la hermosa "Ruby Tuesday" fue compuesta por Brian. No es improbable. Desde 1964, cuando comenzaron a inventarse canciones, los temas originales fueron firmados por el tándem Jagger-Richards y nadie más. Brian era el músico más dotado de la bandilla e interpreta la flauta en "Ruby Tuesday". Los que conocen el tema saben que esa canción *es* la flauta. Muchos años después, yo supe que fue compuesta en Londres, en el apartamento de Brian en South Kensington. Ay, María del Carmen, ¿de dónde vino tu sabiduría? En cuanto a tu afirmación de que el guitarrista fue asesinado, han salido ya tres libros y una película que aseguran tu teoría.

Ella estaba informada acerca de *todo*. Cuenta anécdotas, cita nombres de músicos y, por supuesto, también más títulos de canciones: "Salt of the Earth", el himno con que se cierra el álbum *Beggars Banquet* de 1968 (en el que, por primera vez, Keith Richards canta la primera estrofa como solista); "She's a Rainbow" (primer corte de la cara B del álbum *Their Satanic Majesties Request* de 1967: la citada respuesta "psicodélica" al *Sgt. Pepper's…* de Los Beatles, con la carátula hecha por el mismo fotógrafo, Michael Cooper); o "la difícil 'Loving Cup'" del primer álbum doble del grupo: *Exile on Main Street* de 1972. Más adelante, se cita "On with the Show", uno de los temas olvidados del *Satanic Majesties…* hasta que María del Carmen lanza una de sus frases memorables, cuando se aburre de leer a Dickens, luego de fumarse un bareto: "Perdía *Pickwick* pero ganaba 'Play with Fire'". Creo que el *Pickwick Club* no necesita presentación (¿o sí?). "Play with Fire" es un hermoso y perverso tema acústico de los Stones, publicado en 1965, perdido en un pequeño *single* con "The Last Time" como cara A. Una página después, Robertico Ross ("el chutero más joven de Colombia"… y *chutero* es quien se inyecta, ¿de acuerdo?), acompañado de dos gringos, dan tres pasitos al son de "*This could be the last time...*". Ya sabemos a qué canción se refieren, ¿no? Y cuando los siniestros reyes de la aguja "se dan en la vena del gusto", uno de ellos grita: "*Heartbreaker! Painmaker!*", haciendo referencia al tema "Doo doo doo doo (Heartbreaker)" de los Rolling Stones, del álbum *Goats Head Soup* de 1973.

Ahora bien, la salsa y el rock comienzan a mezclarse en la página 92, cuando el bolero "Si te contaran", silbado por Robertico Ross, se mezcla con "It's Only Rock and Roll", que suena en el ambiente. El bolero "Si te contaran" lo cantan Richie Ray y Bobby Cruz en su primer álbum (*Arrives/Comején*, de 1964), pero la canción no es compuesta por ellos, aunque así lo indica la poco meticulosa Rosario Wurlitzer. "It's Only Rock and Roll (but I like it)" es un himno de los Rolling Stones de 1974, del álbum del mismo título.

"Es que el Rock and Roll le mete a uno muchas cosas raras en la cabeza", anuncia, premonitoriamente, la narradora, poco antes de contarnos los envenenamientos de Pedro Miguel Fernández y el terrible suicidio de Mariángela, desde el treceavo piso del edificio de Telecom "con las manos tapándose los oídos". El asunto, más que doloroso, profetiza el tránsito del rock a la salsa. María del Carmen nos lo hace sospechar, pues las citas en español se multiplican: "¡Ahhhh! ¡A mí no me digan ná! Yo me quedo callada y no hablo más". La frase es de la canción "Pa' chismoso tú", interpretada por Richie Ray en el citado *Comején* (y es compuesta por René Touset, mi querida señorita Wurlitzer). Más adelante confiesa que "no me gusta la gente que pierde, que no sabe en qué clase de juego se metió", parafraseando, por primera vez, el tema "Agúzate", otro de los clásicos de los durísimos Richie y Bobby de finales de los sesenta. Pero la narradora todavía se sumerge en temas melancólicos del rock como la hermosa "I Got the Blues" de los Stones, del citado *Sticky Fingers*. El fin del rock se anuncia en tremenda fiesta decadente, en la que los adormilados asistentes cabecean al son de una canción de Chicago, aunque no se especifica de cuál de los ocho álbumes se trata, según la numeración que el grupo había sacado hasta el momento (en el 77, cuando Andrés se mató, habían llegado hasta el *Chicago X*). La narradora intenta subir el volumen, pero todos protestan. Ella se larga, aburrida.

Y llegamos al glorioso momento cuando María del Carmen Huerta, conocida antes como la Mona, y luego como la Siempreviva, en los confines del barrio Miraflores, en el sur salvaje, descubre la salsa. Ella se siente "la reina del Guaguancó", expresión que viene del tema "Cabo E". La narradora entra en éxtasis, recuerda el veraneadero La Cumbre, de donde "hasta el cine mexicano" se fue. Y aquí comienza, mis estimados escuchas, la zambapalos. Las canciones se mezclan por doquier: de una, tenemos la ya famosa "Guaguancó triste" (parafrasea: "Puedo asegurar ecos que oigo en mí de un pregonar"); luego, anuncia versos de "Amparo arrebato", homenaje a una bailarina caleña de la década del sesenta: "Tiene fama de Colombia a Panamá. Ella enreda a los hombres y los sabe controlar". Luego, se lanza con: "No era sino cuestión de dejarme ir, abrí los brazos, todo es mío, todo me ayudaba, *toma y dame...*". Ese "toma y dame" subrayado es tomado de "Toma y dame", cantada por Richie, Bobby y coros de Miki Vimari, en el álbum *El diferente* de 1970. Luego, vuelve el "Guaguancó triste" ("lloran por la tierra mía") y se mete con la deliciosa "Tin Marín" (del *Jala-jala & boogaloo, volumen 2*, de 1968): "Me enredé en el pasto, tropecé, me volví mierda, me levanté, *la peregrina*, no me arreglé el pelo para nada..." y luego: "Un, dos, tres y brinca, butín, butero, tabique y afuero". Luego sigue con una cita de "Con la punta del pie, Teresa" de Cortijo y su Combo. Acto seguido se burla de los pobres paisas (los habitantes del departamento de Antioquia y sus alrededores, estimados extranjeros) que bailan salsa como bailando vals, y luego cita "ven a mi casa a jugar bembé" (otro tema de *El diferente*); se cuela "vete de aquí Piraña, mujer que todo lo daña", según Willie Colón y Héctor Lavoe (que no es de ellos, sino del Tite Curet Alonso: está en el álbum *El juicio* de 1972), sigue con "Lo altare la arache"[13] (de la cual

[13] Caicedo escribe "Lo altare la arache", tal como dice en la contracarátula del disco *Jala Jala y Boogaloo*, cuando se publicó la canción por primera vez en 1967. Según Alfonso Nieto, en "LO ATARÁ LA ARACHE se usan diversas palabras del remanente lingüístico africano en Cuba y muy especialmente de la lengua efík llevada por los carabalí a Cuba" (Véase: http://www.herencialatina.com/Edicion_marzo_abril_2014/Poesia_Afrocubana_Richy_Bobby/la_poesia_afro-

hay una cita memorable más adelante) y se presenta, glorioso, el "Sonido bestial" de 1971.

También hay citas, en el extenso párrafo, de las canciones "Iqui con Iqui", "El diferente", "Convergencia", "El Guarataro" y "Agallú". Como no puedo citar todo el párrafo, porque termino en San Isidro, le recomiendo al lector que oiga las canciones y adivine dónde se encuentran en el libro. De paso, "Convergencia" es la única que no canta Richie Ray, sino Pete "El Conde" Rodríguez con Johnny Pacheco.

A partir de este momento, se puede decir que *¡Que viva la música!* se vuelve una catarata de citas. María del Carmen Huerta se ha convertido en una cajita de música. ¿Quieren pruebas? Me sobran. Les cito los párrafos y les pongo, entre paréntesis, las frases prestadas: "Nada de boleros, dijo uno, y yo lo miré con furia, con aire más bien de tango *(el chistecito debe ser para don Manuel Mejía Vallejo)*, vamos Ray que viene es moliendo coco ("Sonido bestial"), sí, fue pesado el siguiente que pusieron, al son de los cueros, los cueros namás ("Sonido bestial"), y mi pelo, me lo dijeron, 'la ola que cubría el misterio del Guarataro' ("El Guarataro"), ya sonreirá, lector que haya estado en estas salsas. Changó, dispénsanos tu espada ("Agallú solar"). Me emborraché, me dieron trago". Luego, vienen expresiones: "Solo siento una voz que me dice..." ("Agúzate"), "sambumbia" ("Ay, Compay!", "Iqui con Iqui"), "suelto como los indios", "la rumba, la rumba me llama, báilala tú como yo" ("Ay, Compay!"), y así y así, hasta que se cansen los volibolistas. ¿Los volibolistas? Los personajes de los volibolistas se llaman como los músicos de la época de Richie: José Hidalgo (ese es el nombre del gran conguero Mañengue, el alcalde de La Perla), Manuelito Rodríguez es una mezcla de Manolito González y Maelo Rodríguez, y que me digan que no.

Con los volibolistas, María del Carmen aprende de todo: "La etapa pre-revolucionaria cubana, la pachanga y la charanga, la

---

cubana_en_las_canc.htm). En ediciones posteriores en disco compacto del álbum citado de Ray /Cruz (SLP 8570) el título de la canción ha sido escrito "LO ATARA LA ARACHE".

revuelta y el gran movimiento de esta Salsa que ahora me llama y me llama…". Durante la estadía en el apartaco de sus nuevos amigos, se citan frases de "A jugar bembé", "Bomba camará", "Babalú", "El Guarataro", "Iqui con Iqui" y del "Ponte duro" de Roberto Roena con Fania en el 73. Todo en un solo párrafo. Hasta se da el lujo de "cagarse" por primera vez en Los Graduados, la agrupación de música tropical de Gustavo "el Loco" Quintero, que los puristas de la salsa detestan. A este tipo de agrupaciones locales también se refiere María del Carmen cuando va a la fiesta de una prima en "pleno nortecito". El grupo que ameniza la velada se llama Alirio y sus Muchachos del Ritmo y la narradora lo sabotea triunfalmente con una mezcla de frases que vienen de "El Guarataro", "Agúzate", "Babalú", "El diferente", "El abacuá" y "El hijo de Obatalá", esta última interpretada, en el álbum *Indestructible*, por Ray Barreto (otra de Curet Alonso). Cuando dice: "A mí los santos me libran de todas las cosas", está citando "El abacuá". Cuando dice: "El amor de Adasa quedó en mi corazón", está citando, por supuesto, "Adasa". Cuando tropelea diciendo: "Tumba victoria que yo aquí no me quedo" o "Dame Salsa, Salsa es lo que quiero", se refiere a pregones de la canción "Ae cumayé" (que no es compuesta por Richie Ray y Bobby Cruz sino por el citado Curet Alonso, pero la versión referida es la de nuestros músicos). Incluso, se atreve a silbar alguna de las melodías de "Mr. Trumpet Man Part 2", vaya uno a saber cuál de sus académicos fragmentos.

Antes del encuentro con el atormentado Rubén Paces, María del Carmen mira el Parque Panamericano, del barrio San Fernando, reproduciendo el movimiento "de grúa" de una cámara y le hace "la cuñita" a Andrés Caicedo diciendo que ella iba al Cine Club "del San Fercho". "Pero si alguien todo rococó me decía 'Mankiewicz', yo respondía: 'Che che colé, quién lo tumbe'. Era difícil entenderse conmigo. Muerta e la risa". Explico: Mankiewicz puede ser o el director Joseph Lee (*Sleuth*, *Cleopatra…*) o el guionista de *Citizen Kane,* Herman. "Che che colé" y la frase "Muerta e la risa" son de la canción "Che Che Colé" de Willie Colón, y "Quien lo tumbe" es un tema interpretado por el pianista Larry Harlow. Todo esto para decir que el cine la aburría, que le producía "mayor depresión la salida del cine al sol". Se va ella, pues, zapateando, y toda su danza seductora con un nuevo caminante es al son de la célebre "Richie's jala-jala". El apareamiento dancístico está yuxtapuesto por todos los "jala cochero llévame allá", todos los "caina ven-ven", todos los "jalajala para gozar", que componen el himno de Ricardo Ray.

Rubén Paces, el nombre de su nuevo galán, tiene varias connotaciones (un "pase" es una línea de cocaína; *paces* también es el plural de paz, "hacer las paces"; pero ya dijimos que no nos vamos a poner a hilar delgado). Tan solo su nombre, por supuesto, nos remite a Rubén Blades, el autor del sonadísimo "Guaguancó triste". "…y respirando piñas y piñuelas y guayabas coronillas, monte adentro. A caballo es la única pachanga que no cansa". Aquí están citadas las canciones "Monte adentro" (según Rosario Wurlitzer, la versión es de Monguito con Fania 72 y duda con la fecha, puesto que pone sendas interrogaciones. La canción se llama, en realidad, "Qué es lo que tiene mi son" y la "Pachanga que no cansa" de Manolín Morel (de su célebre disco de pachangas *La rueda*). Y no es para menos. Rubén es "administrador y programador" de la discoteca de fiestas llamada Ritmos Trasatlántico. O sea, un *disc-jockey* conocedor de todos los misterios de la salsa pero, ante todo, un *fan* atormentado de Ricardo Ray y Bobby Cruz. ¿Y por qué atormentado? La narradora nos reproduce, a lo largo de varias páginas, la tragedia de su bienamado: en el mítico concierto de Ricardo Ray en la Feria de Cali, el 26 de diciembre de 1969, se metió tremenda pepera y violenta traba, lo que le ocasiona vómitos sobrenaturales pero, ante todo (¡oh, fatalidad!)… ¡se le olvida lo que pasó! Sabido es que la época de oro de Richie y Bobby corresponde a la época de sus presentaciones en la capital del Valle del Cauca, en las ferias de 1968 y 1969. La historia de la salsa en Cali se divide en "antes de" y "después de". Hasta ese momento, según cuenta Richie Viera en la edición del disco número 100 del grupo, Ricardo Ray y Bobby Cruz habían hecho grabaciones para 26 discos pero, en especial, eran conocidos por los álbumes *Comején, Fiesta navideña, Se soltó, Jala-jala y boogaloo (volúmenes 1 y 2), Los durísimos – Salsa y control, Viva Ricardo* y *The Best of*. De hecho, para la primera presentación en Cali, compusieron el tema "Colombia's boogaloo", incluido luego en su primer *Jala-jala*. María del Carmen lo cita en *¡Que viva la música!*: "Colombia con alegría, llevo intenciones de cumbanchar." "Pregúntale a todos si se enteraron, Colombia tiene su boogaloo". El boogaloo, por lo demás, era un ritmo en la comunidad latina de Nueva York a mediados de la década del sesenta. Pete Rodríguez (no confundir con Pete "El Conde" Rodríguez) y Ricardo Ray competían por la corona de ser los reyes del boogaloo. El boogaloo era una variante de la guajira, quizás un tanto más energética, que se prestaba para toda suerte de maravillas de parte de los bailadores. La palabra *salsa* apenas comenzaba a sonar. Muchos se atribuyen el término, pero Richie y Bobby aseguran que ellos lo utilizaron por primera vez en un programa de música en Venezuela para Phidias Danilo Escalona. De hecho, el subtítulo de *Salsa y control* que añadieron en su disco *Los durísimos*, se debió a dicho bautismo de sabor (está también el tema "Salsa y control" de Los Hermanos Lebrón, citado por Madame Wurlitzer). En aquella época, los nombres de Mike Collazos (percusionista), Russell Farnsworth (bajista) o Pancho Cristal (promotor musical) eran comunes entre los amantes de la música de Richie Ray y Bobby Cruz, como recuerda María del Carmen, al contar que Rubén tiene sendos afiches de los citados. También se nombra a la cantante Miki Vimari, pero ella empieza a aparecer en las grabaciones del grupo a partir de 1970. En semejante templo, la cultura salsera de la Siempreviva se diversifica y, por supuesto, su caza de citas. Ahora, además de "Ay compay!", vemos referencias al "Seis tumbao" de La Protesta (tema que, en realidad, se llama "Coge tumbao") o al fascinante himno megalómano de Richie y Bobby titulado "Que se rían", incluido en el *Jala-jala 2*. También se cita el rarísimo "Guaguancó raro" y se cuelan frases de profunda selectividad salsera como "oye lo que te conviene", que viene de un tema de Eddie Palmieri. A veces, Rubén Paces tiene pesadillas y lanza frases inconexas, entre sueños, como: "Alcancé la tarima cuando tocaban *Colorao*. El gordo de las tumbas me dedicó la canción". La narradora no entiende, pero nosotros sí. "Colorao" es la reducción del tema "Colorín Colorao" de Richie Ray y Bobby Cruz, el gordo de las tumbas no es un enterrador sino el percusionista de la banda, de cuyo nombre ya me voy a acordar. De allí en adelante, se mezclan las canciones con la ira y el arrepentimiento del atormentado DJ. Hay más bugalú para Colombia, hay más afiches y paredes talladas (a los personajes de Caicedo les gusta darse contra las paredes: ceremonia previa del suicida), hay referencias a los cines vacíos y pepas, muchas pepas, o sea, somníferos y/o acelerantes. Aparece entonces lo que podríamos denominar: "Sexo, pepas, salsa y sabor". De sexo no deberíamos hablar, porque estamos hablando de música. Pero María del Carmen es docta en posiciones extrañísimas y en saber mezclar, a la perfección, las letras de las canciones con las posiciones erectas. Cuando dice: "Sacantión manantión ilé, sacatión manantión jesua, sacatión manantión mojé",[14] está citando la canción "El abacuá", no vayan a creer. El "sigue tumbando, Miki", ¿se refiere a Miki Vimari? ¿O a Joaquín "Jacky" Dillomes? ¿O a Mike Collazos? Me entra la duda. Y el "te invito a echar un pie" viene del tema "Pal 23" (no confundir con "Fuego en el 23" que cierra la novela y que, al parecer, Miss Wurlitzer confunde) de Ray Pérez. ¿De acuerdo?

La música regresa cuando Rubén y sus amigos *popeyes* (*pepo*: estar bajo el efecto de las pepas, al revés, es *pope* y *popeye*... bueno, hagan la aproximación) entran a la Caseta Panamericana y está sonando el clásico tema "Agúzate" y da cuenta de la experiencia. Las frases: "Agúzate que te están velando", "cuero y agita collazos", "yo le voigo y ni tingo parango como persona decente", "yo tengo un santo y es con Richie, namá, pon cuidado que una voz siempre me dice", "por eso es que yo digo que ese individuo no sabe en qué se metió", "y vengo acabando", ya sabemos de dónde vienen. Más adelante, se reproduce la introducción de la versión

---

[14] Por supuesto, todas las "transcripciones" de la narradora de *¡Que viva la música!* son hechas "de oído" y, como puede suponerse, para ella no interesan sus significados sino su energía sonora. Remito, una vez más, al texto de Alfonso Nieto para los interesados en la comprensión de dichos escritos.

en vivo de 1973 del tema "Ahora vengo yo", como si hubiese estado dedicada a posteriori a Rubén Paces. Una más: cuando la narradora, entre paréntesis, genera suspenso con la frase "tenebroso ambiente de indecisión, *del que no tiene ni fe ni amparo*", la locución subrayada es prestada del tema "El Guarataro". Y "allí donde usted me ve" es de "Bomba camará". Puf.

Lo que sigue es una batalla de géneros. Se cuenta que Ricardo Ray alterna con la agrupación venezolana de Nelson y sus Estrellas. Y con el grupo Los Graduados de Gustavo Quintero. Para el que no lo sepa, Cali es una ciudad al occidente de Colombia, muy cercana al océano Pacífico y mucho más cercana a la Caracas de Nelson o a la Medellín de Los Graduados. Pero la música que se adoptó en la ciudad fue la música del Caribe, en especial la que venía de Cuba, Puerto Rico y Nueva York. Hasta bien entrada la década del noventa, era inaceptable oír en Cali ritmos como el vallenato o el merengue. Hoy por hoy, a causa de inmigraciones mayores, los gustos populares en la ciudad se mezclan incluso con el reguetón y la música norteña. Por fortuna, Andresito se suicidó. En la novela, se pretende (la narradora es dogmática, valga la verdad) mostrar que "el pueblo" se queda con Richie Ray y las "niñas bien" prefieren a Gustavito Quintero y quieren oír temas "execrables" como "El gavilán pollero". Frases como: "A todo aquel que es abacuá" o "para guaguancó tan raro", son de Bobby Cruz, por supuesto.

Hay dos versos: "Quieres más bugalú" y "cómete ese piano, Richie", que al final, en la discografía, Rosario Wurlitzer cataloga como "versos no identificados". Aquí se los identificamos: la primera es una frase de la canción "Iqui con Iqui" ("oye, si quieres más boogaloo, toma más boogaloo") y la segunda, la lanza el cantante en el tema "Viva Ricardo Ray", que abre el álbum *Comején*. ¿Satisfechos? Ah. Y de una vez. El tercer verso no identificado ("Sambumbia y saoco en el boogaloo") también es del tema "Iqui con Iqui", que abre el álbum *Jala-jala y boogaloo volumen 2*. Creo que el hecho de que Andrés-Rosario Wurlitzer no haya identificado las frases de "Iqui con Iqui" se debe a que hay unas ediciones del disco que cortan la última parte de la canción. He dicho. Misión cumplida.

Ahora bien, el célebre afiche que pega Rubén por las calles de Cali (ya se sabe: "EL PUEBLO DE CALI RECHAZA:...") tiene varias historias. Primero, según los testigos, se trata de un afiche que el mismo Andrés mandó timbrar en una de las imprentas donde sacaba los afiches de propaganda para el Cine Club de Cali. En dicho cartel (no vayan a confundir, por favor, con el Cartel de Cali) se va lanza en ristre contra los ya citados Graduados y contra Los Hispanos (de la misma tendencia *chucuchucu*, como se le dice ahora a la música tropical bailable). El "sonido paisa" es el eufemismo con el que se conoce todo lo que no sea salsa dura. "Sufrir me tocó a mí en esta vida" es una frase de la canción "Sufrir" interpretada por el colombiano Rodolfo Aicardi, con llanto y órgano eléctrico. Y "agúzate que te están velando" ya sabemos de dónde proviene. Ahora, en el afiche se pregona, entre otras cosas: "Viva Puerto Rico Libre!!". No sé si los apasionados María del Carmen Huerta y Andrés Caicedo hayan pensado que los neoyorkinos por adopción, Richie y Bobby (de hecho, Richie nació en Brooklyn), hubiesen deseado tal galimatías político. Pero todo cabe, y este individuo no sabe en qué se metió.

Cuando termina la historia de los orígenes del trauma de Rubén Paces, María del Carmen, la narradora, lanza tremendo bostezo y, acto seguido, se concentra en *el acto*. Como ya dijimos, el sexo en *¡Que viva la música!* no tiene fondo musical sino que *es* música. Hay una tremenda descripción de coito, casi sin respirar, en la que se destacan perlas como esta: "Y lo fui parando y él se restregaba contra mis salientes duras, castigadoras, fue elevándose de la tierra con cara de idiota, y yo le daba ánimos, aguzón para apercollar, vamos, ponte duro bongó, y sin soltarnos nos fuimos contra la pared del fondo, al lado del baño y la cocina. Había que hacerlo todo rápido, arremeter contra el acoso del sueño. Me desembluyiné, me abrí toda y calzones afuera y él parado ante mí, pun catapum viva Changó, intentó reclinarse, huir de mí...". La frase "ponte duro bongó" viene del ya citado tema de Roberto Roena, del álbum de Fania de 1973 en vivo. "Pun catapum viva Changó" es parte del pregonar agudo de Bobby Cruz en la citadísima "Cabo E". A todas luces, esto es lo que se llama una "descarga caliente". Más arriba, la narradora había invocado la piel de su contrincante "al estilo moderno" ("Mambo jazz", Richie Ray). De nuevo se vuelven a citar "Comején", "En la punta del pie" y, por primera vez, "Bomba de las Navidades". Un poco más tarde, se cuenta el secreto de los bailadores *duros* caleños: poner los discos de 33rpm a rodar a 45rpm, en especial los temas "Bella es la Navidad" (del álbum *Fiesta navideña* de Richie Ray y Bobby Cruz) y "Micaela" del rey del boogaloo Pete Rodríguez. La velocidad de un caleño en la pista del Honka Monka, el Cabo Rojeño, el Schira o, más atrás, el Picapiedra, colindaba con la *pachuquería* sobrenatural. La acrobacia y la velocidad, en función de la democracia y la felicidad. La narradora considera que los pinchadiscos eran una especie de compositores de vanguardia, Walter Carlos, los llama, refiriéndose al músico norteamericano cuyos arreglos para sintetizador de los clásicos (Bach, Purcell, Handel) están incluidos en la banda sonora de *La naranja mecánica*, de Stanley Kubrick, una de las películas míticas del Cine Club de Cali. Como dato adicional, Walter se convirtió, en los años setenta, en Wendy Carlos y así sigue figurando, incluso en la banda sonora de *The Shining*, el otro clásico de Stanley Kubrick, que Caicedo se perdió por haberse suicidado. Pero volvamos a las 33 revoluciones convertidas en 45. "Bella es la Navidad" es citada varias veces ("porque hay salsa, mamá", "Tulia Fonseca, Tulia Fonseca..."). Acto seguido, se viene uno de los mejores manifiestos musicales de la novela, cuando María del Carmen se instala en el discurso y arremete con: "Música que se alimenta de carne viva, música que no deja sino llagas...". Allí le pide a la música que la "abandone en la criminalidad". Andrés insistía en que la frase era del tema "Tumbling Dice" de los Stones (de hecho, ese es el epígrafe de su relato "En las garras del crimen"), pero me parece que se trata de una traducción bastante personal. Lo que sí es literal, es la frase "la rumba está que no puede más" que debió ser calcada del tema de Richie Ray y Bobby Cruz titulado "Bembé en casa de Pinki", una de sus obras más delirantes y complejas. El colofón de "la miseria" de Rubén se manifiesta cuando María del Carmen llega al colmo de citar otra ranchera: "La vida no vale nada", que en *La muerte de Artemio Cruz* puede sonar muy bien, pero en la cabeza de semejantes rumberos es como una patada al *buen* gusto.

Lo que sí no es una "caballería" es la fabulosa transcripción del ñáñiga que hace María del Carmen de uno de los grandes temas grabados por Richie y Bobby: la misteriosísima "Lo altare la arache" (o, como ya dijimos, "Lo atará la arache": conservemos la escritura de la Siempreviva) que ni los mismos músicos/intérpretes saben, a ciencia cierta, qué significa (podría traducirse como "lo atrapará la noche"; todo lo contrario de la canción stoniana "Undercover of the Night": que Changó me proteja). Para los curiosos, "Lo altare la arache" está en el álbum *Jala-jala y boogaloo volumen 1*. La canción suena en un bus rumbo a Jamundí (o Xamundí, según la ortografía de nuestra rubísima narradora). Cuando llegan, hay una cita a "Bomba camará" ("que estuve aquí primero o que yo tengo dinero o soy más blanco que tú") y los personajes se sumergen en el temible Valle del Renegado. Allá, a la sombra de las montañas, vuelven las referencias a Changó (con frases de "Agallú solar") y hay tiempo hasta para pensar "caballerías" como "Reloj no marques las horas" (cantada, gulp, por Los Ángeles Negros, que no son negros sino blancos, chilenos, cantaban baladas tristísimas y nunca supieron lo que era la salsa). Otra frase que se repetirá hasta el final del libro será: "A mí qué", que viene de una charanga interpretada por varias agrupaciones (Johnny Pacheco, Fajardo), pero que en la novela, según doña Rosarito, está extraída de la versión de la Típica Novel. La frase se repite: "Que tus padres te alimenten siempre y págales con mala moneda. A mí qué". Pobres padres.

¿Nos olvidamos del cine y de la literatura? No, por favor. La novela no es tan lumpesca. Hay espacio para citas a *El hombre del Oeste* (*western* de Anthony Mann, con Gary Cooper), o las colinas que son como "*ocho y medio* pares de senos", con ecos de Fellini), metáforas poeianas como "El Maelstrom de sus venas", o letanías tales como: "¡Oh, Camilo José Cela, que te quitaste las herraduras a los 50 años!". ¿Alguien me lo puede explicar? Cuando el escritor español estuvo en Cali en 1979, le pregunté por el significado de la frase y él me miró con cara de Pascual Duarte. No lo volví a molestar. Pero, volviendo al Valle del Renegado, hay suspiros musicales, como la "piel canela" de la puertorriqueña María Lata Bayó y su abrazo "suavito" (¡otra de Richie Ray!). Por último, Bárbaro, de 17 años, muere, víctima de los hongos, la telequinesis y las flores rosadas del borrachero, convertido en un "Señor Valdemar": la referencia no es otra que al siniestro relato de Edgar Allan Poe titulado "El caso del señor Valdemar".

Y siguen los vasos comunicantes. En *¡Que viva la música!*, H.P. Lovecraft no es el temible escritor de relatos de terror norteamericano Howard Phillips Lovecraft, ni el grupo de rock de la ciudad de Chicago con el mismo nombre. En la novela, se trata de las iniciales de Héctor Piedrahita Lovecraft (a quien veremos también rondando en las narraciones de *Angelitos empantanados o historias para jovencitos*: "El único que terminó bachillerato"). En el caso de *¡Que viva la música!*, la narradora lo evoca como un jovencito precoz —que practicó el teatro, las plásticas, la literatura, la crítica cinematográfica iconoclasta— que había escrito, entre otras, una novela titulada *Mare Tenebrum*, adaptación de H(enry?) James. Héctor Piedrahita Lovecraft enloquece y termina toreando carros y aferrado, finalmente, por aquellas montañas de la locura, a un pino, "invadido de hiedra sidrona y helecho cabrón". No creo que Andrés haya conocido al grupo de rock H.P. Lovecraft (luego identificado simplemente como Lovecraft), que grabó álbumes entre 1967 y1970. Lo cierto es que Andrés sí devoró los célebres *Mitos de Cthulhu*. Y aquí quedó consignado el homenaje. Como queda consignado, en toda esta secuencia, la fascinación del autor por la botánica y por el reconocimiento de cuanto árbol, fruta o mata exótica se le atravesase por el camino. Cortemos maleza y sigamos adelante, que ya vamos pa' la cima.

María del Carmen se prepara para el Apocalipsis, visitando un domingo por la mañana a sus papás: toda esta secuencia la recuerda con efecto de *flou*, para que no se nos olvide que tiene un fotógrafo escondido en su corazón. Huye prontamente y regresa a su nuevo territorio: la carrera Cuarta con calle Quince, donde lanza una de sus *famous last words*: "¿Cómo es que se mete de puta una exalumna del Liceo Benalcázar?". Por esta frase, sé que en muchos colegios caleños la novela ha sido prohibida entre sus estudiantes. No está por demás recordar que el Liceo Benalcázar es uno de los colegios de niñas de mayor tradición en Cali, cuyo lema era, es, *tensión y ritmo*. María del Carmen no se olvida de sus citas mientras reflexiona, por la Quince, en su nueva profesión (que no ejerce con mucho gusto, valga la verdad): "Aunque de aquí no me muevo" ("Ae cumayé"), "que la rumba ya está formá" ("Ay, compay!"*)*, cita un par de bailaderos memorables: El Séptimo Cielo y el Cabo E. (que en realidad se llamaba el Cabo Rojeño). A propósito de bailaderos y bailadores, esa confusión está en el título de un tema de Nelson y sus Estrellas, citado en la discografía de la novela. Rosarito dice *bailadores*, Nelson dice *bailaderos*. ¿A alguien le importa?[15]

Antes de terminar su escrito, María del Carmen Huerta, ahora filósofa del desastre, lanza dos de sus primeras máximas sonoras: "Me voy a volver una sombra de melancolía, y de allí al tango no hay sino un paso". Los paisas y el tango llevan la peor parte. Y también dice: "...sacaré la teoría de que el libro miente, el cine agota, quémenlos ambos, no dejen sino música". Curiosa máxima de un escritor y cinéfilo. Pero, claro, la que habla es la rubia-rubísima. Es ella la que afirma: "Adonde mejor se practica el ritmo de la soledad es en los cines. Aprende a sabotear los cines" o "es prudente oír música antes del desayuno".

¿Coqueteos finales con la música? "Somos la nota melosa que gimió el violín" ("Convergencia"). "Se reían del bugalú y mira ahora qué" ("Que se rían"), "cada bembé formado" ("Ay, Compay!"*)*, para concluir con: "Qué bajo pero qué rico", que es una

---

15 Habría que agregar el juego establecido con la introducción al tema de Richie y Bobby "Ahora vengo yo", grabado en vivo por la Fania All Stars, donde, las palabras del presentador, Rubén Paces las interpreta como dedicadas a él mismo. Y la página recurrente a la letra de "Lluvia con nieve" de Mon Rivera, la cual Caicedo quería repetir, en una sola página, como hizo Guillermo Cabrera Infante en su novela *Tres Tristes Tigres*, donde copió una hoja entera con un recurrente "blen blen blen", evocando una guaracha de Chano Pozo de 1946.

adaptación de la frase de "Cabo E" consignada en el epígrafe, y "el cochero negro de la silla colorá" que es una misteriosa referencia, al final de "Iqui con Iqui". Y la cita estrella: "Que nadie sepa tu nombre y que nadie amparo te dé". La frase es "prestada" a la canción "El día que nací yo" de la orquesta neoyorkina La Conspiración, aunque allí lo que dice es "que nadie sepa *tu llanto*, que nadie amparo te dé".

La novela termina con una letanía magistral: "Yo seguiré de frente, porque la rumba no es como ayer, nadie la puede igualar, sabor, la rumba no es como ayer, nadie la puede controlar. Tú enrúmbate y después derrúmbate. Échale de todo a la olla que producirá la salsa de tu confusión. Ahora me voy, dejando un reguero de tinta sobre este manuscrito. Hay fuego en el 23". Sí. Andrés Caicedo Estela, nacido un 29 de septiembre de 1951 y muerto, por mano propia (algunos dicen que "se le fue la mano propia") el 4 de marzo de 1977, se enrumbó y luego se derrumbó, sin dejar charcos de tinta, ni de sangre. Solo un sueño eterno, el cual nos persigue hasta nuestros días. "Hay fuego en el 23" es el título de un viejo tema del Ciego Maravilloso, Arsenio Rodríguez, luego inmortalizado por la Sonora Ponceña en 1969. No figura en la discografía de doña Rosario Wurlitzer, pero ya no la freguemos más.

Y así como la "compiladora" tiene sus versos no identificados, yo también tengo mis canciones no ubicadas: hay unos cuantos temas de la discografía, muy conocidos, pero cuya referencia directa no encuentro en la novela (aunque sí indirecta) ("Te conozco bacalao", "Feria en M.", "Lluvia", "Guasasa", "Se casa la rumba", "Vengo virao", "Tiembla", "Anacaona", "Tengo poder", "Canto a Borinquen", "La ley", "Changa con pachanga", "Charanga revuelta con pachanga" y la difícil mas no imposible "La música brava" de Andy Harlow). Que formen parte del juego de las adivinanzas.

¡Que viva la música! es, pues, una constelación de canciones que consolidan el estilo de su autor y mezcla, de manera magistral, la poesía verbal con la eficacia de unas letras que podrían considerarse casi onomatopéyicas o que solo pueden funcionar mezcladas con el sonido. Umberto Valverde, con otras intencio-

nes, ya lo había hecho, con propósitos muy distintos, en su libro de relatos *Bomba camará*. Ya otros autores se habían propuesto poner a cantar sus poemas, sus cuentos, sus novelas. *¡Que viva la música!* consigue, además, articular los demonios de un autor, su ingrata pesadilla vital, su tragedia, con la dicha de un personaje, con su desmoronamiento, paralelo a la recta final de un escritor que decide terminar su obra con el final de su vida.

El teatro de Caicedo

Entre 1966 y 1972 Andrés escribió obras para la escena desencantadas e iconoclastas, las cuales él mismo montó, primero en su colegio, luego creando dos grupos: el Tesca (Teatro Estudiantil de Cali) y luego el grupo de la Universidad del Valle. Su paso como actor por el Teatro Experimental de Cali (TEC), bajo la batuta de Enrique Buenaventura, le sirvió para aguzar sus herramientas y dedicarle al trabajo teatral todos sus esfuerzos e insomnios. En el TEC (al que luego llamaría T*ratamiento* E*lectro* C*hock*) Andrés actuó en la obra S*eis horas en la vida de Frank Kulak*, escrita por Buenaventura, luego conocida como *La encrucijada*.

Títulos como *El fin de las vacaciones, Los imbéciles están de testigo, La piel del otro héroe, Recibiendo al nuevo alumno* o *Las curiosas conciencias* dan cuenta de la primera etapa creativa de Andrés sobre las tablas. *Las curiosas conciencias* data de 1966 y es quizás su texto teatral más antiguo, el cual, al parecer, fue estrenado en un veraneadero. Carlos "Charlie" Pineda habla en el documental *Unos pocos buenos amigos,* de una pieza titulada *Los oscuros desahogos*, pero de ella no se guarda nada. De la primera (*El fin de las vacaciones*) se sabe que fue escrita en el 67 y, aunque fue ensayada, nunca se presentó. Estaba "diseñada" para ser un polvorín durante el Día de la Madre. En ella se habla de un personaje que quiere ir al seminario (como Carlos Alberto, el papá de Andrés). Se habla de la guerra y del horror. El nihilista jovencito Caicedo, comienza a trepanarse su cerebelo. Como ya lo hemos anotado, Andrés, en esa época, comenzó a hacer adaptaciones: la primera de ellas fue de *La cantante calva* de Ionesco. Su siguiente obra original, *Los imbéciles están de testigo,* pretendía ser una suerte de *happening* provocador, para ser presentado en una fiesta de adolescentes en la misma casa del autor. Doña Nellie Estela de Caicedo acabó con la fiesta por el alto volumen de la música y porque las niñas habían ido con minifalda. Los jóvenes actores tuvieron que hacer la representación, a la madrugada, en un lote al frente de Chipichape. Estas obras, creadas para la intimidad, tienen el espíritu de eso que en Francia se llama ahora, guardadas proporciones, *théâtre d'appartement*. Los principales cómplices de las aventuras teatrales de Andrés se llamaban, se llaman, Ramiro Arbeláez y Jaime Acosta. Luego, introduce más actores para montar *La piel del otro héroe*, la cual participa en el Festival Estudiantil de Teatro de 1968, se ganan todos los premios y son invitados a hacer dos representaciones adicionales en el Teatro Municipal de Cali.

En su prolífico 1969, Andrés escribió y montó su obra *Recibiendo al nuevo alumno*, la cual solo se presentaría en el paraninfo de la Universidad del Cauca. (De esa misma época, según el actor Jaime Acosta, es el montaje de un texto llamado *Los diplomas*). El escupitajo estético que su joven creador quería lanzar, lo consiguió con creces. El escándalo fue general y la obra nunca volvió a representarse. Casi se podría decir que se trataba de una obra de venganza contra el colegio y todo lo que representase rigor y represión. En ese mismo año, estrena su versión de *Las sillas* de Ionesco. Era muy importante para Andrés el hecho de no montar literalmente las obras de los autores. Los textos eran siempre puntos de partida que se transformaban, no solo sobre la escena, sino en el papel, desde antes, en la dramaturgia. Lo mismo sucedió con *La noche de los asesinos* del cubano José Triana. Esta obra, premio Casa de las Américas, escrita en 1965, muestra a tres hermanos siniestros jugando, en el encierro, a asesinar a sus padres. El universo, claustrofóbico, travieso y parricida, corresponde a la perfección al tipo de demonios que Andrés quería poner, tanto en la escena como en la literatura. La versión de Caicedo fue realizada hacia 1970, año en el cual nuestro hombrecito, ahora en La Habana literaria, ingresa al Teatro Experimental de Cali.

Andrés fue actor y asistente de dirección. Pero, un año después, seguiría su propio rumbo, ahora interesándose por el cine. De su paso por el TEC quedó también su conocimiento del marxismo. "Después de conocer el marxismo, uno no puede volver a dormir tranquilo", aseguraba. De esta época es también su versión teatral de la novela de Mario Vargas Llosa *La ciudad y los perros*, que nunca pondría en escena. El hecho de que Vargas Llosa escribiera sobre jovencitos (hasta ese momento en libros como *Los jefes*, la novela citada y la *novelette Los cachorros)* hacía que Andrés estuviera "loco" por la obra de Marito, tal como lo confiesa en la dedicatoria de *El atravesado.* De esta época data también su versión de *La muerte de Bessie Smith* de Edward Albee. Este texto nunca se llevó a escena. Y, para completar la lista, Caicedo hizo una versión de *Fastos del infierno* y *El escorial* de Michel de Ghelderode, en una adaptación titulada *Juan en el desierto.* Otro ambicioso sueño que se quedó en el papel.

Finalmente, en 1972, Andrés se sumerge en la escritura y puesta en escena de *El mar*, su definitiva obra maestra para las tablas, basada en *The Caretaker* de Harold Pinter, *Las narraciones de Arthur Gordon Pym* de Edgar Allan Poe y *Moby Dick* de Herman Melville.

Pocas funciones se hacían de las obras montadas por Caicedo y *El mar* no fue la excepción. Algunos dicen que sobre su teatro había caído una especie de particular maldición. Luego de varios meses de encierro, de *El mar* se hicieron tres representaciones públicas y una presentación adicional en el patio central de la Universidad Santiago de Cali. En la mitad de la función, Andrés se desesperó (como Treplev, el personaje de *La gaviota* de Chéjov) porque el público hacía demasiado ruido en los pasillos. Impaciente, les dijo a los actores que suspendieran. Hasta allí llegó la actividad teatral de Andrés quien, en compañía de sus amigos Ramiro Arbeláez y Jaime Acosta, había puesto todo su empeño en *decir cosas* en las tablas. De allí en adelante, su aventura teatral terminó, concentrándose en el trabajo cinematográfico, como crítico, como realizador (es la época del rodaje de *Angelita y Miguel Ángel*) y como guionista en ciernes. Su interés por el cine ya comienza a manifestarse en *El mar*, pues se trata de una pieza no alegórica, sino de atmósfera, en apariencia, realista. Allí se introduce incluso un proyector que arregla uno de los personajes, con el que se encierran para siempre a ver películas.

No hay más rastros del interés de Caicedo por el teatro. Para los interesados, algunas de sus obras para la escena han sido publicadas por la Universidad del Valle en los volúmenes *Recibiendo al nuevo alumno* (Colección Tiempo Estético, 1995) y *Teatro* (Editorial Universidad del Valle, 1997). Hay una traducción al francés de *El mar,* publicada por el Théâtre Gérard Philipe de Saint Denis en 1998.

A comienzos de la década del ochenta, comenzaron a hacerse adaptaciones de los textos literarios de Caicedo. La primera adaptación, de considerable importancia fue el extenso monólogo del actor Julio Ardila (Julio Pilas) de *El atravesado*. Fragmentos de este monólogo se pueden ver en el documental *Unos pocos buenos amigos* de Luis Ospina. Varios de los relatos de Caicedo se llevaron a la escena por grupos experimentales o estudiantiles. E incluso se hicieron algunos intentos de adaptación de *¡Que viva la música!*

Pero fue el Teatro Matacandelas de Medellín el que inauguró la fiesta teatral caicediana, con su adaptación del libro *Angelitos empantanados o historias para jovencitos* en 1995. Este montaje no solamente es uno de los trabajos clásicos del teatro contemporáneo colombiano, sino que se trata de un ejemplo único de cómo se puede adaptar un texto inadaptable para la escena. El Matacandelas repitió la dosis con su obra *Los diplomas*, en 1997, versión a partir del texto teatral *Recibiendo al nuevo alumno*, de los relatos “Maternidad” y “El pretendiente” y de las narraciones inéditas *Los diplomas* y *La estatua del soldadito de plomo*, esta última la primera novela escrita por Andrés en su adolescencia.

Y ahora, pasemos a la primera persona. En 1996, quien les escribe y ahora leen, luego de haber realizado un trabajo con los actores Dubián Gallego y Carlos Franco, en la Academia Superior de Artes de Bogotá para la Académie des Théâtres de France sobre la obra de Bernard-Marie Koltès, decidió poner en escena un proyecto imposible: resucitar *El mar*. La consigna era proponer un montaje *fiel* al texto de Caicedo, incluso corriendo el riesgo de *aburrir* al espectador como, sospechamos, el director intentaba. Tras varios meses de trabajo, la obra se estrenó el 6 de junio de 1996, en la Casa del Teatro Nacional, en una primera temporada de un mes.

El montaje de *El mar* significó la recuperación de una obra acabada y definitiva para la comprensión integral del trabajo de Caicedo. En ella se reúnen todos sus fantasmas y sus obsesiones (el cine, la literatura sobre el mar, Cali, el absurdo, el viaje al pozo sin fondo de la perdición, el humor, el mundo de los sueños, la noche sin fortuna). En su confrontación con el público, este trabajo demostró ser un encuentro con formas teatrales ricas y complejas y sirvió para el *descubrimiento* de un autor, muy particular, sobre las tablas. Pero, lo más interesante, fue la complicidad física con el *público* de Andrés Caicedo. Podíamos notar el "reciclaje" generacional, en unos espectadores muy jóvenes, entusiasmados por sumergirse en las profundidades de su obra. El montaje estuvo en dos temporadas en la Casa del Teatro Nacional, una en el teatro La Candelaria, una en el teatro Los Ladrillos y una en Medellín. Además, fue invitado al Festival de Teatro de Manizales y presentó muchas funciones en universidades y colegios. Como dato curioso, en casi cien representaciones, solo fuimos dos veces a Cali. En una de estas representaciones, en el teatro Jorge Isaacs, los organizadores se fugaron con la plata de la taquilla. Nadie es profeta en su tierra y menos cuando se lleva la maldición de *El mar* a Cali.

La obra se montó con dos elencos: Dubián Darío Gallego, quien hacía el doble rol de Jesús y Jacinto, y Carlos Franco, quien hacía el rol de José. En el año 99, Carlos Franco fue remplazado por el actor Rodrigo Candamil.

Ahora bien, *El mar* se consideraba una "adaptación" de *The Caretaker* de Harold Pinter. Cuando se editó en Francia, me preguntaron si había que pagarle derechos de autor al Premio Nobel de Literatura. Me negué de plano. "Si no hay derechos humanos, qué va a haber derechos de autor", dice mi amigo Luis Ospina. Además, si se comparan las dos obras, nos daremos cuenta de que el único elemento en común es el del encierro y la convención de los tres personajes. El resto forma parte de los fantasmas de Caicedo. De hecho, toda la segunda parte, en la que empieza el delirio de Jacinto por adaptar, en su cripta particular, *La narración de Arhur Gordon Pym* y *Moby Dick*, es quizás el principal logro de la pieza, el cual corresponde, en exclusiva, a los demonios creativos caicedianos.

Jesús, Jacinto y José son los personajes de *El mar*. En *El cuidador* de Harold Pinter los protagonistas se llaman Mick, Aston y Davies. El encierro de *El mar* es tropical y caluroso. El de los personajes ingleses es frío e invernal. En la obra de Andrés, Jesús es un hombre de negocios, "encartado" (o *encañengado*, como dicen en Cali) con su inútil hermano Jacinto, quien ha pasado por las clínicas psiquiátricas y es incapaz de arreglar nada práctico. La obra sucede en un apartamento donde Jesús pasa a hacerse "sus siestecitas" y donde Jacinto lleva a vivir a José, un hombre de la calle. Jacinto, que está rodeado de libros, le enseña a José los placeres de la lectura. Poco a poco, Jacinto le confiesa al extraño su obsesión por fusionar, en un solo texto, las aventuras de Gordon Pym con la saga de *Moby Dick*. En una ceremonia creativa, Jacinto se explaya en la narración de su invento. Este disparo de la invención lo lleva a confesar, en un largo monólogo, su paso por el hospital psiquiátrico, de la mano de su madre. Por último, convertidos en cómplices, Jacinto consigue arreglar un desvencijado proyector de películas en 16mm. Y, cuando su hermano Jesús intenta entrar de nuevo en el apartamento, Jacinto y José se encierran en él para siempre, rodeados de libros y películas.

¿Qué es una versión, qué es una adaptación, dónde comienza un nuevo texto? En el año 2005, por ejemplo, el Teatro Libre de Bogotá hizo una "versión" de la misma obra de Pinter, titulada *El encargado*, en la cual la acción de la pieza es trasladada a Bogotá, en una excelente transposición del universo del autor inglés. Sin embargo, la estructura de *El cuidador* permanecía intacta, a pesar de los neologismos y los bogotanismos. En el caso de *El mar*, hay una primera parte "realista" la cual, poco a poco, comienza a transformarse en el delirio poético y literario que apunta más hacia el acercamiento a Poe y Melville que hacia Pinter mismo. Los textos de base son pre-textos para que Caicedo juegue con ellos, así como hay referencias al cine (uno de los sueños de Jacinto es casi calcado de una escena del *Diario de una camarera* de Buñuel), hasta convertirse en una obra autónoma y muy emparentada con el mundo privado de su autor. Jacinto es, de alguna manera, como el pretendiente, como Solano Patiño, como Ricardito el Miserable. Jesús puede ser como el atravesado, un poco más adulto. Y José... José es un interlocutor popular, necesario para el discurso del pequeño poeta descerebrado que es Jacinto.

En nuestra puesta en escena de *El mar*, el espacio estaba compuesto por dos camas de hospital, todo el piso del escenario estaba inundado de libros, había una nevera inservible, un televisor ídem, un perchero, un cuadro de Marilyn Monroe que Jacinto identificaba como su madre, varios afiches de películas y música que tuviesen que ver con el mar, como "La mer" de Charles Trenet, o el solo del "Moby Dick" de Led Zeppelin. Poco a poco, el texto se nos fue convirtiendo en un punto de partida muy estricto, con el cual podíamos jugar casi como con una partitura precisa, en el que los personajes, incluso, podrían "dormir" de verdad, tal como lo anotaba el texto. Nuestra consigna era hacer una obra sobre el aburrimiento sin necesidad de aburrir a los espectadores. Parece que el tiempo nos dio la razón.

Algunos años después, en Cali, se hizo una versión de la misma obra en la Universidad del Valle, montaje que desconozco. En 1998, durante el XVI Mundial de Fútbol de Francia, el teatro Gérard Philipe seleccionó 32 textos de los 32 países que participaban en la maratón futbolística. Como Colombia era uno de los países clasificados, se buscó un dramaturgo representativo del país. Después de estudiar distintas posibilidades, se escogió la obra de Caicedo. Yo vivía en Londres en aquella época y viajé a Francia para el lanzamiento del libro y para la lectura dramatizada de la traducción de Denise Laroutis. *La mer* cobraba una nueva dimensión en esta lectura hecha con muchos elementos, casi una pequeña puesta en escena. Allí, en la larguísima velada en la que se representó la obra de Andrés Caicedo, me sentí, poco a poco, aprendiendo a nadar en aguas más profundas.

LA OSCURIDAD[16]

Hasta los 25 años, la vida es de una lentitud insoportable. Después de esos cinco lustros de pulso contra el tiempo, todo tiende a convertirse en una borrasca, las películas son más cortas, los vuelos más breves, las pesadillas eternas. En el caso de quienes hemos estado transpirando, de alguna manera, gracias o por culpa de Andrés Caicedo, el asunto ha sido a otro precio. Su actitud vital (y mortal, por supuesto) ha sabido desorganizarnos el cerebro de manera contundente y el paso de los años se ha convertido en una secreta ceremonia en la que todos los acontecimientos se miden a un ritmo diferente, el séptimo arte se repite como parodia de sí mismo, la literatura se revuelve en su propia sopa de letras, el sexo sigue siendo el acto de las tinieblas y con una mano seguimos sosteniéndonos y con la otra escribiendo.

Andrés se negó por principio a cumplir los 26 años de vida. Desde niño se dedicó a la escritura de cuentos y novelas desencantadas, gestó obras de teatro que él mismo puso en escena, atacó los oídos de sus padres con las canciones de los Rolling Stones pero, sobre todo, fue un cinéfago. O, en sus palabras, un *cinesifilítico* incondicional. Andrés no solo era un espectador desesperado, que consumía dos y tres películas por día, en una época en la que el video casero no existía y en la que ver *El ciudadano Kane* en Colombia era una misión, de veras, imposible. No solo consumía cine con una fascinación colindante con el delirio, sino que era un jovencito de una disciplina sin contemplaciones, que escribía cuartillas y cuartillas sobre todos los films que *videaba*, para luego publicar sus textos en los principales diarios locales, en revistas

---

16 Al que no quiere caldo se le dan dos tazas. Otro texto que sirvió de presentación al trabajo de Andrés como crítico de cine. Aunque hay mucha información ya conocida, lo incluyo porque me parece que aporta datos complementarios que son de considerable necesidad para los propósitos del presente libro.

especializadas de América Latina y España y enredar su erudición visual en sus maravillosos relatos de adolescentes poseídos.

Desde 1971 hasta el año de su muerte, Andrés Caicedo mantuvo un templo de la cinefilia local conocido como el Cine Club de Cali, donde programaba, todos los sábados al mediodía (y a veces los viernes a la medianoche), los mejores ejemplos de la cinematografía mundial. Gracias al Cine Club de Cali se formó toda una generación de personas vinculadas con la actividad audiovisual, eso que los intelectuales han llamado el Grupo de Cali y los traviesos conocen simplemente como Caliwood. Además de fundar el Cine Club, escribió ficciones cinematográficas de emocionante factura y mantuvo cinco números de la revista *Ojo al Cine*, la cual desapareció con su muerte. Así se llamó el libro que Luis Ospina y quien les escribe publicamos veintidós años después de la muerte de su autor. Es un sesudo mamotreto de 541 páginas,[17] en el que reunimos buena parte de sus relatos inspirados por el cine, sus comentarios a las películas del Cine Club, su trabajo como reportero y sus extensísimos artículos publicados en revistas especializadas.

Hoy por hoy, por supuesto, estos textos se leen de manera diferente a como se gestaron en su época. Si bien es cierto que sus libros *¡Que viva la música!* y *Angelitos empantanados o historias para jovencitos* se renuevan con el paso del tiempo, sus textos cinematográficos deben leerse como "literatura de guerrilla": son textos urgentes, coyunturales y, al mismo tiempo, provocadores, agresivos y, muchas veces, cómo no, pretenciosos. La característica de la crítica de cine ejercida por Andrés Caicedo es que se concibió con una actitud *tropelera,* sin concesiones. Y, vista en conjunto, con anhelos totalizantes. Utópicamente totalizantes. Si nos ponemos a mirar a los reseñistas de cine locales de nuestros días, pocos tienen una información integral sobre la historia de la literatura, del arte o del cine mismo, como la tuvo Caicedo en sus

[17] Hay una segunda edición, corregida y aumentada, en la colección Verticales de Bolsillo, de 774 páginas. (Andrés Caicedo, *Ojo al cine* [seleccionado y anotado por Sandro Romero Rey y Luis Ospina], Grupo Editorial Norma, Bogotá, 2009).

textos provocadores. De hecho, podemos decir que el oficio de tinieblas de la cinefilia tiende a diluirse en nuestro trópico, a pesar de las facilidades que se tiene con el video casero o el internet.

Los años de Andrés Caicedo se han ido y, con él, muchas de las mejores actitudes festivas que nacieron alrededor de la pantalla sagrada. Nos queda su obra, nos queda su furiosa urgencia y el recuerdo del cine que él mismo reivindicó, un cine que combinó sin complicaciones a Roger Corman con Ingmar Bergman, a Luis Buñuel con John Ford, a Roman Polanski con Tomás Gutiérrez Alea, a Billy Wilder con George Romero, a Sam Peckinpah con Rainer Werner Fassbinder, a Jerry Lewis con François Truffaut, a Jean-Luc Godard con Arthur Penn, a José María Arzuaga con Jorge Sanjinés. Resulta reconfortante recordar que este muchachito de melena inmensa y gruesos lentes fue la persona que mejor reivindicó la pasión desaforada por el cine en el Valle del Cauca y que, por ende, con el correr de los años debería servir para que, en Colombia, se extendiera el entusiasmo por devorar con gusto la historia del cine. Pero, por lo visto, en este país ya no queda tiempo para la delicia de las actividades inútiles.

¿CÓMO SE ORGANIZÓ *OJO AL CINE*?[18]

La pasión de Andrés Caicedo por el cine forjó una cantidad considerable de obsesivos espectadores caleños, quienes poco a poco fueron convirtiendo las imágenes del celuloide en una parte fundamental de sus existencias. De este grupo de rebeldes, con o sin causa, se fue formando un equipo de personas que, con afinidades más o menos comunes, constituyeron un colectivo cuyo propósito principal fue el de producir, con progresiva frecuencia, películas en las cuales se revelaba la imagen escondida y olvidada de la ciudad. Gracias al Cine Club de Cali la posibilidad de aprehender el trabajo cinematográfico de una manera sistemática se fue convirtiendo en una realidad. Caicedo era el generador permanente de

[18] Estos textos fueron escritos con Luis Ospina, cuando organizamos el libro *Ojo al cine.*

dicho entusiasmo. Su labor como crítico no solo se limitaba a la escritura de textos o a la programación de las películas, sino que inyectaba una actitud personal y una curiosidad continua por el conocimiento detallado de lo que el cine, día a día, iba develando.

Sus primeros escritos poseían la virtud de la euforia creativa y el afán por el domino de la técnica y la estructura de un film. Pero si en la crítica existe un afán por la objetividad y la pormenorización científica del análisis, en Andrés se filtraba continuamente la visión particular de lo que una película le generaba, y su estilo era una combinación permanente de erudición y fascinación creadora. En cualquier texto sobre cine de Andrés Caicedo, no solo tenemos la ubicación histórica y el ahondamiento crítico sobre cualquier film, sino que también nos encontramos con un trabajo que siempre bordea los límites de la ficción. En ningún momento Andrés esconde los aspectos obsesivos, privados, íntimos, que una película le provoca. Su preocupación era la de encontrar un tono que "universalizase lo particular" pues, para él, "cada gusto es una aberración". Y, por supuesto, había que echarle mano a todos esos fantasmas individuales para que un film cobrara vida, tuviese cuerpo, trascendiese a través de la óptica peculiar de quien degusta las imágenes en la oscuridad de la sala.

Por esta razón, los géneros cinematográficos para Caicedo eran un punto de partida que le ayudaban a clasificar sus obsesiones. Víctima de su propio invento, los sueños del cinematógrafo fueron devorando sus propios instintos, hasta el punto que uno llega a confundir, con el tiempo, cuándo escribía Andrés sobre él o sobre el cine.

Desde un principio, los mitos y los temas del cine norteamericano fueron su preocupación central. Las películas de horror y de vampiros, por ejemplo, fueron los fantasmas de la perdición que lo poseyeron hasta que terminaron por invitarlo a vivir para siempre en las profundidades de sus propios infiernos. De otra parte, el *western* fue otro de los temas por el que Caicedo tuvo especial curiosidad y del cual se nutrió con mayor vehemencia. Todo lo que representase un paso al más allá dentro del universo del cine, cabía en los lentes y en la furiosa máquina de escribir de

Caicedo. Como finalmente se dio cuenta de que hacer cine en Colombia era una posibilidad bastante lejana (como ya se ha dicho, Andrés solo codirigió la película inconclusa con Carlos Mayolo, en 1971, titulada *Angelita y Miguel Ángel*, basada en uno de sus relatos. Esta sería recuperada por Luis Ospina en 1986 para su documental *Andrés Caicedo: unos pocos buenos amigos*), parecía que su escritura tratase de recrear lo que unas horas antes la pantalla brindaba. Los textos caicedianos sobre el cine pretenden encontrar su propia manera de mirar un film y son un reencuentro de la palabra escrita con las imágenes ajenas.

Estos textos fueron publicados periódicamente, a partir de 1969, en colaboraciones esporádicas en el *Magazín Dominical* del diario *El Espectador* de Bogotá y, con mayor frecuencia, en *Occidente*, *El País* y *El Pueblo* de la ciudad de Cali. Igualmente, hay textos de Caicedo en la revista *Vivencias* de Colombia y *Hablemos de Cine* de Perú. Pero donde Andrés se expresó a sus anchas fue en los cinco números de la revista *Ojo al Cine*, fundada por él en 1974, la primera publicación especializada que se hiciese en nuestro país, después de las experiencias fallidas de *Cine-Mes* y *Guiones.*

Ojo al Cine comenzó siendo un folleto, mezcla de guía para el espectador, con disquisiciones lúdico-patafísicas, deliciosas para cualquier lector. Allí se ponía de manifiesto el indudable talento literario de Caicedo, mezclado con su impresionante canibalismo cinematográfico. Al convertirse en una revista, sus intenciones fueron mucho mayores y se alcanzó a contar con un equipo de colaboradores de reconocida importancia en el ámbito de la crítica en lengua española.

Así mismo, Andrés mantuvo una complicidad epistolar con personas que solo conoció por un mamotrético intercambio de cartas. Los españoles Miguel Marías, Ramón Font y Segismundo Molist; los peruanos Isaac León Frías y Juan M. Bullita; el venezolano Alberto Valero; el costeño / neoyorkino Jaime Manrique Ardila, o sus compañeros de generación. Con todos ellos Caicedo se desdobló en una correspondencia rica en reflexiones sobre el cine.

Pero no podemos olvidarnos de que Andrés Caicedo, más que un crítico, era un creador. Esta condición la puso al servicio del cine en una buena cantidad de guiones de distinto calibre y con distintos propósitos. Su primer trabajo, fue la adaptación de su cuento "Angelita y Miguel Ángel". Posteriormente, escribió tres largometrajes (dos films de horror y el tratamiento de un *western* "crepuscular": *La estirpe sin nombre, La sombra sobre Innsmouth* y *Los amantes de Suzie Bloom*),[19] los cuales tradujo al inglés con su hermana, ya lo dijimos, con el firme propósito de vendérselos a Roger Corman. Esta utópica relación con el cine americano nunca llegó a darse. A pesar de dicha decepción, escribió una buena cantidad de historias basadas en distintos mitos caleños y un cortometraje titulado *Un hombre bueno es difícil de encontrar*, sobre un relato de Flannery O' Connor. Todos ellos dan cuenta de su fascinación por la perdición, la criminalidad, el horror y sus consabidos "mundos corrompidos". Ninguno de estos proyectos llegó a visualizarse en la pantalla, pero estaban escritos como puntos de partida de alegorías visuales, los cuales servirían después como base (consciente o no) para películas como *Pura sangre* de Luis Ospina o *Carne de tu carne* de Carlos Mayolo, ambos realizadores caleños que estuvieron al lado de Andrés durante todo el ciclo del Cine Club de Cali.

Hasta el final de sus días, la máquina de escribir de Caicedo (Pepito Metralla lo llamaban sus amigos de rumbas, pues aun en las fiestas se sentaba a tabletear de un solo impulso sobre las teclas, como si el tiempo no fuera suficiente) estuvo funcionando. El proyecto de la revista número 6 de *Ojo al Cine* quedó sobre el papel.

El cine, indudablemente, es el filtro por el cual pasó todo el trabajo que Caicedo desarrolló en vida y hubiera sido desde todo punto de vista injusto dejar este testimonio escondido en el silencio de los baúles de su casa materna. Con sus innumerables textos

---

19 Una versión animada de este último argumento fue "reconstruido" en el largometraje documental *Noche sin fortuna* (2010) de los argentinos Francisco Forbes y Álvaro Cifuentes.

se armó el libro que nos tomó, a Luis Ospina y a quien escribe, un esfuerzo de quince años.

Como se ha dicho, desde muy temprano Andrés se dio cuenta de que la muerte lo iba a visitar pronto y decidió colocarle una cita antes de que ella le sorprendiera. Pero el cine comenzó a dominarlo. Se encerró en la oscuridad de los teatros con una obstinación progresiva y su curiosidad lo llevó a tratar de conocer todos los misterios que dichas imágenes le escondían. Por esta razón, a partir de 1969, empezó a escribir comentarios sobre películas, en simultánea con su progresiva actividad literaria. Estos artículos, publicados con diversa periodicidad en los diarios locales y capitalinos, dejaron ver un conocimiento impresionante por la vida y la obra de los forjadores de la "carreta" cinematográfica. Y, al igual que con sus cuentos y novelas, la pasión y la desmesura lo llevaron a acumular toda la información posible hasta convertirlo, con el tiempo, en un cinéfago incondicional.

En cada capítulo del libro *Ojo al cine* el lector encuentra una introducción en las secciones que lo conforman, en las que se especifica el marco o las circunstancias en que cada texto se produjo. De todas maneras, nos parece que los trabajos de Caicedo allí consignados se defienden por sí solos en cuanto a su calidad, y se dejan leer de igual manera, a pesar de muchos "descubrimientos" de Andrés, o de uno que otro dato al cual el tiempo se ha encargado de llevarle la contraria, o simplemente de darle la razón sin reparo. Esto forma parte del placer de la lectura de un libro sobre el cine.

Aunque hay ensayos dedicados a los "monstruos sagrados" del cine (Bergman, Visconti, Pasolini, Buñuel, Chaplin, Ford, Wilder), también hay un vivo afán por reivindicar la filmografía que Andrés denominaría "imperfecta", pero que a él le entusiasmaría tanto o más que la de los consolidados "maestros" de la pantalla. Nos referimos a actitudes de directores poco reconocidos en nuestro medio como Arthur Penn, Sam Peckinpah, Roger Corman, Jerry Lewis, David Cronenberg, Philip Kaufman, Robert Benton, Richard Fleischer o Nelly Kaplan, solo por citar unos cuantos nombres dentro de una amplia galería de realizadores con un cine rico en nuevas experiencias formales.

Esto, obviamente, hay que ubicarlo dentro del contexto de los años setenta, cuando casi todos estos textos fueron escritos. Como se sabe, el mundo del cine es tan variable como la vida misma y muchas cosas han cambiado desde entonces. De todos estos nombres, Andrés habría podido escribir muchas cosas más (e incluso cambiar de opinión, ante el camino que la obra de estos realizadores tomó en el futuro).

La política del autor

En su estudio sobre la obra de Pier Paolo Pasolini,[20] Caicedo ironizaba acerca de la idea de "lo específicamente cinematográfico", describiendo una muletilla que usarían los espectadores "cultos". Pues bien, burla burlando, en 1973 un grupo de estudios estéticos de la Universidad del Valle, le pediría al Cine Club de Cali que presentase, en una ponencia, algunas reflexiones acerca del trabajo cinematográfico y, en particular, sobre la actividad de difusión que Caicedo y su pandilla desarrollaban. El texto se llamó "Especificidad del cine". Este es, quizá, el único escrito de nuestro autor que pretende globalizar un poco acerca de la actividad cinéfila e intentar, en últimas, dar cuenta de la posición integral de su labor crítica, en relación con el público.

En los textos del capítulo titulado "La política del autor", se anuncia la intención de apuntar hacia una "postura ideológica", cosa que Andrés pocas veces se preocupó por definir. Si bien es cierto que sus "inquietudes" eran de izquierda, sus gustos y sus obsesiones estaban al margen de dicha impostura. Aunque él en vida intentó hacer conciliar una cosa con la otra, tratando de encontrarle los aspectos progresistas a películas o directores abiertamente "reaccionarios". De todas maneras había una dualidad en

---

20 Como dato curioso, es preciso anotar que el extenso texto de Caicedo consagrado al realizador italiano y publicado en el número 3/4 de la revista *Ojo al Cine*, desapareció sin dejar rastro de las dos ediciones compilatorias (1999 y 2009). Véase artículo completo en http://www.luisospina.com/archivo/grupo-de-cali/revista-ojo-al-cine/ Consultado el 22 de abril de 2015.

sus reflexiones teóricas sobre el cine latinoamericano y sus anhelos personales con respecto a lo que él quería con sus trabajos. Así, mientras define en su artículo cuáles serían los "modelos" de un cine revolucionario para nuestros países, paralelamente escribía guiones de horror y *westerns* con el único propósito de venderlos en los Estados Unidos de América. Contradicciones del sistema.

En fin. Sumada a esta "Especificidad del cine", se pueden emparentar directamente sus respuestas a una encuesta realizada por estudiantes de la Universidad de Medellín, en las que Caicedo expresa abiertamente sus reflexiones sobre su "oficio como crítico". "De la crítica me gusta lo audaz, lo irreverente", anota con contundencia.

La conclusión a la que uno puede llegar al leer estas declaraciones es simplemente la de considerar que Andrés utilizaba el "universo del celuloide" como pretexto para inventarse sus propias realidades literarias. Este canibalismo puede explicar un poco por qué, de la misma manera, nuestro hombrecito convirtió su realidad en una ficción, hasta el punto de perderse en los límites de uno u otro asunto.

Aunque "lo específicamente cinematográfico" sí le interesó, y muchísimo, Caicedo siempre buscó la forma de acercarse de una manera "ingenua" a las películas, incluso al rodear sus opiniones con una infinita información y saturación onomástica. Es muy interesante notar que a Andrés lo seducía mucho la idea de poder "abarcarlo todo" en lo referente al cine. Si en literatura el proyecto de un lector total es imposible, la idea de un espectador que "se come" la historia de las imágenes proyectadas era un reto que a Caicedo le parecía factible. Una especie de personaje borgiano que "devora" películas y lo sabe absolutamente todo. Esta idea terminaría devorándoselo a él, por supuesto, pero por fortuna nos quedan estos textos para dar cuenta de sus proyectos imposibles.

"El crítico, en busca de la paz, se da toda la confianza" es un escrito inédito que podría ubicarse dentro de su tendencia a las "reflexiones en voz alta". Está dedicado a su amigo Hernando Guerrero, quien sería el fundador de la Ciudad Solar, la cual fue una especie de "comuna" *underground*, mezcla de centro cultural y "parche" vespertino, donde viviría Andrés un tiempo y donde se realizarían muchas de las actividades del Cine Club de Cali.

Estos textos, escritos en diferentes períodos de su vida y con intenciones muy diversas, nos dan cuenta de la actitud caicediana frente a su trabajo. Dichos escritos están al comienzo del libro *Ojo al cine* porque son, de alguna manera, introductorios a los artículos que lo componen. Es decir, dejando que sea el mismo Andrés quien explique su manera de mirar lo que escribe y a quien le escribe.

Basta anotar, para terminar, que los espectadores de cine, según Caicedo, se dividían en público medio, intelectuales y lumpen. Esta última era una categoría que le fascinaba y que sería protagonista de varias de sus narraciones de ficción (véase el cuento "El tiempo de la ciénaga", incluido en el libro *Angelitos empantanados o historias para jovencitos*). Los casi desaparecidos teatros de barrio, donde se daba cine continuo en doble programa, fueron una de las fuentes principales de información cinéfila para Caicedo, y quizás por ello terminaría interesándole mucho más la programación marginal que se daba en los teatros populares, que lo que ofrecía la cartelera de estrenos. Quizás este balanceo entre la izquierda y la marginalidad, el horror y la delincuencia, la burguesía y el lumpen, el arte y la rumba, la ficción y la muerte, se convirtiesen en una sola cosa en la cabecita extinguida de Andrés Caicedo.

A partir de este primer impulso, la máquina caicediana no se detuvo. La escritura diaria alrededor del cine fue una obligación que Andrés se impuso cumplir, tecleando desde las primeras horas de la mañana, para poder refugiarse en los teatros a las tres, a las seis y a las nueve, o en algún programa doble de cine continuo. Casi un año seguido publicaría en *Occidente*, coincidiendo con la fundación del Cine Club de Cali. Comenzando la década del setenta, Andrés irá abandonando más y más el teatro, para concentrarse únicamente en la literatura y la crítica. Andrés era mucho más amigo de lo que él mismo podía generar, sin tener que darle explicaciones a nadie. Quizás por esa razón terminó concentrado en la soledad de las salas de cine y en la obstinación de su escritura.

Fue casi una constante su actitud contra la corriente sobre el cine, que algunos llamaron de "lleva la contraria", porque precisamente coloca al lector contra la pared y le hace poner en tela de juicio sus propios gustos, en apariencia inmutables. Se percibe, al mismo tiempo, un desmonte "ideológico" hacia ciertos géneros de moda en los años setenta, en especial el llamado cine político que, con el beneplácito de la producción capitalista, se dedicó a llenar las pantallas con películas "de denuncia", para la satisfacción inmediata del público de izquierda. De igual manera, a partir de la reivindicación de los géneros (el *western*, el *thriller*, el cine de horror) Andrés consiguió desmontar muchos largometrajes oportunistas que se montaron en el tren de la historia del cine, sin mayores méritos esenciales.

El lector sacará conclusiones, de acuerdo con su "universal método particular".

El cine de los sábados

Desde 1971 hasta 1977 había un ritual entre la juventud caleña, todos los sábados a las 12:30 del día en el Teatro San Fernando. Una cita necesaria, un lugar de encuentro, un "parche", un acuerdo tácito. "Nos vemos en el San Fercho", era la consigna. Este santo y seña significaba que el Cine Club de Cali tenía sus puertas abiertas y existía la garantía de descubrir, cada semana, una nueva, grata e inesperada experiencia con la pantalla. A la entrada del teatro, el portero parecido a Christopher Lee recogía las contraseñas y un colaborador repartía tarjeticas con la programación mensual. Una vez cruzado el umbral, la música estallaba en la cabeza de los espectadores. Como en una discoteca de mediodía, los Rolling Stones, Ricardo Ray, Héctor Lavoe, Pete "El Conde" Rodríguez, se combinaban con Bernard Herrmann o cualquier otro compositor de bandas sonoras para el cine, recibiendo a un público conformado por intelectuales varios, *hippies* trasnochados, teatreros escépticos, pandilleros saboteadores, marihuaneros incondicionales, niñas de colegios bien, madres de familia desprevenidas o precoces adolescentes.

Este desfile inusual de feligreses a "la misa del sábado", se congregaba, sin mucho conocimiento de causa, alrededor de los gustos y las directrices que Andrés Caicedo trazaba a partir de su programación semanal. Las exhibiciones se complementaban con un material mimeografiado en esténcil, escrito la gran mayoría de las veces por el mismo Andrés, despertando en los espectadores, si no el rigor, por lo menos sí la curiosidad hacia el cine.

Casi cuatrocientas fueron las funciones del Cine Club. Después de la muerte de Caicedo, su actividad se prolongaría un año más, en la Cinemateca La Tertulia, pero allí las cosas serían muy distintas. El ambiente y la euforia cinéfila desaparecerían y, lentamente, el Cine Club terminaría extinguiéndose.

Desde 1970, cuando Andrés fue actor del Teatro Experimental de Cali (TEC), bajo la dirección de Enrique Buenaventura, su interés por la proyección de películas se hizo manifiesto. En la sala de este grupo, comenzó organizando el Cine Club del TEC, donde publicaría un primer (y extenso) boletín sobre *Más corazón que odio* (*The Searchers)* de John Ford, en el que ya se nota su interés por *ficcionalizar* la crítica de cine. Poco tiempo después, al darse cuenta de que la consecución de copias en 16 mm era muy limitada, funda el Cine Club de Cali. Una de las razones primordiales para que Caicedo crease un Cine Club, fue su afán de llenar sus lagunas cinematográficas. La mejor manera de ver películas con cierto orden, era escarbando en las distribuidoras y programando lo que difícilmente se podía ver en otras condiciones.

En *Ojo al cine* hay una colección de dichos textos. No sobra decir que, en algunos casos, se nota en estos boletines también un afán (esta palabrita se cruza siempre por el camino de Caicedo) en su escritura, debido a que eran escritos sobre la marcha, en tinta frágil, esperando que (¡ufff!) la imprenta lo tuviera a tiempo para las funciones semanales. De todas maneras, creemos que se nota, en los mejores ejemplos recopilados, cómo a Andrés el oficio de la crítica le parecía, no solamente necesario, sino placentero.

Después de los boletines del Cine Club del TEC, viene, como se ha dicho, la fundación del Cine Club de Cali y, paralelo a esto, se publicaron algunos boletines llamados *Ojo al Cine*, en 1972, los cuales servirían de punto de partida para la creación de la revista que, con el mismo nombre, comenzaría a circular a partir de 1974. De estos boletines son, por ejemplo, artículos sobre *Amantes sanguinarios*, sobre Richard Fleischer o sobre *Harry el sucio*.

Cabe anotar, así mismo, que en estos folletos había también una mezcla de reflexiones críticas con textos de ficción, como los célebres *Destinitos fatales*.

Volviendo a las hojas mimeografiadas, estas contaban con un placer adicional: no solamente eran piezas críticas de indudable valor analítico, sino que también había una colección de balances de todo tipo, estadísticas sobre entradas y calificación de las películas. Así mismo, las noticias del Cine Club de Cali y los apuntes sobre la situación de cine en Colombia, eran excelentes ejemplos de buen humor e irreverencia. Los ataques continuos de Caicedo hacia la condición de los teatros, la manera de exhibir las películas o las denuncias por la quema de copias, eran escritos con vehemencia, pero con igual frescura.

Vale la pena agregar, por último, que gracias a estos boletines y a estas exhibiciones, se pudieron ver por primera vez en Cali (y, en muchos casos, en Colombia), películas que, de otra forma, hubiese sido imposible conocer con el debido rigor.

Un par de años antes del suicidio de Andrés, el Cine Club de Cali comenzó a organizar funciones de medianoche, en las que se descubrieron films malditos como *Gimme Shelter*, *Parásitos asesinos* o *La noche de los muertos*. Estas películas son las primeras obras de directores que, hoy por hoy, son de reconocido talento mundial. Vaya uno a saber qué hubiera pensado Caicedo de la obra de ciertos directores a los cuales descubrió con tanta reverencia. Pero nos lo imaginamos.

Re-vistas

En primer término, hay que anotar la enorme influencia que tuvieron algunas publicaciones especializadas para la formación de Andrés Caicedo. No se puede dejar de destacar el definitivo aporte que representó la revista peruana *Hablemos de Cine*, como punto de apoyo para la creación de *Ojo al Cine*. Caicedo mantuvo una sólida amistad por carta con Isaac León Frías (director de la mencionada publicación) y con el crítico Juan M. Bullita. Gracias a este intercambio epistolar y ante la ausencia evidente de publicaciones especializadas en Colombia (las anteriores *Guiones*, *Cine-Mes*, etc., fueron de frecuencia irregular y muy lejanas a los propósitos de Caicedo), se vio la necesidad de crear una revista que planteara los intereses de los miembros del Cine Club, gracias a que, luego de tres años de trabajo, se había logrado consolidar un grupo de personas con cierta afinidad y solidez. El equipo de redacción de *Ojo al Cine* estuvo compuesto, en sus comienzos, por Luis Ospina, Ramiro Arbeláez y Carlos Mayolo, con la colaboración de otros miembros ocasionales de la *troupe* sabatina.

En primer lugar, había una preocupación básica por reivindicar la actividad del cine colombiano, el cual ya empezaba a producir los primeros trabajos, muy marginalmente, con un lenguaje propio y criterios independientes. En el número 1 de *Ojo al Cine* hay un análisis, por ejemplo, de *Oiga vea*, el documental sobre los VI Juegos Panamericanos de Cali, dirigido por Carlos Mayolo y Luis Ospina, uno de los primeros intentos, in extenso, por descodificar en detalle una producción nacional. Así mismo, se publicaron, consecutivamente, entrevistas con Jorge Silva y Martha Rodríguez (realizadores de *Chircales* y *Campesinos*), José María Arzuaga (llamado, en la revista, D.W. Arzuaga, por su condición de pionero de los largometrajes colombianos, comparándolo con D.W. Griffith), Julio Luzardo (director de *El río de las tumbas*) y Hernando Salcedo Silva (el "padre" de la crítica en Colombia).

Ante la imposibilidad de dirigir películas, Caicedo consolida su trabajo como crítico con esta publicación y comienza a dedicar su actividad, casi en exclusivo, para poder sacar adelante dicha experiencia. De esta forma, la revista va tomando un cuerpo que deja traslucir a las claras el espíritu de Andrés y, prácticamente, el tono general de cada número está alimentado por su estilo. Son destacables los prólogos de las dos últimas revistas, en las que Caicedo deja escapar sus impresiones particulares, su trágico sentido del humor y su cinefilia incondicional.

Es alrededor de *Ojo al Cine* que comienza a integrarse lo que se daría en llamar posteriormente el Grupo de Cali o Caliwood. A partir del número 3, entraría a formar parte de la revista Patricia Restrepo, compañera de fortunas y desventuras de Caicedo en los últimos años de su vida. De su último número desaparecieron, "misteriosamente", los nombres de algunos miembros de la redacción y Andrés sería, en últimas, el generador solitario del número final de *Ojo al Cine*.

Igualmente, es importante destacar que en *Ojo al Cine* escribieron varios de los amigos epistolares de Caicedo; destacándose por su erudición, profundidad crítica y complicidad, el español Miguel Marías, una de las personas más cercanas a Andrés en gustos y sentido del análisis del cine. España, Lima y Cali, por consiguiente, establecieron un triángulo analítico y epistolar, base para una amistad correspondiente, y a la vez, distante.

La revista, en síntesis, dio cuenta de una magnífica y terca obsesión hacia una actividad derivada del gusto y el interés por el cine, en una ciudad, ya lo hemos dicho, que difícilmente permite el acceso a la gran mayoría de joyas del cine mundial. En esta época, por lo demás, no se había consolidado el fenómeno del video y los cinéfilos de los años setenta ningún contacto podían tener con copias de películas para ser vistas en casa. Por fortuna, dirán los puristas. El hecho es que, se sabe, la consecución de copias para un *cineclubista* era una labor que rayaba con el delirio, puesto que, no solo había que escarbar en los archivos de las distribuidoras, sino tener un conocimiento especial para saber a qué título correspondía el nombre en español de la película buscada. Hoy, al parecer, este trabajo es harto diferente, porque los soportes del cine cambiaron. El nuevo *cineclubista* debe estimular su imaginación buscando las nuevas tendencias, más allá del llamado "cine comercial". O resignarse a organizar ciclos con títulos ambiguos ("La mujer en el cine", "El cine y la guerra", "El clima en el cine"...). De todas maneras, la actividad de un cineclub en Colombia tiende a desdibujarse y poco se parece a lo que representó en los años setenta.

Nuestro caso es otro. Los artículos seleccionados en la quinta sección del libro de Caicedo son, por un lado, los de la revista *Ojo al Cine*, los artículos enviados a *Hablemos de Cine* del Perú (hay un número en el que publicaron cinco artículos de Caicedo) y, de otra parte, un extensísimo estudio (más de veintiún cuartillas) sobre *El temerario* de Arthur Penn, quizás su ensayo más largo, inédito, consagrado a uno de los temas que lo obsesionó: el de Billy the Kid. Sobre este personaje, hay también artículos a lo largo de este libro dedicados a *Pat Garret & Billy the Kid* de Sam Peckinpah, *Billy el asqueroso* de Stan Dragoti y *One-Eyed Jacks* de Marlon Brando. Igualmente, hay un texto sobre cine cubano. Algunos escritos inéditos, al parecer, estaban destinados para futuras *Ojo al Cine.*

Como abrebocas, están en este capítulo sus colaboraciones a la revista *Vivencias* de Cali, textos dentro de la onda formativa y didáctica de sus primeras publicaciones periodísticas. Se destaca allí su rigor y cierto tono de secreta irreverencia, como para "escandalizar señoras".

El ensayo más personal y *más sentido*, es el titulado "El genio de Jerry Lewis", verdadera declaración de amor al creador de *El profesor chiflado* o *El terror de las chicas*, uno de sus personajes más queridos del cine americano y uno de sus héroes, por haber convertido la torpeza en una condición digna de la historia del arte. Ya en otras oportunidades Caicedo se refería al "carácter lewisiano" de su vida. Este ensayo fue publicado en la revista *Gaceta* de Colcultura.

En síntesis, el trabajo de Andrés Caicedo publicado en revistas es el que tiene connotaciones más personales, más libres y, a la vez, más rigurosas y especializadas. Es, en esta parte, donde encontraremos consignados los trabajos a los cuales les impuso mayor dedicación.

Profesión: Reporter

Dentro de la conocida variedad de los festivales de cine de todo el mundo, el de Cartagena ocupaba, hasta finalizar el siglo XX, un lugar especial en lo que se refiere a encuentros, aventuras, azar y desorden tropical. Sus asistentes se dividían en dos: entre los que lo amaban incondicionalmente, a pesar de su reconocido caos, y los que lo criticaban por su falta de rigor y pretendida frivolidad. De todas maneras, a lo largo de varias décadas, Víctor Nieto (y su hijo, Víctor Jr., fallecido en 1987), logró consolidar un festival en un país en el que el cine agonizaba todos los días y el ejercicio de la cuerda floja era un deporte nacional. Allí, en Cartagena, en tres años consecutivos, de 1974 a 1976, Andrés Caicedo ejerció el oficio de reportero, primero para la revista *Ojo al Cine* exclusivamente y después para el periódico caleño *El Pueblo*, acabado de fundar. La recopilación de este material no fue nada fácil, de verdad, pues entre lo publicado, los borradores de Caicedo y las copias de los télex, hay notables diferencias. Los artículos nunca salieron como Andrés los había enviado en originales y los títulos, casi siempre, fueron cambiados. Como era de esperarse, esto producía a diario la ira divina del cronista, quien se empeñaba en ver todas las películas y en enviar un informe lo suficientemente riguroso y erudito, prescindiendo de las noticias faranduleras y de los chismes de ocasión. El periódico, por su parte, trató de agilizar un poco los escritos y el resultado, casi siempre, fue lamentable. Por esta razón, lo que el lector encontrará en el libro *Ojo al cine* es una reconstrucción quirúrgica de los textos publicados y las versiones originales de los informes, siguiendo los apurados borradores de Caicedo.

Como se sabe, la rumba y la promiscuidad forman parte del mundo secreto de un festival de cine y, en Cartagena, estas características componen el diario vivir del evento. Andrés trabajaba, aparatosamente, en medio de los excesos nocturnos, tratando de enviar sus informes a tiempo, luego de sacudirse la "piedra", al leer sus textos llenos de erratas en las ediciones del día anterior.

Las crónicas de Cartagena de Indias en la revista *Ojo al Cine*, están mucho más cuidadas y conservan su estilo y sus propósitos a la perfección. En los informes diarios, por el contrario, se nota que el reportero Caicedo "con una mano se sostiene y con la otra escribe", parafraseando la frase de Lowry utilizada como epígrafe en *¡Que viva la música!* Sin embargo, el atractivo de estos textos radica precisamente en su velocidad, en su acelere. Condición que nos parece necesaria destacar en Andrés y, de seguro, donde mejor se siente este carácter es en la información diaria para un periódico como reportero.

De otra parte, en la práctica, el único contacto que Andrés tuvo con grandes personalidades del cine internacional se dio gracias al Festival de Cartagena. Sus otros encuentros, en especial con el director italiano Sergio Leone, los tuvo en sus viajes a Estados Unidos. Cartagena, por su parte, ha contado entre sus invitados especiales con muchos nombres del cine mundial, entre los que se cuentan Roman Polanski, Barbet Schroeder, Néstor Almendros, Bernardo Bertolucci, Paul Schrader, Cantinflas, R.W. Fassbinder, Dominique Sanda, para citar solo unos pocos ejemplos. El Grupo de Cali, con Caicedo a la cabeza, consiguió maravillosos encuentros con las actrices Katy Jurado y Ofelia Medina, con el director warholiano Paul Morrissey o con la diva del cine de horror Barbara Steele. Las entrevistas son un género periodístico que a Andrés le encantaba cultivar y, con la gente del cine, lo desarrolló con permanente entusiasmo. En Cartagena, olvidándose del mar y de la brisa, en el delirio y la impaciencia de sus ratos libres, en los respiros helados del Ron Tres Esquinas, nacieron también otras páginas caicedianas de necesaria mención. En *Ojo al cine* están, entonces, los mejores ejemplos de la actividad periodística de nuestro corresponsal y sus resultados finales, tal como él quería verlos publicados. Hay que anotar, de todas maneras, que en marzo de 1977 se estaba desarrollando una nueva edición del Festival de Cartagena. En esos días, Andrés Caicedo puso fin a su existencia, luego de no haber podido renovar la corresponsalía con el diario *El Pueblo*. Pero ya la decisión suicida estaba tomada y nada se podía hacer. El 5 de marzo, cuando Carlos Mayolo, durante la proyección de la prohibida *Saló* de Pasolini, supo la noticia de su muerte, gritó desesperado unos cuantos madrazos metafísicos al Divino Marqués y terminó encarcelado durante unas horas, en Cartagena, por culpa de Sade, por culpa de Pier Paolo, por culpa de la línea de la vida, por culpa del alcohol sin hielo. Fue su homenaje, entre rejas, a la memoria de Caicedo quien, según el mismo Mayolo, "iba a venir al Festival, pero se desanimó".

Cartagena, para finalizar, ha sido el refugio para mucho obstinado cinéfilo local, para mucho *cineclubista* varado, para mucho obsesivo solitario, quienes han visto en la ciudad caribe un perfecto refugio para descubrir muchas películas imposibles de ver dentro de los circuitos comerciales, incluyendo al mismo Caicedo, quien consiguió sentirse a gusto allí, a pesar de haber asistido solo en tres oportunidades. Va aquí, por consiguiente, un tácito homenaje a esta memorable maratón de la cinefilia costeña.

Las películas de su vida

¡Cómo se ve de antigua la película inconclusa *Angelita y Miguel Ángel* de Andrés Caicedo y Carlos Mayolo! Tiene el encanto de recuperar las imágenes de una ciudad, de unos personajes, de una atmósfera, poetizados y universalizados a través del blanco y negro. El cine siempre envejece bien.

El cuento que le sirve de base fue escrito en 1971. A partir del modelo de sus personajes se hizo la adaptación para la pantalla, en una época en la que en el cine colombiano se hacían, sobre todo, documentales. Mayolo ya había dirigido una serie de cortos y, en particular, el mediometraje *Oiga vea*, junto a Luis Ospina. En *Angelita y Miguel Ángel* actúan Pilar Villamizar y Jaime Acosta, este último, el actor de casi todas sus obras teatrales. De igual forma, Andrés representa el personaje de un policía, jugueteando con la imagen de Jerry Lewis. La aventura de rodar un film de ficción era total. Mayolo y Andrés terminarían enfrentados y la película nunca llegaría a su fin. Las latas de *Angelita y Miguel Ángel* estuvieron guardadas durante años en el archivo de Luis Ospina. Hasta que, en 1986, como ya se ha dicho, el director se decidió a "resucitarlo", utilizándolo como base para estructurar su largometraje documental *Andrés Caicedo: unos pocos buenos amigos*, quizás el trabajo audiovisual más completo sobre la vida del autor.

De igual forma, Ospina guardó las cintas de video de unas entrevistas filmadas por Andrés a sus pequeños amigos Clarisol

Lemos (a quien le dedicaría *¡Que viva la música!* y *El atravesado*), Guillermito Lemos, Fosforito y Carlos Tofiño, hablando de drogas y juegos delincuenciales. En ese video se ve el desnudo frontal de Andrés, escondiendo su pipí entre las piernas. Para concluir la galería de imágenes de Caicedo, Ospina grabó, con una cámara de video, de la pantalla de un televisor, la única entrevista filmada que se le hizo a Andrés poco antes de su muerte. Este material, que parecía perdido, forma parte del largometraje *Andrés Caicedo: unos pocos buenos amigos* y, en un contundente balance de fin de partida, en el documental *Todo comenzó por el fin* de 2015.

En 1997, Jorge Navas realizó un largometraje en video titulado *Calicalabozo*, en blanco y negro, en el que un actor, de desconcertante parecido con Andrés, se pasea como un fantasma por las calles de Cali, se cruza con su padre y redescubre sus calles desaparecidas.

Las imágenes filmadas por y sobre Andrés Caicedo, cada vez parecen más los descartes de una película acerca de un personaje de ficción. Año tras año, aparecen más y más aventuras audiovisuales sobre su universo: desde documentales apasionados como *Noche sin fortuna* (2010) de los argentinos Francisco Forbes y Álvaro Cifuentes, hasta la inasible versión de *¡Que viva la música!* (2015) de Carlos Moreno. Cada cual quiere tener su propia razón cuando se trata de reinterpretar a un muerto que se siente como propio.

La caja de Pandora. *El cuento de mi vida*

¿Qué se debe publicar, qué se debe olvidar? ¿Para qué, para quién se escribe? La obra de un escritor que muere por su propia decisión, ¿debe salir a la luz en su totalidad o debe permanecer guardada por respeto a la memoria del que fallece? ¿A quién pertenece la obra? ¿A la familia? ¿A sus amigos? ¿A los lectores? Andrés Caicedo autorizó, en vida, la publicación de sus novelas *El atravesado*, *¡Que viva la música!* y, al parecer, *Angelitos empantanados o historias para jovencitos*. A partir del año 2000 se reeditaron todas sus obras, en libros de más fácil acceso (*Calicalabozo, Angelitos* *empantanados, Noche sin fortuna, El atravesado*, una edición definitiva de *¡Que viva la música!,* todos bajo el sello editorial del Grupo Norma). Pero aún se mantiene pendiente la publicación de otros textos que todavía esperan salir a flote. Cuando se editó el libro *Ojo al cine*, por ejemplo, se quiso abarcar mucho más, publicando dos secciones adicionales en las que se incluyese la correspondencia dirigida a sus amigos del séptimo arte y, en segundo lugar, un apartado en el que se incluyeran al menos sendos fragmentos de los guiones que escribió para el cine, tanto largos como cortometrajes. Finalmente, por razones de extensión, estos dos capítulos se omitieron.

Yo he terminado por pensar que Andrés, a lo largo de su vida, comenzó (y terminó) por inventarse un personaje de sí mismo. Desde muy niño, su vida era una empresa literaria. Lo que pasaba por su experiencia inmediata era consignado, a toda velocidad, en sus cuadernos o en sus cuartillas. Tenía fólderes para comentar todos y cada uno de los libros que iba leyendo. Tenía cuadernos anillados en los que desmenuzaba las películas que iba viendo. Escribía, una y otra vez, sus obras de teatro, sus cuentos y sus novelas, desde su primerísima adolescencia. Esto, me imagino, lo hace un escritor en ciernes. Sin embargo, mucho más contundentes eran sus reflexiones personales. Casi podríamos decir que Andrés todo lo que pensaba, lo escribía. Todo lo que soñaba, noche a noche, lo consignaba en un papel. "M-mejor t-te es-escribo", dicen que le dijo alguna vez a su amigo Carlos Mayolo, cuando iban a empezar una tremenda y celosa discusión. Le escribió una carta de diecisiete páginas. Con los críticos de cine de la revista peruana *Hablemos de Cine* se escribió frenéticamente, pero, cuando fueron a visitarlo a Cali, no fue capaz de dirigirles la palabra. Se quedó mudo.

¿Qué se escribe en un cuaderno de notas "para uno mismo"? ¿Qué se escribe en un "diario"? Galia Ospina, en su libro sobre Julio Ramón Ribeyro, piensa lo siguiente:

> El diarista hace una selección de sí mismo; en muchas ocasiones deja de registrar los momentos felices y se centra más en la crisis,

> los desfallecimientos del ánimo, los quiebres de la voluntad. Como lo dijo Amiel en su diario: "Es confidente del sufrimiento y no de la felicidad, testigo de cargo, no de descargo". Más tarde Ribeyro escribiría en su diario: "El bienestar es mudo y la angustia locuaz".[21]

Andrés vivía de afán. Pareciese como si el tiempo no le fuera a alcanzar nunca. Esa impaciencia y ese frenesí se sienten en su escritura. Sus libros, sus escritos en general, en ningún momento revelan un autor reposado. Por el contrario, Caicedo era frenético en su manera de descascarar las ideas frente a las cuartillas y saborear hasta el cansancio las palabras habladas, para traducirlas en el papel. Nadie ha sabido recrear mejor el lenguaje de los jóvenes caleños en la literatura como lo hizo Andrés, no solo en sus escritos publicados, sino en las miles y miles de hojas que garrapateó a lo largo de su vida.

Y nuevas páginas siguen apareciendo. Esta vez, la sorpresa nos la tenía guardada su familia. Cuando Andrés se suicidó, se encontraron, en su mesa de trabajo, un par de cartas recién tecleadas. Una era para Patricia Restrepo, su novia que se iba y otra para el crítico de cine español Miguel Marías.[22] La familia guardó las copias (Andrés siempre escribió sus cartas con copias en papel carbón) y un tesoro adicional: los cuadernos en los que consignó sus impresiones personalísimas a lo largo de su vida. Estos cuadernos permanecieron celosamente guardados, por respeto a sus padres, por respeto a la memoria. Porque era muy difícil, para sus allegados, enfrentar la muerte compartiendo el terrible látigo de las palabras. ¿Para qué escribió Andrés esas montañas de papel? ¿Para exorcizarse a sí mismo? ¿Para que las cuartillas fuesen

---

21 V. Galia Ospina, *Julio Ramón Ribeyro. Una ilusión tentada por el fracaso*, Fundación Universidad de Bogotá Jorge Tadeo Lozano, Bogotá, 2006.

22 Aunque las dos cartas encontradas ese día no daban cuenta de la intención de un suicidio inmediato, en el libro *Mi cuerpo es una celda. Una autobiografía* (libro recopilatorio de textos de Caicedo, con "dirección y montaje" del escritor chileno Alberto Fuguet, Grupo Editorial Norma, Bogotá, 2008), se reproduce una carta de Andrés, fechada "1975", donde se despide de su madre, anunciándole su muerte por decisión propia.

descubiertas después de su muerte y fueran publicadas como un secreto develado? Es muy probable.

Bueno, pero, ¿qué es *El cuento de mi vida*? Cuando el texto llegó a mi correo electrónico, debo confesar que comencé a leerlo con cierto nervio y con indómita tensión. ¿Y esto cómo se lee? Después de tantos años de seguirle la pista a la obra de Caicedo, ¿cómo enfrentarme a un nuevo e inesperado hijo de más de treinta años? Las dudas se despejaron rápidamente cuando me devoré sus páginas. Allí estaba consignado y confirmado el talento feliz de su autor, su horrorosa sinceridad, su temible sentido del humor, su eficacia narrativa, su poderosa manera de enfrentarse a la autodestrucción, con las herramientas intactas de un escritor que decide inmolarse mientras se enreda en sus palabras. Al leer los textos (que Andrés insiste en *no* llamar diarios), uno queda con la sensación de que su autor vivía algunos asuntos de la vida real para poder escribirlos y reflexionar sobre ellos. La vida, para Caicedo, era preferiblemente escrita. Da la impresión de que su autor quería ser una especie de aciago demiurgo al que le estorbaba el ritmo banal de la existencia, pero lo estimulaba a más no poder su traducción en signos escritos.

Cuatro secciones, extraídas de sus cuadernos personales y dos cartas demoledoras, nos dan cuenta de los pálpitos del corazón delator de Andrés. De repente, el único reproche que le pongo a *El cuento de mi vida* es que queda faltando algo. Uno como que quisiera más. Pero, bueno. Es que con la obra de un escritor suicida siempre va a quedar faltando algo. Y estoy seguro de que los lectores incondicionales de Caicedo siempre querrán, querremos, que se nos rebose la taza. Bienvenido este cuento de la vida de Andrés, que nos abre las puertas, una vez más, al misterio de su muerte.

El libro está compuesto por las secciones "Remontando el río", "Silvia", "De película por Los Ángeles", "La recta final" y las ya citadas cartas a Patricia Restrepo y a Miguel Marías, que por primera vez se publican.

El primer bloque es contundente. Se supone que fue escrito desde la clínica Santo Tomás en Bogotá, en 1976. La primera frase nos sienta en la butaca para seguir con el resto: es una efectivísima parodia del comienzo de *La vorágine* de José Eustasio Rivera para presentarnos la pulsión del narrador por el mal, las travesuras y el sabotaje. Desde muy niño, Andrés pareciese estar por encima del mundo, gracias a su capacidad de andar por debajo. El abismo, en el que se sumergió Caicedo en vida, ya estaba evidente desde las líneas inaugurales de este volumen. Aquí sabremos de la situación de sus padres cuando él nació, de su hermano Juan Carlos que murió prematuramente, de sus tensiones con su papá, sus primeros montajes teatrales y su pasión por la escritura, que comenzó cuando tenía doce años. De allí en adelante, su descubrimiento del TEC, de las drogas, de la cinefilia, de la ciudad de Los Ángeles. De sus experiencias afectivas y destructivas no adelanto nada, porque me tiro el relato. Pero hay frases memorables: "Lo que lo acaba a uno no es la droga, sino los sustos".

En el segundo capítulo, "Silvia", pasamos a la fase telúrica de su autor. Los viajes a fincas, la escritura de sus textos, la obsesión por la duda. Aquí sentimos una vez más la cercanía de Andrés hacia los "pequeños mundos corrompidos" de sus precoces amigos delincuentes, el descubrimiento de los hongos y la bareta y su relación con los capítulos pertinentes en *¡Que viva la música!* El texto fue escrito en 1974, cuando Andrés avanzaba en la escritura de varios materiales y consideraba la posibilidad de fusionarlos. De aquí nos queda la evidencia de que todo lo que se ha publicado de Andrés formaba parte de un proyecto que daba cuenta de la saga de sus *Pelados queridos* como, en algún momento, quiso titular un volumen con sus relatos.

El tercer bloque se titula "De película por Los Ángeles" y anota sus reflexiones personales en la capital del cine. La versión, desde muy adentro de su cerebro, nos informa de su viaje interior frente a la pesadilla de la realidad del séptimo arte. Todo esto se mezcla con el tormento que siente Andrés en relación con su mamá, una atracción y al mismo tiempo un vacío al no encontrar un punto de encuentro con ella, a pesar de su infinita dependencia; ecos de una infancia que se resistió a desaparecer. El capítulo fue escrito hacia 1974, época en la que estuvo en California, siguiendo la ruta de la quimera del oro y buscando, a su manera, el inasible tesoro de la Sierra Madre.

El cuarto bloque es, quizás, el más contundente. Está titulado "La recta final", y se siente, se huele, "una tristeza infernal adentro". Aquí, podemos evidenciar ese personaje que Andrés se inventó de sí mismo de una manera más clara. A partir de su regreso a Cali, en 1973, hasta la fecha de su muerte, vamos a sentir en Caicedo una permanente obsesión por el desmoronamiento, por volver, literalmente, *moronas*, todos y cada uno de sus pasos. Ser juez y parte de una derrota fabricada al milímetro y de la cual no pudo salir, a pesar de los empeños por inventarse una obra que pudo ser mucho más amplia y más rica, pero el tiempo y el afán no se lo permitieron.

Ahora bien, cuando uno lee las dos cartas finales de *El cuento de mi vida*, el lector se pregunta si la famosa frase de Caicedo con respecto a la vergüenza de vivir más de 25 años la quiso volver realidad ese mediodía del 4 de marzo del 77, o simplemente "se le fue la mano" en su decisión. Las cartas no son, ni mucho menos, cartas de despedida. "¿Cómo es posible que alguien se suicide si acaba de comprar una nevera?", se preguntaba Luis Ospina con respecto al final de Andrés, el mismo día en que llegaba el refrigerador a su casa. Quizás la epístola a Patricia Restrepo es la más reveladora y, de alguna manera, nos da cuenta de lo que pasaba en su cabeza con el dolor de la partida de su cómplice. ¿Fue *culpa* de Patricia la muerte de Andrés? Por supuesto que no. El culpable de la muerte de un suicida es el suicida mismo y nadie más. Hay razones, nadie dice lo contrario. Pero la decisión es profundamente personal, quizás la única decisión profundamente personal que se puede tomar en este mundo tan colectivo, tan lleno de obligaciones conjuntas.

El cuento de mi vida es un libro sombrío y, al mismo tiempo, es un libro feliz. Por supuesto que Andrés Caicedo no solo es un escritor sino un personaje de la literatura colombiana. Creo que este volumen tardío nos lo pone más que en evidencia.

¿Qué fue de Andrés Caicedo?

...estimulado por tu ejemplo, es que renuevo el género epistolar, en donde se puede encontrar, después de mi muerte, algo de lo mejor que he escrito.

Andrés Caicedo, carta a Miguel Marías, 1975.

El destino de un hombre parece forjarse a su antojo hasta el momento de su suicidio. Pero más allá de su muerte, nunca se sabe lo que pueda suceder. Sobre todo con un autor que, como Andrés Caicedo, dejó una obra descomunal, en gruesos fólderes, la cual se ha ido publicando de manera similar a como vivió su autor: a tumbos. Cuando, en 1996, publicamos una selección de sus cartas en la revista *El Malpensante* guardábamos, con el director de cine Luis Ospina, la secreta esperanza de consolidar, sobre todo, un volumen que parecía improbable: una colección exhaustiva de sus textos sobre cine. En ese libro habría un capítulo con su correspondencia, el cual, por razones de espacio, hubo que reducir. Quince años después de la organización del material, salió a la luz el libro que titulamos *Ojo al cine*, el cual descubrió, para las nuevas generaciones, la figura de un Andrés Caicedo desconocido, fuera de las fronteras de nuestro Cali natal: el Andrés cinéfilo (o *cinesifilítico*, según sus palabras). Fue un libro muy difícil de sacar a la luz, toda vez que los dueños del balón se resistían a publicar un texto de casi ochocientas páginas, en un país donde no se leía sobre cine. Sin embargo, santa Verónica estuvo de nuestro lado y, por primera vez, logramos ganarle un pulso a los editores, puesto que *Ojo al cine* se convirtió en un texto emblemático. Tanto, que un joven escritor chileno, de paso por la ciudad de Lima, descubrió el libro por accidente y fue como si un rayo lo hubiese tumbado del caballo. El escritor se llamaba, se llama, Alberto Fuguet y, gracias a él, se ha extendido el impacto de la obra de Caicedo más allá de las fronteras colombianas. Con su inagotable entusiasmo se encerró, tiempo después, a forjar un volumen que titularía *Mi cuerpo es una celda. Una autobiografía,* organizado con buena parte del archivo del Cine Club de Cali y de la familia del autor.

Los años multiplican los esfuerzos y, cuando ya pensábamos que el ciclo se había cerrado (en mi caso, con la publicación del libro titulado *Andrés Caicedo o la muerte sin sosiego* en 2007), el hombrecito, como los vampiros que tanto le entusiasmasen, ha salido de su tumba regional. El apasionado traductor Bernard Cohen realizó sendas versiones al francés de lo que se llama ahora *¡Que viva la música!* y *Traversé par la rage*. Hay una nueva edición en lengua italiana de *¡Que viva la música!* (una más, en portugués) y, sobre todo, ha aparecido *Liveforever*, la versión inglesa de su novela emblemática, con una prodigiosa traducción de Frank Wynne, para el sello Penguin Classics, que pondría a su autor a azotar más de una baldosa. Hoy por hoy, se filman películas de todo tipo alrededor de la figura y de la gesta literaria de Andrés Caicedo, se escriben voluminosas tesis en múltiples universidades del mundo y las redes sociales están llenas de nuevos lectores y nuevos curiosos que quieren seguir sus huellas como si fuesen víctimas de una extraña posesión.

Es evidente que, más allá de la muerte, Caicedo ha triunfado. De ese jovencito que regresó de Hollywood, a mediados de los años setenta, con las manos vacías y tres historias para el cine sin vender, hoy existe un autor de culto, quizás uno de los autores más sui géneris en toda la historia de las expresiones juveniles de Colombia. Todo parece indicar que el entusiasmo por su obra no va a detenerse y nosotros, los que procuramos mantener abiertos sus viejos baúles, trataremos de que su aventura literaria no quede inconclusa. Como lo anotamos en su momento, la publicación de la obra completa de Andrés Caicedo no ha dependido de la voluntad de sus pocos buenos amigos, ni de su familia, ni de la comprensión de sus editores. Esperemos que todos los caminos cruzados se junten para que, finalmente, las narraciones tempranas del hombrecito, sus tristes poemas, sus obras de teatro, sus guiones y, sobre todo, su inmensa correspondencia, vean la luz en su totalidad, para conformar así la producción integral de un artista que atravesó el milenio con sus largos cabellos intactos.

4. OSPINA: OIGA / MAYOLO: VEA

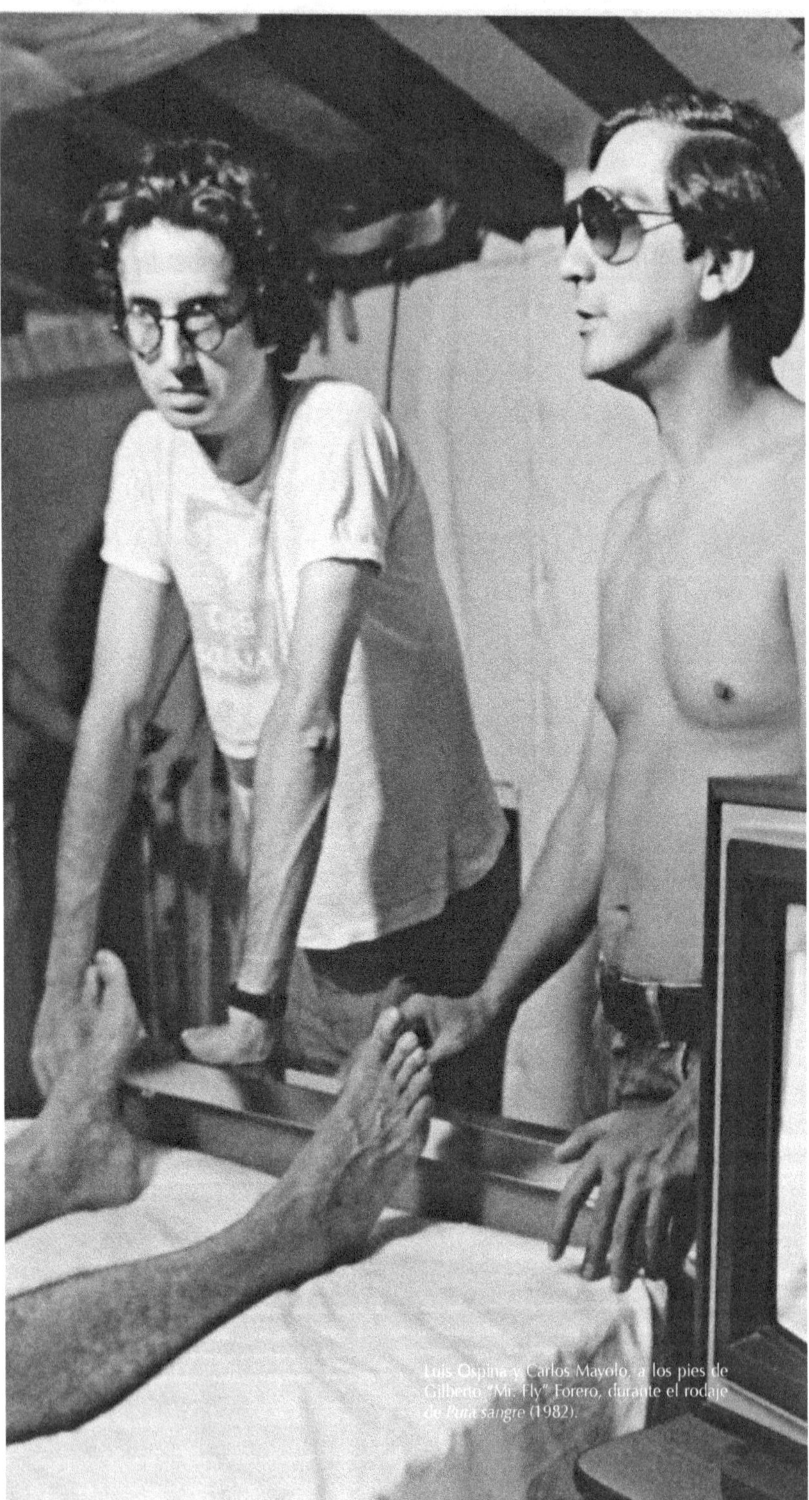

Luis Ospina y Carlos Mayolo, a los pies de Gilberto "Mr. Fly" Forero, durante el rodaje de *Pura sangre* (1982).

De los muertos vivientes[1]

Cero en conducta

Cuando se habla de cine caleño y, en particular, del llamado Grupo de Cali o Caliwood (1971-1991),[2] el nombre de Carlos Mayolo aparece siempre como un ejemplo imprescindible de las imágenes en contra de la corriente. En él se combinaron la irreverencia con el rigor, la cinefilia con el amor por la ciudad, la rumba con el derrumbe. Mayolo nació con el final de la segunda guerra mundial, en 1945, hijo de un ingeniero de minas y de una secretaria bilingüe. Temible niño precoz, contemplativo a causa de la fiebre y entusiasmado por la impaciencia (sus primeras memorias se titularon, en 2002, *Mamá, ¿qué hago?*), terminaría encontrando, en una ininterrumpida infancia, su pasión por la dimensión poética del mundo y por el encuentro de las sazones secretas de la creación; las cuales le llegaron de manera muy temprana, gracias, en especial, al descubrimiento de las películas de género del cine norteamericano. En realidad, los años cincuenta en Cali fueron un modelo de vida del cual quiso desprenderse, una vez se insta-

---

1 Tomándome a Carlos Mayolo muy en serio, este texto en tercera persona es una versión del capítulo escrito para los *Cuadernos de Cine Colombiano*, en su número 21 (Cinemateca Distrital, Bogotá, 2015), cuyas 180 páginas se consagraron al buen genio y la terca figura del director de *Carne de tu carne*.

2 En 1971 se rodaron en Cali las películas *Oiga vea* de Luis Ospina y Carlos Mayolo y *Angelita y Miguel Ángel* de Andrés Caicedo y Carlos Mayolo. Por otra parte, se fundaron el Cine Club de Cali y Ciudad Solar. En 1991 se daría el final de la serie de televisión *Azúcar* dirigida por Carlos Mayolo. Estos límites se plantearon para la realización del documental *Todo comenzó por el fin* (2015) de Luis Ospina.

laron los mitos de los años sesenta en la ciudad. El descubrimiento del cine fue un detonante que le reveló una nueva óptica para curiosear su entorno. Y lo que primero fue un pasatiempo de fin de semana se convirtió en una herramienta para su propia rebelión. Sin proponérselo, Mayolo terminaría siendo un pionero del cinematógrafo, de la misma manera que lo fueron algunos de sus desconocidos antecesores en el oficio de las imágenes.

Como ya se ha dicho, el primer largometraje de ficción realizado en Colombia se hizo en los alrededores de Cali: una versión de la novela romántica *María* de Jorge Isaacs filmada y firmada por Máximo Calvo y Alfredo del Diestro en 1922. La película desapareció casi por completo (solo se conservan escasos segundos en la Fundación Patrimonio Fílmico Colombiano) y, por obra y gracia de la siempre citada santa Verónica ("la santa del cine", según asegura el crítico Hernando Salcedo Silva), 62 años después, su gesta sería reproducida por Luis Ospina y Jorge Nieto en el documental *En busca de "María"*, en el que Mayolo representó el rol de Máximo Calvo, mientras Ospina fue don Alfredo del Diestro. Y la gesta continuó, a tumbos, en la región. Porque el primer largometraje sonoro realizado en Colombia sería, una vez más, dirigido por el citado Máximo Calvo y titulado *Flores del valle* (1939). De igual forma, la primera película en color de la cinematografía local se trataría, una vez más, de una aventura caleña: *La gran obsesión*, realizada en 1955 por Guillermo Ribón Alba; otra curiosidad llena de frustraciones que ha dado para su recuperación y mitificación, gracias a documentales como *Cali: ayer, hoy y mañana* (1995) de Luis Ospina. Estos saltos cronológicos tendrán una regular inconstancia, hasta que el nombre de Carlos Mayolo primero, y después el del siempre citado Luis Ospina, convirtieron a los cineastas del occidente de Colombia en un ejército de pioneros, cuya constante sería la de encontrar en las imágenes en movimiento un recurso para vencer la realidad frente al olvido.

Los años sesenta sorprendieron al futuro director Mayolo Velasco en Bogotá, luego de pasar una temporada interno en la Academia Ramírez de la capital de la república, tras ser expulsado de *todos* los colegios de niños bien de Cali. Desesperada, doña Nydia

Velasco envió a su hijo incorregible a los claustros helados, donde el pequeño, en lugar de ajuiciarse, terminaría siendo una especie de representante del film *Zéro de conduite* de Jean Vigo, al conocer al futuro poeta y desastre natural Harold Alvarado Tenorio, identificado en el ambiente cultural del terruño como Matraca. Convertido en un brillante delincuente juvenil, Mayolo salta del internado a la vida bohemia, y de allí a asociarse con el nadaísmo, la izquierda y el teatro de vanguardia no había sino un paso. Es a partir de ahí que el realizador caleño terminaría siendo, sin quererlo, un nuevo pionero. Inmerso en el mundo de la publicidad, curioseando los secretos de la fotografía y enamorando la belleza de las modelos, Mayolo aprendió a mirar el mundo a través de los lentes de las cámaras. Y todo se convirtió en un pretexto para ser contado. La publicidad florecía poco a poco en Colombia y, gracias a la confianza que le brindaron sus jefes y tutores, el futuro director comenzó no solo a realizar comerciales, sino a contar historias a través de ellos.

Como suele suceder en estos casos, las fechas no coinciden. Según su cómplice incondicional, el cineasta Luis Ospina, la historia del Mayolo realizador comenzó con el pequeño film titulado *En grande* (1967) (hoy desaparecido, como tantas películas pioneras en la historia del cine). Poco tiempo después, entre 1967 y 1968, con el apoyo de Gregorio González (heredero de ricos ganaderos vallunos), Mayolo corrió el riesgo de inventarse un pequeño experimento cinematográfico titulado *Corrida* (1967-1968), revelando los materiales en casa y secando los negativos en las cuerdas del patio de ropas. Pero los libros confunden las fechas: según el *Reportaje crítico al cine colombiano* de Umberto Valverde, *Corrida* pertenece a 1968; mientras *En grande* (definida como "documental industrial") fue realizada en 1969. Si nos ponemos exhaustivos y vamos a las fuentes, en los dos libros de Mayolo (*Mamá, ¿qué hago?* y *La vida de mi cine y mi televisión*) *En grande* no aparece en la filmografía y *Corrida* se considera un trabajo de 1965. Así mismo, en los citados textos autobiográficos de Mayolo, aparecen títulos como *El basuro* (1968) o *Una experiencia* (1971), los cuales no aparecen referenciados en el libro de

Valverde.[3] Estas voluntarias "imprecisiones" parecen ayudar a comprender el espíritu de Mayolo: es muy poco probable que, en sus inicios, estuviese trabajando "para la historia del cine"; por el contrario, sus urgencias se concentraban en el aprendizaje personal, en sus nacientes ideas revolucionarias y en el entusiasmo por el descubrimiento de un nuevo mundo creativo. Poco a poco, la fascinación por el momento del rodaje representará la esencia de la producción de Mayolo y, quizás por ello, un film inacabado era, a su vez, una experiencia cinematográfica digna de tener en cuenta. La vida sería, según Mayolo, un pretexto para rodar y rodar.

Siguiendo con la prehistoria de nuestro realizador, hay un dato que podría ser revelador en las pesquisas de sus orígenes: la llegada del poeta ruso Evgueni Evtushenko a Bogotá, en 1968. Por aquellos días, en los que comenzaba a inventarse la llamada Casa de la Cultura en Bogotá[4] (el germen de lo que luego se conocerá como el Teatro La Candelaria), Mayolo decidió "enriquecer" su pequeño film, apoyándose en un poema del citado escritor soviético. Luego, en una reducida versión de 3 minutos, el joven caleño reeditó su experimento con una canción de Bertolt Brecht interpretada por Carlos Parada, actor de la Casa de la Cultura, conocido en el medio como Charlieboy. Una vez más, para Mayolo no había obras terminadas. Su afán, su necesidad, su curiosidad de niño, lo obligaban a armar y desarmar de manera continua sus tesoros creativos, muchas veces hasta dejarlos inservibles. No es muy extraño, por consiguiente, suponer que *Corrida*, hoy por hoy, sea una curiosidad de la prehistoria del cine moderno en Colombia que ha desaparecido, quizás para siempre. Aunque nunca se sabe.[5]

---

[3] El libro de Valverde (Toronuevo, Bogotá-Cali, 1978), escrito a partir de distintas conversaciones con realizadores colombianos, dice, refiriéndose a la entrevista con Carlos Mayolo y Luis Ospina, que esta fue "revisada y autorizada el 12 de septiembre del mismo año (1977)".

[4] Según una broma frecuente del director de teatro Santiago García, la Casa de la Cultura fue fundada "el 6° día del 6° mes de 1966 a las 6 de la tarde".

[5] Comenzando el año 2015, y coincidiendo con los homenajes que se le rindieron a Carlos Mayolo en el Ficunam de México D.F. y en Bogotá (Cinemateca

El conjunto de películas que sí existen y que figuran, más o menos en orden, en las distintas filmografías de Mayolo es una tríada compuesta por los títulos *Quinta de Bolívar, Iglesia de San Ignacio* y *Monserrate*, realizadas entre 1969 y 1971. Se trataba de una serie de cortometrajes producidos por la empresa Corafilm, en una época en la que reinaban los experimentos documentales, los cuales degeneraron, años después, en el polémico "cine de sobreprecio" que tendría su sentencia de muerte gracias al escándalo desatado por el mediometraje *Agarrando pueblo* (Mayolo/Ospina, 1978). Tanto *Quinta de Bolívar* como *Iglesia de San Ignacio* (ambos realizados con fotografía de Víctor Morales, quien, dos décadas después, se encargó de la cámara de *En busca de "María"*), eran cortos de indagación, de contrapunto entre la imagen y el sonido. Recurso que Mayolo desarrollaría con corrosivo humor en *Monserrate*, con la creativa participación de Jorge Silva, documentalista que por aquellos días estaba en el proceso de consolidación de su ya memorable *Chircales*, documental correalizado con Marta Rodríguez.[6] Si se mira en perspectiva, es indudable que *Monserrate* es el comienzo de un lenguaje y el encuentro con la mirada de un realizador que contaba con inusitados recursos expresivos. Esta poderosa intuición se consolida cuando Mayolo se reencuentra con Luis Ospina, su amigo de la infancia, y entre los dos deciden filmar, desde la retaguardia, los VI Juegos Panamericanos de Cali, en 1971.[7]

Distrital, Patrimonio Fílmico...), apareció una copia del documental titulado *Contaminación es*, de 1975, según la filmografía del libro *Mamá, ¿qué hago?* (Oveja Negra, Bogotá, 2002) y se encontró el negativo del cortometraje *Cali de película* (Mayolo y Ospina, 1973). Aún no se sabe nada del destino de algunos de sus experimentos de los años sesenta ni del curioso film promocional titulado *Rodando por el Valle* (1985).

6 *Chircales* (1966/1972) es un documental realizado por Marta Rodríguez y Jorge Silva sobre los trabajadores del ladrillo en el barrio Tunjuelito de Bogotá.

7 Sobre la historia de *Oiga vea*, véase Katia González, *Cali, ciudad abierta. Arte y cinefilia en los años setenta*, Ministerio de Cultura, Bogotá, 2012. Segunda edición: Universidad de los Andes/Ministerio de Cultura, Bogotá, 2015.

Ospina, quien estudiaba cine en Los Ángeles, se une creativamente a Mayolo en la misma época en la que se consolida un espacio decisivo para los jóvenes artistas caleños llamado Ciudad Solar.[8] Ese mismo año, Andrés Caicedo, Luis Ospina, Carlos Mayolo, Hernando Guerrero, Eduardo Carvajal y Ramiro Arbeláez, entre otros, se echan al hombro el ya mítico Cine Club de Cali[9] y, al mismo tiempo, se produce el documental de 27 minutos, en 16 mm, blanco y negro, conocido para la historia como *Oiga vea*. En un principio, el film era una suerte de película-respuesta al desaparecido largometraje *Cali, ciudad de América,* dirigido por Diego León Giraldo, en el que se daba la mirada "oficial" de una gesta deportiva duramente criticada por las vanguardias del lado zurdo de la vida. Sin guion, sin un plan de trabajo preciso, con el "oiga" de Ospina y el "vea" de Mayolo (es decir, el sonido y la imagen respectiva del documental) nació una película que terminaría siendo todo un manifiesto de cómo realizar un film a contracorriente, sin tener que hacer concesiones ni al público ni a la crítica, y mucho menos a productores o exhibidores. La película se distribuyó "con el proyector al hombro", en sindicatos, universidades y cineclubes, primero, y luego en festivales internacionales que comenzaron a recibir los films colombianos como parte del llamado "tercer cine", cuando Latinoamérica se ponía de moda en el mundo gracias a la revolución cubana, a Allende, al *boom* de la narrativa o a los escenarios de la creación colectiva.

La revolución caleña

Una vez más, entre 1972 y 1973, son tan importantes en la vida creadora de Mayolo tanto sus películas realizadas como sus proyectos no terminados. Es una época en la que la militancia revolucionaria entraba en tela de juicio con el jipismo, las drogas, la pasión por el cine (en especial, el estadounidense) y la naciente

---

8 Sobre la historia de Ciudad Solar, véase *Ibid.*

9 Sobre la gesta del Cine Club de Cali, véase el capítulo 3 dedicado a Andrés Caicedo.

salsa neoyorkina. ¿Cómo conciliar a Richie Ray con el Che Guevara, a Woodstock con el camarada Gilberto Vieira, a Roger Corman con Enrique Buenaventura? Esta dialéctica entre el rigor y el placer se consolida en la nueva experiencia al alimón de Ospina y Mayolo titulada *Cali de película* (1973), en la que se descomponen, de manera anárquica, los íconos de la otrora llamada Feria de la Caña de Azúcar, con nostalgias del documental *À propos de Nice* (1930) del citado Jean Vigo y toda suerte de juegos en contrapunto audiovisual. En su momento, el citado cortometraje (que pasó, para sorpresa de todos, como un film de sobreprecio) tuvo opiniones divididas, ante sus aparentes concesiones al sistema. Hoy por hoy, es un testimonio único del Cali de los años setenta, cuyas imágenes han sido reproducidas en muchos documentales posteriores, "dialogando" con los nuevos tiempos, desde la perspectiva de su desopilante jugarreta.[10]

En ese mismo año sucedieron dos acontecimientos frustrados, pero de alguna manera simbólicos para el cine de Cali: por un lado, el cortometraje de alta militancia titulado *Viene el hombre* (1973), una suerte de videoclip revolucionario, a partir de una canción "protesta" de Nelson Osorio.[11] Por otra parte, Mayolo había concluido, con Andrés Caicedo, el rodaje de la película inacabada *Angelita y Miguel Ángel* (1971), primer intento de hacer un film de ficción a partir de uno de los relatos del autor de *¡Que viva la música!*, cuyos personajes se desarrollan en los libros (publicados de manera póstuma) *Angelitos empantanados o historias para jovencitos* y *Noche sin fortuna*. En ambas películas, las posturas dogmáticas de la izquierda terminaron abortando los resultados.

---

10 En la época de su estreno, el público "comprometido" se molestaba cuando, en los créditos finales, aparecía un texto que anunciaba: "Esta película fue patrocinada por la Industria de Licores del Valle", pues se consideraba que el film le estaba haciendo "concesiones al sistema".

11 *Viene el hombre* (creación colectiva, 1973) es un documental realizado en medio de los fervores revolucionarios, cuyos resultados parecen refugiarse "en la cinemateca del olvido". Fragmentos de sus imágenes pueden verse en los documentales *Un tigre de papel* (2007) y *Todo comenzó por el fin* (2015) de Luis Ospina.

Por fortuna, el film de Mayolo/Caicedo fue recuperado por Ospina en su documental *Andrés Caicedo: unos pocos buenos amigos* de 1986, en el que se intuye lo que sucedería entre los gestores de *Angelita y Miguel Ángel, the movie*: "la lucha de clases" en el seno de una creación artística. Por un lado, la fuerte presencia de los personajes del relato de Caicedo (jovencitos caleños salpicados por una extraña epidemia gótica) que, al tener contacto con los antihéroes *proletos* (quienes ya se vislumbraban en el cuento titulado "El tiempo de la ciénaga"), son aprehendidos por Mayolo para tratar de construir una "segunda parte" en la que se vería la vida cotidiana de los barrios populares de Cali. Este cruce de caminos, en apariencia irreconciliable, hizo que *Angelita y Miguel Ángel* no fuese terminada en vida por sus gestores y que Luis Ospina, "el dragón que cuida los tesoros"[12] del cine caleño, se encargara de recuperar sus restos y convertirlo en el eje estructural de su celebrado documental de mediados de los ochenta.

Dos años después, los juegos creativos de Mayolo vuelven a la carga, esta vez en solitario. Al parecer, cada vez se hacía más difícil su trabajo de realización a cuatro manos. Pero Mayolo no puede detenerse, porque sus necesidades de "creación física" parecen imparables. Así, mientras se mantiene con su "servicio militar" en la publicidad, cuatro nuevos cortometrajes (dos documentales, dos ficciones) continúan engrosando la lista de sus producciones. Según su particular cronología, Mayolo recuerda el film titulado *Contaminación es...*, producido por Corafilm para Suramericana de Seguros, el cual, al parecer, fue realizado para tratar de cuestionar "desde adentro" los propósitos institucionales de la compañía aseguradora. Es muy poco lo que se dijo, en su momento, sobre esta película; pero sí se sabe lo suficiente de *Sin telón*, *La hamaca* y *Rodillanegra*, tres aventuras visuales realizadas por Mayolo con el apoyo de su esposa Patricia Restrepo[13]

12 La "broma" viene del epitafio de Jean Cocteau sobre la tumba del director de la Cinémathèque Française, Henri Langlois: "Ce dragon qui veille sur nos trésors".

13 Aunque parezca extraño en una personalidad como la de Mayolo, la directora y guionista Patricia Restrepo y él estuvieron casados entre 1973 y 1976.

(quien fuese también compañera de Luis Ospina y, sobre todo, de Andrés Caicedo en la época de su suicidio). Los tres cortos presentan distintos problemas técnicos, de aprendizaje del oficio, pero demuestran, a su vez, la diversidad creativa de su gestor. *Sin telón* es, hoy por hoy, un documento invaluable, no solo para el cine, sino para el teatro colombiano, pues se trata de un testimonio único del proceso de montaje de *Guadalupe: años sin cuenta*, la obra maestra del Teatro La Candelaria a mediados de los años setenta. *La hamaca* es un divertimento "feminista" con la presencia de dos actores del Teatro Experimental de Cali, a partir de un cuento del escritor barranquillero José Félix Fuenmayor. Y *Rodillanegra* es la versión de un relato del caleño Umberto Valverde sobre el mundo de las ilusiones frustradas de un jugador de fútbol de extracción popular, donde se destaca una escena en la que los jóvenes deportistas roban a unos gringos en el río Pance, en una situación (con desnudo frontal de Luis Ospina) que parece emular uno de los célebres episodios de la novela *¡Que viva la música!* de Andrés Caicedo.

Las colaboraciones de Mayolo y Ospina regresan, en 1976, con la filmación de un arriesgado cortometraje de ficción titulado *Asunción*. La empleada doméstica de la mamá de Mayolo (Marina Restrepo) representaba el rol protagónico, en una película que parecía evocar la rebelión de los marginales en la *Viridiana* del siempre admirado Luis Buñuel. Una vez más, las fechas parecen confundirse y es muy probable que *Rodillanegra* haya sido realizada después de *Asunción*. Pero estos detalles se vuelven difíciles de confirmar en la frenética velocidad vital de Mayolo, toda vez que su vida parecía tomar, por aquellos días, nuevos rumbos y su polémica militancia política iba girando, poco a poco, de la revolución a la fiesta desenfrenada. Ese tránsito se da, en primer término, con la realización de *Agarrando pueblo* (1978) y, en segundo lugar, con su primer viaje a Europa, el cual tendría como resultado la filmación de su cortometraje *Bienvenida a Londres* (1978), codirigido con la joven estudiante de cine María Emma Mejía.

> *Agarrando pueblo* es una película que era necesario hacer. Yo pensaba escribir un artículo sobre la *pornomiseria*, sobre cómo la miseria se filmaba y se exportaba, y cómo la gente con solo filmar al pobre creía que ya había cogido a Latinoamérica por los cachos, y en Latinoamérica faltaba mucho por analizar. Es un argumental sobre cómo no se debe hacer un documental en América Latina.[14]

Así presentaba Mayolo la última película que realiza compartiendo el crédito de dirección con Luis Ospina. Ya desde 1974 la crítica de cine se había convertido en una preocupación de los miembros del Cine Club de Cali, hasta que la necesidad dio sus frutos con la creación de la revista *Ojo al Cine*. En su número inicial, Mayolo escribe un artículo, en compañía de Ramiro Arbeláez ("Secuencia crítica del cine colombiano"), en el que plantea sus principales reflexiones sobre lo que producían, hasta el momento, los realizadores locales. Al no poder financiar sus propias películas, se hacía necesaria una aproximación escrita a la fascinación cinéfila. Sin proponérselo, los caleños comenzaron, por un lado, a acercarse a la postura de la revista *Cahiers du Cinéma* en su defensa del cine de autor, y por el otro, a convertirse en directores que construyen su obra (como Godard, Truffaut, Rohmer o Chabrol) gracias a las herramientas obtenidas a través de la escritura sobre el cine. *Agarrando pueblo* es un film-ensayo, un film militante, un film sobre el cine; un falso documental (unos cineastas, vistos en blanco y negro, que capturan la realidad, en color, a través de sus cámaras oportunistas), en el que el propio Mayolo, acompañado por su *cameraman* (Eduardo Carvajal), interpreta al realizador oportunista que se nutre de la miseria para conquistar futuros mercados europeos. Pero se atraviesa en su camino "un proleto auténtico" (el actor natural Luis Alfonso Londoño, quien ya había aparecido en el documental *Oiga vea*), el cual termina limpiando su trasero, frente a la cámara, con los billetes con los que intentan comprarlo. Al final, Ospina y Mayolo entrevistan a Londoño y el

---

14 Carlos Mayolo, *La vida de mi cine y mi televisión*, Villegas Editores, Bogotá, 2008, solapa.

argumental se hace realidad, el documental destapa sus cartas y la ficción regresa a la vida. Ganador de varios premios internacionales, *Agarrando pueblo* termina agarrando al público de distintos festivales europeos y, poco a poco, se fue convirtiendo en una película de culto.

Aprovechando los consecutivos reconocimientos, Mayolo empaca sus maletas y viaja por primera vez a Europa, en compañía de su nueva cómplice, la *script*, guionista, asistente y realizadora Elsa Vásquez. El director caleño se codea con la marginalidad y combina el descubrimiento de los grandes festivales con las aventuras en la espesura de la flora y la fauna cinematográficas. Hacia 1978, con las herramientas del oficio en su bolsillo, viaja a Londres y conoce a María Emma Mejía, quien trabaja en el consulado de su país. La futura figura de la política se entusiasma con el deslumbrante realizador. Profesional en entusiasmar a los más escépticos, Mayolo convence a María Emma de codirigir una película, tras conocer la historia de una compatriota *au pair* que se suicida en Londres durante la noche de Navidad y cuyos restos nadie reclama. Las cenizas de la joven se conservaban en la caja fuerte del consulado de Colombia. Junto a María Emma Mejía filman *Bienvenida a Londres*, la cual se convierte en la única experiencia que el director realiza en Europa. Aunque Mayolo pensaba que la película terminó “guardada en un cajón” de la futura directora de la Compañía de Fomento Cinematográfico (Focine), lo cierto es que el cortometraje londinense de Mayolo siguió circulando, e incluso pueden verse sendos fragmentos en el documental *Mayolo, de película* realizado por Roberto Triana en 2006, pocos meses antes de la muerte de nuestro protagonista.

Los años ochenta coinciden con el *boom* de los largometrajes caleños. El primero que dio la largada fue el director Pascual Guerrero,[15] quien, luego de la realización de la película *El lado oscuro del nevado* (1980), se lanzó a la aventura de dirigir una comedia musical que se tituló *Tacones* (1982). Cinéfilos de todas las tendencias participaron en la aventura, y entre ellos se encontró

[15] Como se anotó antes, sus películas figuran firmadas como Inti Pascual.

Carlos Mayolo, el cual ofició como director de arte y eventual camarógrafo. La película desapareció de la historia, luego de su estreno local, al parecer por problemas con los derechos musicales y, hoy por hoy, es otro de los deliciosos enigmas de un cine que se nutre de sus curiosos espectros.[16]

De todas maneras, la semilla de *Tacones* dejó sus frutos y coincidió con la época en la que Focine comenzó a prestar dinero para que los realizadores colombianos realizasen sus largometrajes.[17] El primero de la lista fue el director Luis Ospina, quien en 1981 rueda su ópera prima titulada *Pura sangre* (estrenada en 1982). Uno de sus actores protagónicos sería Carlos Mayolo, representando un siniestro violador y asesino de niños.[18] Años atrás, Andrés Caicedo fue el primero de la generación del Grupo de Cali en manifestar su fascinación por el horror a través de sus relatos, influidos por Allan Poe o H.P. Lovecraft. Ospina continúa dicha tendencia con un film inspirado en la leyenda del Monstruo de los Mangones que asoló a Cali en la década del sesenta. Dos años después, Mayolo continuaría la ruta de la sangre con su largome-

---

16 La leyenda de *Tacones* llegó hasta el mundo del *performance*: en el año 2013 la artista Mónica Restrepo realizó una experiencia denominada *Del dicho al hecho y una puesta en verbo de* Tacones (una obra en dos instantes) – *Comentarios sobre* Tacones *in the making – proyecto bloc* 2013, en la que trata de recuperar los pasos perdidos del film, desde la perspectiva de la instalación y, por qué no, de la ironía.

17 A propósito de desapariciones: en 1980, la compañía que produjo *Tacones* les encomendó a los directores Fernando Vélez (camarógrafo de las secuencias en blanco y negro de *Agarrando pueblo*) y Carlos Mayolo la realización de un corto de ficción titulado *Cuentas claras, chocolate espeso*, a partir de un relato del periodista Henry Holguín. El film se rodó y, al parecer, se hizo una primera edición del mismo. Pero también desapareció. Otro dato para la sinfonía inconclusa de la filmografía de Mayolo.

18 Antes de embarcarse en la aventura de *Pura sangre*, Mayolo trabajó como asistente de dirección en el largometraje *Fuga*, dirigido por el italiano Nello Rossati, con la producción de Rafael Culzat y Carreta Films. En dicho film participó a su vez Elsa Vásquez como *script*. La película se estrenó en 1981 y tuvo un discreto éxito local. Como dato complementario, es preciso recordar que Mayolo participó en el taller de dirección de actores para cine, dirigido por el realizador español José Luis Borau en Cali y en el taller de dirección de fotografía dictado por Michael Ballhaus en Medellín.

traje *Carne de tu carne*, film "de época" en el que se reconstruye "la explosión de Cali" en 1956, cuando estalla una decena de camiones cargados con dinamita. Al mismo tiempo, la película se va convirtiendo en un relato de pasiones incestuosas y fantasmas de antepasados, en el que el miedo va configurando lo que algunos años después se llamará "el gótico tropical".[19]

El entusiasmo por el cine en Cali no se detuvo.[20] Toda una generación de jóvenes se subieron al bus de la realización, y Mayolo sirvió como líder de muchos proyectos a lo largo de la década del ochenta. Antes de su segundo largometraje, el director caleño realizaría dos mediometrajes para la televisión canadiense, como parte de la serie titulada *Les films du monde* (*El Dorado* y *La madremonte* eran sus títulos, ambos realizados en 1984). Poco tiempo después, se embarca en un nuevo par de films en 16 mm para la serie, producida por Focine, denominada *Cine en televisión*. Y a pesar de tratarse de un documental y una ficción, ambos tenían de nuevo la pasión por reivindicar la estética y la identidad de una ciudad. Sus títulos: *Cali, cálido, calidoscopio* (1985; radiografía de la capital del Valle del Cauca, más allá de los extremos iconoclastas de *Oiga vea* o *Cali de película*) y el film de ficción *Aquel 19* (1985), a partir de un guion escrito por Umberto Valverde, moderna versión de *Romeo y Julieta*, situada en un barrio popular caleño durante los años sesenta, con fondo de pachangas, boleros y charangas. Uno de sus actores era, de nue-

---

19 En los archivos de la obra inédita de Andrés Caicedo se encuentran los fragmentos de un guion titulado *No me desampares ni de noche ni de día*, en el que se encontraría la génesis de *Carne de tu carne*. A propósito de las secretas correspondencias entre la obra de Caicedo, Mayolo y Luis Ospina, el documental *Todo comenzó por el fin* (2015) es el rastro autobiográfico más completo sobre los vasos comunicantes entre los tres creadores.

20 Tras el rodaje de *Carne de tu carne,* la empresa que produjo la ópera prima de Mayolo (Producciones Visuales) realizó para la compañía Proyectamos Televisión una serie de cuatro capítulos denominada *Cuentos de espanto*, escritos por Sandro Romero Rey y dirigidos por Mayolo. Una vez más, se trata de experiencias audiovisuales de las que no se encuentra el rastro. *Cuentos de espanto* fue la primera experiencia de Mayolo en el mundo de la realización de ficciones para televisión.

vo, el joven David Guerrero, quien ya había sido el protagonista de *Carne de tu carne.*

Pero quizás el momento de mayor euforia creativa del llamado Caliwood[21] se dio durante el rodaje de *La mansión de Araucaíma* (1986), adaptación escrita por Julio Olaciregui y Philip Priestley,[22] quienes se habían ganado un concurso de guiones convocado por Focine, a partir de un relato escrito por el colombiano Álvaro Mutis en 1973. En ese momento, la directora de la Compañía de Fomento Cinematográfico era María Emma Mejía, la antigua colaboradora londinense de Mayolo, quien le propone al caleño que dirija el film, pues el tono del mismo se adaptaba, como anillo al dedo, a sus preocupaciones formales, tras el delirio visual de *Carne de tu carne.* El rodaje de *La mansión de Araucaíma* fue el momento culmen de la explosión cinematográfica del Cali de los ochenta: prácticamente todos los que allí participaron eran colombianos, salvo los dos actores brasileros invitados.[23] Por fin se consolidaba un equipo de locales especialistas en los distintos oficios del cine. A pesar de tratarse de una obra con precisas referencias a su modelo literario, Mayolo se encargó, apoyado en sus colaboradores, de darle a *La mansión de Araucaíma* un toque muy personal, complementándola con los lugares comunes del cine de Cali y reafirmando sus ideas sobre el gótico tropical, que ya Mutis había referenciado en el subtítulo de su relato.[24] Fábula

---

21 Como se ha dicho, la expresión fue acuñada en una de las frenéticas fiestas del Grupo de Cali, cuyos juegos de palabras eran tan excesivos y desenfrenados como los límites de sus travesuras vitales y audiovisuales. En el año 2008, se funda en la capital del Valle del Cauca un espacio denominado Caliwood. Museo de la Fotografía, el cual registra la broma y decide darle un carácter mucho más reverencial.

22 En los créditos del film figuran Mayolo y Sandro Romero Rey, en la adaptación del guion.

23 Tanto José Lewgoy (1920-2003) como Antonio Pitanga (1939) habían sido actores en algunas películas de Glauber Rocha, director por el cual Mayolo sentía especial fascinación.

24 *La mansión de Araucaíma* tiene como subtítulo la frase "Relato gótico de tierra caliente". Según la leyenda ampliamente difundida, Mutis escribió la historia como una suerte de tratamiento para su amigo Luis Buñuel, con el fin de ga-

de la destrucción a través de los entresijos de la promiscuidad, alegoría de la inocencia sacrificada en las garras de un desorden establecido, mezcla de Buñuel,[25] del Marqués de Sade, de Glauber Rocha, *La mansión de Araucaíma* es una rara avis en la historia del cine colombiano. En ella todo está creado en función de una farsa trágica, en la que la música, la dirección de arte, el modelo de las interpretaciones e, incluso, las trapacerías del montaje, todas a una, son puestas en función del film, sin tener que recurrir a préstamos innecesarios o a artificios extraños a su propio delirio.

Al parecer, la historia del cine de Mayolo terminaría con este, su segundo largometraje.[26] Pero, en realidad, hubo un acontecimiento que, de alguna manera, cerraría con accidentado broche de oro la historia del Caliwood ochentero: se trató de la llegada de Werner Herzog y su tropa, Klaus Kinski incluido, para el rodaje de la película *Cobra verde* (1987), verdadero acontecimiento memorable para los cineastas locales. Gracias a la complicidad de Salvo Basile, actor y productor italiano radicado en Cartagena, Herzog visitó Cali y sus alrededores para mirar locaciones de su próxima aventura cinematográfica. Al mismo tiempo, decidió mirar algunos de los films locales y se sintió especialmente atraído por *La mansión de Araucaíma.* No solo contrató al actor natural y tramoyista Gilberto "Mr. Fly" Forero y al mismísimo Mayolo como actores en algunas escenas que serían filmadas en Cartagena de Indias, sino que pidió, incluso, el cuadro que sirve de fondo para la secuencia de los créditos como elemento para su utilería. Finalmente, *Cobra verde* sería filmada (los fragmentos que corresponden al Brasil dentro de la historia) en Villa de Leyva, Cartagena y los alrededores azucareros de Cali. Mayolo

---

narle una sana apuesta: el aragonés insistía en que la literatura gótica solo era posible en medio del frío y la niebla de los castillos medievales, mientras que el escritor colombiano aseguraba que en las grandes casonas del trópico también era posible construir relatos de horror.

25 La película *Susana (carne y demonio)* (1950) presenta curiosas coincidencias con el relato de Álvaro Mutis.

26 Habría que citar aquí también el cortometraje *Rodando por el Valle* (1985) realizado en la época en que se rodó *La mansión de Araucaíma.*

no participaría en las secuencias "vallecaucanas", sino en algunas escenas rodadas en la costa atlántica. Mayolo sufrió en carne propia los delirios de Klaus Kinski, compartiendo escenas en inglés con el actor alemán, víctima de su legendaria megalomanía.[27] El accidentado rodaje de *Cobra verde* coincidiría con el lento viaje de Mayolo a la capital colombiana, donde irá instalándose poco a poco. Y coincidiría, a su vez, con su lento tránsito hacia la pantalla chica. Finalizando la década del ochenta, Cali y Bogotá son los lugares donde pasaría largas temporadas en la nueva etapa de su vida. Poco a poco, el "mueble" de la televisión terminaría copando los espacios creativos del nuevo Carlos Mayolo. Y si Caliwood parecía esfumarse, había nuevos territorios que resultaron propicios para su desorden creativo.

Cine en televisión

Mi alma se la dejo al diablo (1987), dirigida por Andrés Agudelo, y *Los pecados de Inés de Hinojosa* (1988), dirigida por Jorge Alí Triana, ambas producciones de RTI Televisión, sirvieron para que Mayolo se colase, poco a poco, en el nuevo paisaje audiovisual. En ambas realizaciones, Mayolo participó como actor e, incluso, en la primera de ellas, se hizo responsable de una suerte de *making-of*, durante las accidentadas grabaciones en la selva amazónica. La carismática presencia de Mayolo en los corredores de la entonces programadora RTI no pasó inadvertida y, poco a poco, comenzó a dirigir. Primero, algunos episodios de la serie unitaria titulada *Suspenso 7:30* (1987-88) mientras diseñaba, para RCN Televisión, su inmenso fresco de tres generaciones titulado *Azúcar* (1989). El éxito de la serie (se emitía un capítulo semanal de una hora) no se hizo esperar. Diseñada por Mayolo, a partir de una idea original de

---

27 Del Grupo de Cali trabajaron, en *Cobra verde,* Miguel González, Karen Lamassonne y Sandro Romero Rey, como asistentes de dirección, sin contar el amplio número de extras y actores locales que participaron en dichas secuencias. Para una mejor comprensión del rodaje de *Cobra verde* en Colombia, véase Sandro Romero Rey, "La ira de Dios. Recuerdos de Klaus Kinski en Kolombia", en *El Malpensante*, Bogotá, No. 86, 2008.

Rodolfo Gómez, *Azúcar* tuvo un largo y complicado proceso, cuya primera estructura fue escrita por Virgilio Trespalacios y Sandro Romero Rey. De este diseño se aferró el libretista Mauricio Navas, con quien Mayolo trabajó la mayoría de los capítulos. Finalmente, el entonces joven Fernando Gaitán[28] terminaría *libreteando* la última etapa, cuando *Azúcar* se había convertido en una suerte de delirio fantasmal de insólita verosimilitud. Quizás nunca en la televisión colombiana se gestase un trabajo de semejantes dimensiones y delirios poéticos. En un principio, se concibió como una serie que ahondaba en el mestizaje cultural en el Valle del Cauca, con estupendas reconstrucciones de época. Pero pronto *Azúcar* fue transformándose, de acuerdo con el progresivo desenfreno creativo de su realizador, en una saga de muertos vivientes en la que sus protagonistas llegaron a buen final tan solo con la paciencia de sus excesos. Hoy por hoy, *Azúcar* es considerada un clásico de la moderna televisión colombiana, quizás por el recuerdo de su estupenda primera parte, antes que por el desmadre triunfal de su desenlace. Emitida entre 1989 y 1991, *Azúcar* fue la mejor carta de presentación del talento de Mayolo. Ganadora de múltiples premios nacionales, la serie convirtió a su director en un exitoso realizador de amplio reconocimiento, aunque, al mismo tiempo, los excesos de todo tipo terminarían devorándoselo. Sin embargo, hasta el año 2001, Mayolo tendría el entusiasmo y el aliento para producir exquisitos productos televisivos, en los que su épica obsesión por los grandes frescos cinematográficos se dejó colar en experiencias como *La otra raya del tigre* (1993; basada en la novela de Pedro Gómez Valderrama), o su elegante realización alcanzó momentos memorables en las comedias románticas *Hombres* (1996) o *Brujeres* (2001), ambas escritas por la desaparecida libretista Mónica Agudelo.

Tras el estimulante éxito de *Azúcar*, Mayolo no se detuvo. Durmiendo tan solo dos horas diarias, el director caleño parecía poseído por una necesidad imparable de vivir en función de las

---

28 Futuro libretista de las exitosas telenovelas *Café: con aroma de mujer* y *Betty, la fea*, entre otras.

cámaras. En la videofilmografía "oficial" del director se reseñan créditos como los de la comedia *Laura, por favor* (1991), las series *Litoral* (1989-1990) y *Protagonistas* (1992), o el programa de entrevistas *Mario Fernando Piano* (2002) (todos para el canal regional Telepacífico), hasta que el cerebro de Carlos José Mayolo estalló. Si algo había caracterizado al creador de *Carne de tu carne* era su capacidad, al parecer inagotable, de gestar proyecto tras proyecto. Había escrito decenas de guiones de largometraje o de series de televisión que nunca se hicieron (*¿Quién morirá mañana?, ¿Bailamos?, El remiendito, Soledad, Pacífico, Honrar a padre y madre, Melancolía...*), realizó episodios como *La palabra del diablo (I y II)* en los carnavales de Riosucio para la programadora UVTV (dentro del espacio *Rostros y rastros*), actuó en proyectos experimentales (*El brillante de Fondclaire*, 2002, de Armando Escobar; *Escena, ¿qué?*, 2003, para la Universidad Javeriana...), dictó cursos de dirección de actores en los que terminaba inventándose cortometrajes cada vez más excesivos, hasta que sus coqueteos con el alcohol, la marihuana y la cocaína (sin contar otros fármacos de aterrizaje), terminaron pasándole la factura.

Durante sus últimos años de vida, Carlos José Mayolo Velasco se encerró, en compañía de su último gran amor, la escritora y entusiasta compañera Beatriz Caballero, a leer, conversar, bailar, comer y escribir frenéticamente. Mayolo dejó poemas, guiones, dos libros de memorias y, aunque nunca se sintió especialmente atraído por el teatro, escribió distintas versiones de textos para la escena, de los cuales se destacan *La vida no está bien* (inédito) y, sobre todo, *Pharmakon*. Este último fue puesto en escena en el año 2008, protagonizado por la actriz Alejandra Borrero (colaboradora de Mayolo en sus proyectos desde los tiempos de *La madramonte* y, en especial, recordada por su excelente trabajo interpretativo en *Azúcar*), bajo la dirección de Sandro Romero Rey, para la inauguración del centro cultural Casa Ensamble (desde 2014, Casa E). El montaje de *Pharmakon* trascendió las doscientas representaciones y se ha convertido en uno de los espectáculos más exitosos del citado espacio bogotano. Poco antes de su muerte, Mayolo recibió distintos homenajes, entre los que se destacó el Premio Nacional Toda Una Vida Dedicada al Cine, otorgado por el Ministerio de Cultura en el 2006 o, como siniestro dato curioso, la proyección nocturna de su película *Carne de tu carne* en las entrañas mismas del Cementerio Central de Bogotá. Las retrospectivas y las celebraciones se multiplicaron, coincidiendo con su lento desmoronamiento. A pesar de los cuidados y de la amorosa complicidad de Beatriz Caballero y sus amigos, Mayolo se entregó a sus fiestas interiores hasta que, el 3 de febrero de 2007, a primeras horas de la mañana, su corazón estalló para siempre.

Su encierro voluntario, sus idas y venidas por clínicas y centros de recuperación coincidieron, a su vez, con algunos documentales que dieron cuenta de su genio y su inventiva. Junto al citado trabajo del director Roberto Triana, jóvenes realizadores consignaron con sus cámaras la velocidad verbal de Mayolo, con títulos como *3 grados más de fiebre* de Carlos Andrés Bedoya o *El vampiro de Ciudad Solar* de Ronald Ojeda. En ellos se persiguió un personaje que, con el tiempo, terminaría convirtiéndose en una víctima de sí mismo y su figura se revelaría tan fascinante como su producción artística. Poco a poco, su obra y su personalidad (incompletas, imperfectas, veloces, delirantes, desopilantes, espontáneas, misteriosas, felices) terminaron ocupando un lugar definitivo en la historia del cine colombiano de la segunda mitad del siglo XX.

Mayolo dejó un estilo en la realización de documentales, construido junto a Luis Ospina, quien, con los años, lo ha complementado, organizado, consolidado y, por qué no, superado. Con el paso del tiempo, Mayolo formó una generación de actores y creadores que lo apoyaron y le "hicieron la segunda" hasta en sus más arriesgadas arbitrariedades. Es de destacar el aporte de intérpretes como Vicky Hernández, quizás la actriz que de manera más entrañable estuvo en los mejores momentos creativos del realizador caleño (*Carne de tu carne, La mansión de Araucaíma* y *Azúcar*). Por otra parte, Mayolo se "inventó" figuras como Adriana Herrán, David Guerrero o Marcela Agudelo, quienes le dieron el impulso juvenil a sus grandes frescos góticos y a sus reconstrucciones caleñas. Contó con amigos artistas que le materializaron sus aceleres creativos: Miguel González y Ricardo Duque en la dirección de arte; Hernando Tejada, Karen Lamassonne y Luis Ospina en la edición o el sonido; Liuba Hleap, Berta de Carvajal, Isabela Borrero en la producción; Elsa Vásquez (montajista, *script*) o Sandro Romero Rey en la asistencia de dirección; Rodrigo Lalinde o Carlos Congote en la imagen, más cientos de actores naturales y profesionales frente a la cámara... En distintos momentos de su vida, ellos fueron complementos generosos de lo que Mayolo, como un niño, genio e inagotable, iba lanzando al aire con su explosivo método, incendiado por la pirotecnia verbal. Al revisar su filmografía o las telarañas de los recuerdos de sus mejores cómplices, aparecen curiosidades en su producción (títulos como "¿Por qué te fuiste, Ramírez?", para *Los cuentos de Bernardo Romero Pereiro*, en el que se reprodujo, en estudio, un invierno noruego...), trabajos universitarios (*El encierro, El mohán, El sueño del pongo, La serie anunciada, Como la tentación, Los miniserios....*), documentales urgentes (*Caballero expuesto*), artículos de amargo humor o conferencias de tabiques destrozados, las cuales consolidaron su presencia como la de un personaje que trascendió los propios límites de su videofilmografía.

Carlos Mayolo terminó siendo su propia obra, y parte de su encanto era su discurso, su frenesí, su inagotable inventiva y la imperfección de sus riesgos. Mayolo no tuvo vergüenza de sus equivocaciones. Por el contrario, las asumió como parte de sus aventuras y terminó creyendo que cualquier ejercicio de la creación puede convertirse en una obra maestra, siempre y cuando su gestor lo defina como tal. Por supuesto, el nuevo milenio no fue benévolo con el cerebro audiovisual de Mayolo. Durante sus últimos años, terminó siendo más prolífico con la palabra escrita, porque ya nadie quiso correr el riesgo de producirlo. La televisión cambió y tan solo la academia, con nuevos, jóvenes y pacientes tutores, le dio espacio para que Mayolo quemase sus últimos cartuchos. Sus amigos han ayudado a mantener la llama viva del mechero de sus invenciones y han aparecido libros, documentales, retrospectivas y homenajes que cuentan y seguirán contando que, alguna vez, en un lejano país llamado Colombia, en una fría ciudad llamada Bogotá o en una aun más lejana población llamada Cali, se paseó por sus paisajes un creador que tiró la casa por la ventana y, mientras la casa estallaba en pedazos, sus cámaras registraron el desastre que, en medio de sus ilimitados fragmentos, dejaron ver la luz de un autor. Un autor que, como dijo alguna vez el crítico Miguel Marías sobre Arthur Penn, resultó ser "imperfecto pero vivo".

Luis Ospina por escrito[29]

Cuando se estrenó el largometraje *Pura sangre*, en el Festival de Cine de Cartagena de 1982, ante la reacción contradictoria del público, el fotógrafo Hernando Guerrero sentenció: "Esta no es una película para Cartagena. Es una película para la historia del cine". Sabias palabras. La ópera prima de Luis Ospina se esfumó de las carteleras de su tiempo y, hoy por hoy, se considera un clásico indiscutible de la cinematografía colombiana. Es una de nuestras primeras películas de género, del género de horror, luego de las experiencias *siniestras* del director Jairo Pinilla. Sí. *Pura sangre* era una película de género, porque era la película de un terco cinéfilo. De un cinéfilo que colideraba a una pandilla de más cinéfilos, la cual había nacido en la década del setenta gracias a la sagrada influencia del Cine Club de Cali y su promotor, Andrés Caicedo. Pero mejor será comenzar por el principio.

Debo volver a la primera persona, porque no me queda más remedio. Si voy a escribir sobre Luis Ospina, debo escribir en primera persona, porque él ha sido mi primera persona, la primera persona con la que, de verdad, he podido conversar de cine. Aunque nos llevamos diez años de diferencia, me temo que la amistad cercana con Ospina me ayudó a crecer mucho más rápido de lo acostumbrado y a él le debo, de muchas maneras, mis sicosis, mis vértigos y mi frenesí. No es necesario repetir que esta

---

[29] *Palabras al viento (mis sobras completas)* es el título del libro que recoge los principales escritos del realizador audiovisual Luis Ospina. El texto que sigue es una puesta al día de lo que escribí como presentación del volumen, editado por Aguilar en 2007.

saga comienza en Cali, al occidente de Colombia, a escasas horas del océano Pacífico. Allí, aquí, nació Luis Alfonso Ospina Garcés, en el mes de junio de 1949, un año después del asesinato de Jorge Eliécer Gaitán, cuando en el país se instauraba eso que se llamó de manera tautológica la Violencia. Luis Alfonso se quedó Poncho para los amigos. Y así lo llamamos hasta hoy, a pesar de que a él no le gusta que el Alfonso conviva con el Luis.

Los años pasaron muy rápido. El 7 de agosto de 1956, a la una y cinco de la madrugada, una explosión de siete camiones cargados con cuarenta y dos toneladas de dinamita, destruyó buena parte de la ciudad. Muy cerca de allí vivía la familia Ospina y, como la casa quedó parcialmente averiada, tuvieron que irse a vivir al barrio Centenario, en una colina frente al colegio San Juan Berchmans. Allí, Ospina conoció al futuro director de cine Carlos Mayolo y comenzó a gestarse nuestra leyenda local. No voy a seguir paso a paso su periplo cinéfilo, porque esa historia se ha contado muchas veces y reposa con absoluta precisión en el ciberespacio. A lo que quiero llegar es al momento en el cual el futuro director de cine comenzó a escribir. Y ese momento se da cuando Poncho conoce, en 1971, a Andrés Caicedo. El Cine Club ya funcionaba desde el 10 de abril de ese año en el Teatro San Fernando, aunque ya Caicedo lo había "fundado" en la sala del Teatro Experimental de Cali y luego lo mantuvo durante un tiempo en el Teatro Alameda, en el segundo semestre de 1970. Ospina recupera la amistad con Carlos Mayolo, quien había comenzado su aventura como realizador en Bogotá y, en el verano histérico de 1971 filman los VI Juegos Panamericanos de la ciudad, imágenes que luego se convertirían en el documental *Oiga vea*. Luis estudiaba cine en los Estados Unidos, en la Universidad de California, haciendo realidad sus sueños de convertirse en sujeto de la cinefilia y no solo en objeto de análisis.

Ospina había realizado tres ejercicios memorables en EUA: su *collage* titulado *El bombardeo a Washington* (luego convertido en obra de Pedro Manrique Figueroa en su *mockumentary, Un tigre de papel*); el *Autorretrato (dormido)*, versión acelerada del *Sleep* de Andy Warhol y, sobre todo, *Acto de fe*, cortometraje inspirado en el relato *Eróstrato* de Jean-Paul Sartre, con ecos del *Fuego fatuo* de Louis Malle y un gozoso escepticismo que acompañará su producción a lo largo de los años.

Con su regreso a Cali, Ospina se convierte en un realizador *colombiano*. Se vincula al Cine Club de Cali y codirige con Mayolo. Ahora bien, Poncho ha sido una persona pudorosa y ciertos temas prefiere evitarlos. Con él, como con las señoras de otras épocas, no se habla ni de afectos, ni de plata, ni de enfermedades. El Capitán Misterio, lo llamábamos con Mayolo en alguna época. Lo mismo sucedió, me atrevería a decirlo, con su trabajo como escritor. Intimidado, quizás, por la figura arrasadora de su amigo Andrés Caicedo, Ospina no se atrevió a practicar la crítica de cine, ni en los boletines sabatinos del Cine Club de Cali, ni en la revista *Ojo al Cine*, fundada en 1974. Aun cuando hacía parte de esta publicación, nunca se consideró un "crítico". Sus contribuciones eran traducciones (de Dziga Vertov, de D.W. Griffith…), entrevistas (a José María Arzuaga, a Julio Luzardo, al tándem Silva-Rodríguez, a la estrella Barbara Steele…) y algunas notículas para la sección "Ojo por ojo". El único artículo que Luis escribió para *Ojo al Cine* ("XIV Festival de Cartagena: un toque de distinción") lo hizo al alimón con Caicedo. Quizás por su condición de realizador, Ospina respeta demasiado los oficios del cine y no se atreve a desbaratar de un plumazo lo que otros, con esfuerzos descomunales, osan concebir en imágenes. Él mismo prefiere llamarse "un cronista cinematográfico". Y sí. En sus primeras películas Luis Ospina también es un "cronista cinematográfico", que captura la realidad con su lente, sin voces en *off* ni opiniones al respecto. Tanto en la agresiva *Oiga vea*, como en la jocosa *Cali de película*. Después, en su cortometraje argumental, *Asunción*, los guiños cinéfilos regresan, ahora aventurándose a contar una historia *al interior* de un personaje: *Asunción* es, guardadas proporciones, nuestra *Viridiana*.

En 1977, Mayolo y Ospina se lanzan a la pileta del anarquismo con su memorable *Agarrando pueblo*, mezcla de ficción y de documental, divertidísima parodia de los directores de cine que viven de las miserias del Tercer Mundo. La película es un éxito en distintos festivales internacionales y el dúo dinámico está listo para nadar en aguas más profundas. 1977 es un año definitivo: se suicida Andrés Caicedo, se rueda *Agarrando pueblo*, Mayolo y Ospina deciden tomar rumbos creativos por separado. Quizás por ello, la aparición de su libro titulado *Palabras al viento (mis sobras completas)* en 2007, no fue un acontecimiento casual. Pasaron treinta años desde la muerte de Caicedo, convertido ya en leyenda. Pasaron treinta años tras la muerte de la revista *Ojo al Cine*. Para completar las señales, en 2007 murió Carlos Mayolo. Quizás todo ello llevó a que se publicasen sus memorias cinematográficas. Al mismo tiempo, Ospina estrenó ese año dos nuevos documentales: *Un tigre de papel* y *De la ilusión al desconcierto* (este último sobre el cine colombiano desde 1970 hasta 1995). En el 2007, Poncho tuvo que abrir por primera vez su pecho, en una operación a corazón abierto que casi nos deja con el cuento a medias. No. No es coincidencia.

Como no fue coincidencia el hecho de que la década del ochenta comenzase con el primer largometraje argumental de Luis Ospina en Cali y con la consolidación de la pandilla *caliwoodense*: *Pura sangre* (1982) fue una fiesta de la creación. Antes, las películas de Ospina y Mayolo se rodaban casi en secreto y la ciudad no se enteraba sino cuando estaban en la pantalla. A partir de esta película, el asunto fue a otro precio. En Cali se sabía que se estaba rodando un largometraje. Ya se habían vivido dos experiencias preliminares: las olvidadas películas de Pascual Guerrero (o Inti Pascual, como figura en los créditos) *El lado oscuro del nevado* y *Tacones*. Pero con *Pura sangre* fue distinto porque, de alguna manera, todos los que nos involucramos allí sospechábamos que íbamos a ser testigos del nacimiento de una obra maestra. En mi caso, ya me había hecho amigo de Carlos Mayolo y había sido testigo del rodaje de uno de sus cortometrajes. A Ospina lo había conocido realmente en Cartagena, en el XIX Festival de 1979, el año en que conocimos a Fassbinder y a Román Chalbaud, el año en que descubrimos *1900* de Bertolucci y *Blue Collar* de Paul Schrader. Desde tiempo atrás yo lo admiraba en silencio, y en Cartagena sellamos nuestro pacto de amistad. Cuando supe de la inminente filmación de su largo, abandoné mis actividades teatrales y le pedí a Poncho que me dejara hacer cualquier cosa durante el rodaje. "Cualquier cosa como un diario de la filmación", le propuse. Ospina aceptó. Parte de ese diario salió publicado en mi revista *Caligari*, una aventura en la que nos sumergimos con Hernando Guerrero, quizás estimulados por el aliento cinéfilo que se vivía en Cali gracias a *Pura sangre*. *Caligari*, por desgracia (o por fortuna, ya no sé) solo sería revista de un número. Un número en el que *Pura sangre* era el centro. Y el resto del diario desapareció.

La película (dedicada a Andrés Caicedo) se estrenó, como ya dije, en Cartagena y compitió con otra película colombiana: *Nuestra voz de tierra, memoria y futuro* de Jorge Silva y Marta Rodríguez. Recuerdo las gloriosas polémicas y las celebraciones interminables. Sí. Desde el rodaje de *Pura sangre*, creo que el llamado Grupo de Cali se caracterizó por sus épicas celebraciones. Cali, mucho más que París, era una fiesta. Y donde estaban (estábamos) los caleños del cine, se disparaba la rumba. Y la rumba tenía muchos protagonistas: Carlos Mayolo, Luis Ospina, Carlos Palau, Eduardo Carvajal, Miguel González, en fin. Muchos nombres ya citados. A lo largo de la década del ochenta, creo que filmábamos para celebrar que estábamos filmando para celebrar. Así lo consigné en mi primera novela titulada *Oraciones a una película virgen*, publicada por Editorial Planeta en 1993, con una frase de presentación en la portada que rezaba: "En el cine, fe es creer en lo que no se ha revelado". La frase era de Luis Ospina, tal como podrá constatarlo el lector en el primer aparte de sus *Palabras al viento*. Porque Poncho siempre ha sido el hombre de las frases. Sus juegos de palabras son interminables, infinitos, siempre al borde de la genialidad. Poncho ha sido un banco de títulos. Cada vez que uno necesitaba un título, recurría a Ospina, quien sacaba el título certero debajo de su manga. En eso, hay ecos recurrentes al escritor y crítico de cine Guillermo Cabrera Infante (otro muerto, otro que invoca la cuenta regresiva), y creo que no es arriesgado comentar que su libro tendía tácitamente a homenajear al autor de *Cine o sardina*. Lo curioso es que Ospina se haya bloqueado cuando tuvo que escoger el título para su colección de escritos. Duró varios días sumido en la duda metódica, hasta que se decidió por el definitivo *Palabras al viento*, tal como se tradujo en nuestra lengua el memorable melodrama de Douglas Sirk, *Written on the Wind* (1956), y jugando quizás con la letra de la balada lacrimógena de Amanda Miguel (a quien vimos cantando una vez en Cali en un Teatro Municipal solitario) titulada "Él me mintió", cuya letra aúlla, en algún momento: *"Mentiras, todo era mentira / palabras al viento / tan solo un capricho que el niño tenía..."*. Como decía la antigua cómplice de Ospina, Karen Lamassonne: "Pachuco también es bueno".

Tras el estreno de *Pura sangre*, la caravana de Caliwood continuó su camino. Se rodó *Carne de tu carne*, el primer largo de Mayolo, con el telón de fondo de la explosión de Cali del 56 (la de los camiones, no la de Douglas Sirk). Luis sería el editor y uno de los fantasmas de la historia. En la película, además, el personaje protagonista se llamaba Andrés Alfonso. No hay que comentar demasiado el homenaje. Mayolo estrenó su largo en el 84 y se preparaba para el rodaje de *La mansión de Araucaíma*. Mientras tanto, Caliwood produjo otros cortos, otros largos. En lo que se refiere a nuestro personaje, tenemos que destacar el cortometraje *En busca de "María"*, correalizado con Jorge Nieto, mezcla de documental y argumental, en el que se siguen los pasos del desaparecido primer largometraje del cine colombiano. Allí, todos actuamos: Mayolo fue Máximo Calvo (así se llamaba el personaje, no estoy inventando "chapas") y quien escribe fue Efraín. Otra película sobre el cine, otro film que es un ensayo. Y el clímax de la leyenda de Caliwood lo tuvimos con el rodaje de *La mansión de Araucaíma*. Ospina hizo de sí mismo, es decir, de director de cine, editó de nuevo el film (como ya lo había hecho con otros dos mediometrajes de Mayolo, *Aquel 19* y *Cali, cálido, calidoscopio*) y actuó como el cura de la banda de guerra en *A la salida nos vemos* (1986) de Carlos Palau.

A partir de estos momentos, los acontecimientos se precipitan. Nace en Cali el canal de televisión regional Telepacífico y Ospina se consolida como el gran documentalista del cine y el video en Colombia. Realiza sus largometrajes *Andrés Caicedo: unos pocos buenos amigos* (1986) y *Antonio María Valencia: música en cámara* (1987). Multiplica sus títulos en divertidos e inteligentes realizaciones para la televisión local, hasta llegar al clímax con su serie *Cali: ayer, hoy y mañana* (1995), un fresco de muchas horas sobre nuestra ciudad, al que llamábamos en confianza "nuestro *Berlin Alexanderplatz*". Ospina quema entonces sus naves y se radica en Bogotá. Antes, había nacido otro de sus documentos cimeros: el largometraje *Nuestra película* (1993), canto del cisne del pintor Lorenzo Jaramillo, una despedida gloriosa al gran artista que moría ante nuestros ojos, víctima del mal de amor de los nuevos tiempos. Hasta que, diecisiete años después, Luis regresa al largometraje de ficción con el guion escrito por su hermano Sebastián, titulado *Soplo de vida*. De vuelta a los géneros, esta vez al *thriller*, al cine negro, al *polar*. En uno de los capítulos de su libro, titulado *Mi último soplo*, cuenta, sin contemplaciones, la gesta de ese nuevo parto. No sé por qué pienso ahora que la realización de los dos largometrajes de Ospina tienen el sabor amargo de un sacrificio, de una expiación. Nunca un hombre como Luis Ospina pudo sufrir tanto, como cuando tuvo que domar sus argumentales. Así lo vi yo, desde la distancia, en algunas noches en las que me colaba en el rodaje (no sé por qué me acuerdo ahora de Mayolo en levantadora en el Hotel Dorantes como don Pancho. ¿O sería don Poncho?). Todo lo contrario sucede con sus documentales, que los ha realizado con inmensa tranquilidad, con absoluto conocimiento de causa. Quizás el momento crucial de este proceso llegó con su retrato de Fernando Vallejo titulado *La desazón suprema* (2003), en el que el verbo indómito del escritor paisa (¿o sería peor decir mexicano?) se hace carne en los planos de un documental insuperable. Y, de nuevo, la escritura se cuela con timidez en sus imágenes en movimiento.

Para completar el viaje, *Un tigre de papel* (2007), su (¿falso?) documental sobre el malogrado Pedro Manrique Figueroa, es una fiesta generacional. Es un recorrido a través del mundo y por el mundo de la izquierda, gracias a, o por culpa de, un artista que se inventa, como en el título de Vargas Llosa, la verdad de las mentiras. Tampoco es una coincidencia que *Un tigre de papel* salga a la luz treinta años después de *Agarrando pueblo*. Ambos trabajos (qué palabra tan poco apropiada) corresponden al mismo espíritu de insobornable irreverencia, de burlarse de todos y de todo, de feliz provocación, sin duda otra fiesta de las imágenes que solo un realizador como Ospina podía generar. No. No es una coincidencia que *Palabras al viento* soplase en el fatídico 2007. El hecho de que Ospina se hubiese lanzado a la piscina de la escritura (el eslogan de la empresa de su padre era: "Si piensa en piscina, acuérdese de Ospina"), es un regalo para el cine de Colombia, una actividad tan poco dada a la reflexión de largo aliento. Quizás por ello ha sido vapuleada durante tanto tiempo.

Son muy pocos los libros de cine en Colombia. Los mejores, los de Hernando Salcedo Silva, Hernando Martínez Pardo y Luis Alberto Álvarez. Hay otros memorables, como los de Hernando Valencia Goelkel, Jaime Manrique Ardila o Umberto Valverde. Hay curiosidades como las de Mauricio Laurens o Alberto Ramos. Hay otros, de los que hemos sido responsables, como los volúmenes post mórtem de Andrés Caicedo o Carlos Mayolo. Pero pocos son los realizadores que se han sentado a reflexionar sobre su obra. Está el curioso volumen de Gustavo Nieto Roa (*Una vida de película*) y artículos de directores regados en revistas y periódicos. Pero nada más. El volumen de Luis Ospina, subtitulado *Mis sobras completas*, es un compilado de la gran mayoría de textos que el director caleño ha escrito a lo largo de su vida, sobre su oficio, ahora del siglo XXI. Por fortuna, podemos disfrutarlos en el conjunto de un libro necesario. Como los artículos y conferencias de Fernando Vallejo, perdidos en la efímera existencia de magazines y diarios, reunidos por fin en un volumen titulado *Peroratas*, los textos de Ospina merecían una organizada existencia de largo aliento. Son textos escritos con mano maestra, inteligentes, muy divertidos, de una erudición a toda prueba, digno complemento de la obra de un creador único en nuestras tierras.

En *Palabras al viento* hay de todo. Se abre con el célebre testimonio para el diario *Libération*, de 1997, al responder la pregunta "¿por qué filma usted?". Luego, vienen sus grandes reflexiones sobre su propia obra, comenzando por el inmenso texto acerca de *Soplo de vida* (en realidad, un viaje al interior del propio Ospina), y pasando por sus impresiones acerca del video, de Vallejo y del travieso e inasible Manrique Figueroa. Luego, en la segunda parte, tenemos al Ospina cronista, en el más estricto sentido de la palabra. Aquí encontramos sus balances e impresiones sobre Cartagena, y sus retratos de grandes festivales: Cannes, Benalmádena, Bilbao, París. Se titula "Ojo por ojo", como una de las secciones de la revista *Ojo al Cine*. Más adelante, viene la revelación de un secreto: las columnas tituladas "Sunset Boulevard", firmadas bajo el seudónimo Norma Desmond, como el memorable personaje del clásico de Billy Wilder, uno de nuestros dioses tutelares. Norma Desmond era, es, a su vez, el *nickname* de Ospina cuando debía, o debe, editar películas a regañadientes. Por supuesto, sobre Billy Wilder hay un texto en la cuarta sección del libro, a propósito de su muerte. En este apartado, hay textos de cinéfilo apasionado: sobre la serie B, sobre la serie Z, sobre Hollywood, sobre los besos en la pantalla, sobre "la misa dominical" del cine en la Alianza Colombo-Francesa de Cali. En la quinta sección, están sus entrevistas "incunables" al desaparecido Emile de Antonio y al gran Albert Maysles, el correalizador de *Gimme Shelter*, mi película favorita, sobre el *tour* del 69 de los Rolling Stones. Y, *last but not least*, buena parte de su correspondencia con Andrés Caicedo y Carlos Mayolo, escritas dentro del mismo espíritu de "epístola literaria" que inunda las cartas del autor de *¡Que viva la música!* Para completar los círculos, en el año 2007 vieron la luz las cartas de Caicedo a Ospina, en una edición que sigue el trazado de sus "Palabras al viento", publicadas, una vez más, en los *Cuadernos de Cine Colombiano* de la Cinemateca Distrital de Bogotá.

Tuve la fortuna de escribir el prólogo de su libro y ahora lo adapto a nuevas circunstancias literarias. No puedo evitar la felicidad y, al mismo tiempo, dejar colar una cierta e indefinible tristeza. Con Luis Ospina he hecho de todo: hemos escrito juntos varios largometrajes que se quedaron en el papel (*El pobre Lara*, *Colombia Pictures*...), hemos hablado o permanecido en silencio durante horas y días que a veces parecen siglos, hemos viajado juntos, hemos mantenido vivos algunos cadáveres excelentes, hemos sido cómplices de las jugarretas colombianas de Barbet Schroeder, hemos sido testigos complementarios de buena parte de lo aquí consignado. Tanto que, con el Alzheimer precoz, a veces pienso que he sido yo el que ha escrito muchos de los chistes que por aquí saltan. Sí. Gracias a santa Verónica, la tantas veces evocada santa del cine, según el "padre" Salcedo Silva, tenemos en nuestras bibliotecas un libro de Luis Ospina sobre sus imágenes, el cual no sabemos aun si ubicarlo en la sección de cine o en la de literatura.

Sin aliento[30]

En el fatídico año 2006, comencé a borrar de mi libreta de teléfonos a todos mis amigos muertos. Cuando llegué a la letra *m*, pensé: "Mayolo, Carlos: espero que no seás el próximo". Pero no fue así. Se murieron primero el Mono Osorio, Franky Linero, Bernardo Salcedo, Aquiles Arrieta, Robert Altman, Bernardo Romero Pereiro, se escapó un secuestrado, los líderes guerrilleros y *paracos* no se murieron nunca y a mí me empezó un ataque de gota que parecía no terminar nunca. Pero mi amigo Carlos Mayolo, el otrora director de cine, seguía invencible.

A Mayolo lo vi muerto, por primera vez, en el 2006, cuando, después de uno de sus días infinitos, entró en coma, tuvo dos infartos y los médicos anunciaban lo peor. Estuvo dormido varios días, intentando arrancarse, por todos los medios, los cables que lo mantenían con vida. Beatriz Caballero, su amiga, su compañera, nuestra compañera desde que nació el teatro infantil en Colombia, lo vigiló con paciencia de Florence Nightingale durante el tiempo que lo guardaron en la clínica.

Unas semanas después regresó a la casa y yo no pude contener el llanto. Mayolo estaba sentado, sin camisa, como un oso triste, mientras su director de arte de toda la vida, Ricardo Duque, le

30 Este texto es una versión de dos artículos publicados en las revistas *Número* y *El Malpensante*, a raíz de la muerte de Carlos Mayolo. Permitidme, lector, hablar de la muerte de un amigo en primera persona.

hacía masajes en la espalda. Mayolo me miró desde el inframundo y produjo unos sonidos que yo no supe identificar si eran de bienvenida o de adiós. De vez en cuando se paraba, impaciente, y deambulaba como un zombi por el largo corredor del apartamento de Beatriz, buscando, entre susurros, lo que no se le había perdido.

Con el director de cine Luis Ospina, presintiendo lo peor, le organizamos sendos homenajes y propusimos su nombre para que le dieran el premio de Toda una Vida dedicado al Cine, que otorgaba el Ministerio de la Cultura, a través de la Dirección de Cinematografía. Por fortuna, Mayolo es, era, terco y resucitó para los homenajes. Leyó un par de discursos fascinantes, con la chispa irrefrenable que lo caracterizó en vida. Celebró frenéticamente con sus amigos, como si la poderosa muerte no lo hubiese visitado. Hasta que, en diciembre, decidí que Mayolo no se iba a morir nunca.

Estuvo en Cali, deambulando como un búfalo por todas sus locaciones, casi despidiéndose de su territorio. Se inventó varias películas en su cabeza obstinada y regresó a Bogotá, dispuesto a comenzar de nuevo. En la última década, Mayolo no hizo otra cosa que escribir. Escribía detrás de sus viejos libretos, en papelitos, en cuadernos, en las solapas de los libros. Tenía varias secretarias que le traducían con paciencia infinita todo lo que iba garrapateando. En el año 2002, publicó sus memorias y dejó listos para la imprenta un par de libros más que nadie quiso publicar, "porque los libros de cine no se venden". Sí. Hacía mucho tiempo que Mayolo no se vendía. En realidad, creo que Mayolo nunca se vendió, porque fue de los pocos que nació y murió haciendo lo que le dio la gana.

Me aferré entonces a los recuerdos. Y los primeros recuerdos físicos (porque los químicos fueron después) que tengo de Mayolo son en el Teatro San Fernando de Cali, nuestra ciudad, en las proyecciones del Cine Club de Andrés Caicedo y su pandilla salvaje, comentando y riéndose a grandes carcajadas. Luego, lo visualizo una tarde de sábado, fiando una botella de whisky en el restaurante Los Turcos y explicando que estaban celebrando el final de una filmación. "Qué envidia", pensaba desde lejos. Corría el año 1976 y yo estaba terminando mi bachillerato. Tiempo después supe que la película que estaban filmando era el cortometraje *Rodillanegra*. Un año más tarde, el suicidio de Andrés Caicedo le desbarató las tripas a los cinéfilos de la Sultana del Valle. Ospina y Mayolo terminaron el mediometraje *Agarrando pueblo* y Mayolo se fue para Inglaterra, donde filmó *Bienvenida a Londres* con María Emma Mejía.

En 1980 nos hicimos amigos, muy amigos, amiguísimos, en el Festival de Cine de Cartagena.

Creo que el recuerdo más firme que guardo de Mayolo tiene que ver con su capacidad sobrenatural para hacer chistes y jugar con las palabras. Ese deporte también lo practican, lo practicaron, todos sus compañeros de generación. Pero yo nunca vi más ímpetu, más velocidad, más alegría, más ganas de incendiar el diccionario, que la que tenía Mayolo para la transgresión verbal. Para mí, era como una suerte de dicha infinita. Lo recuerdo en el Hotel Caribe, hasta la madrugada, burlándose de todo y de todos, subiendo y bajando por todas las habitaciones, despertando a cuanto cineasta dormido anduviese por ahí. Recuerdo que, la principal víctima, fue el director colombiano Diego León Giraldo, otro desaparecido.

Cuando regresamos a Cali, Mayolo me dejó colar en el rodaje de su película *Cuentas claras, chocolate espeso*, que nunca se terminó. Allí comencé a entender la pacientísima costura del cine y aprendí, sobre todo, a trabajar con Mayolo, que era un arte solo conferido a las personas con la paciencia de los mártires. En 1981, me colé en el rodaje de *Pura sangre*, el primer largometraje de Luis Ospina (que sería dedicado a la memoria de Andrés), en el que Mayolo se consolidó como actor maldito. Perseguir la caravana del rodaje por todo Cali, por parte del Valle, era una experiencia que limitaba con la felicidad total. Y, sobre todo, acompañar a Mayolo en su *jeep* sin puertas, azotando las calles de nuestra ciudad y riéndonos del viento y de los atardeceres.

Mayolo era megalómano. Todo debería cruzar por su cabeza y creía, de verdad, que siempre tenía la razón. Yo se la daba, así estuviera equivocado. Cuando Ospina rodaba su película, Mayolo empezó a sentir la impaciencia de los celos y consolidó la partitura de su primer largo. Pero el azar hizo que su película casi no se hiciese: una tarde, en la filmación de *Pura sangre*, Mayolo tenía puesto un micrófono inalámbrico, poco antes de salir a escena, y comenzó a despotricar contra el esposo de la directora de Focine de la época. Este, por una casualidad fatal, había llegado al *set* y se había puesto los audífonos para supervisar cómo estaba funcionando todo el asunto del sonido. Lo oyó todo. Mayolo estuvo presa del pánico durante casi dos años, pensando que nunca le iban a dar el préstamo para hacer su largometraje. Andaba de arriba abajo y de izquierda a derecha por Cali, pensando en voz alta y reescribiendo a gritos el guion de *Carne de tu carne*. Finalmente, el largometraje se hizo en 1983, gracias al empuje de muchos amigos que nos consolidamos como una pandilla que le hacía eco a las piruetas creativas de Carlos José.

Con Mayolo, hacer cine era como jugar a las muñecas. Nunca estudió, porque nada le daba a los tobillos. Dirigía actores con sus palabras encantadas y todo el mundo asentía, así no hubieran entendido nada de su entusiasmo. Pero lo transmitía, tenía una capacidad de fascinación única y siempre le envidié su facultad sobrenatural para seducir a las mujeres. *Todas* se enamoraban de Mayolo. Le perdonaban sus adicciones o se contagiaban de ellas. Pero todas querían amanecer a su lado.

Luego de unos cuantos mediometrajes más, Mayolo hizo su versión de *La mansión de Araucaíma*, sobre la novela de Mutis. Allí subí al cielo de las grandes ligas y fui su asistente de dirección. El frenesí creativo de Carlos llegó en *La mansión* hasta sus últimas consecuencias, con todos los excesos y defectos que puede tener un cine incompleto pero siempre brillando por su audacia. Si en algún momento sentí la experiencia de eso que dice llamarse la *creación* artística, la tuve, la tuvimos con Mayolo y todo el equipo de cómplices que nos asociamos para ayudarlo a delinquir. En aquellos momentos (creo que todavía lo pienso) consideraba, muy para mis adentros, que los rodajes, si uno estaba allí metido, eran mucho más interesantes que las películas terminadas. De hecho, he trabajado en películas muy malas en sus resultados, pero cuyos procesos han sido harto divertidos. Por desgracia, para el público no están hechos los procesos, sino ese fragmento de vida que terminará denominándose *la obra terminada*. Desde aquellas épocas, le guardo un profundo respeto a quienes hacen cine. Porque es igual el esfuerzo para hacer una obra maestra, que para hacer un desastre. Los medios no justifican el fin.

A partir del año 89, Mayolo cambió el cine por la televisión. Yo le colaboré con los guiones de sus *Cuentos de espanto* y con el diseño de su serie *Azúcar*, en los que todo el talento y la infinita capacidad insomne del realizador se consolidaron. Hice un pequeño personaje y me fui para el Valle del Cauca a ver la fiesta creativa de Mayolo en la grúa, Mayolo en la móvil (donde nunca se pudo quedar inmóvil), Mayolo actuando, Mayolo jugando a la felicidad de la mano de Alberto Valdiri, de Vicky Hernández, de Ricardo Duque, de su combo. Fue su época de oro mediática, en la que se ganó todos los premios y en Colombia se admiró su trabajo como director de televisión. La gente lo saludaba en la calle y la programadora RCN "le soltó" proyectos, unos mejores que otros, como *Laura, por favor*, *La otra raya del tigre* u *Hombres*. El reconocimiento fue justo, pero pienso que el gran talento de Mayolo, su genio indiscutible, estuvo en el cine. Estuvo en sus películas memorables: *Monserrate, Oiga vea, Sin telón, Agarrando pueblo,* sus largometrajes.

En los últimos diez años, Mayolo estuvo peleando contra la vida, demostrándole que era capaz de posponer la muerte a su antojo. Todos sus amigos nos reunimos en distintas oportunidades a advertirle, a regañarle, a implorarle, a ignorarle, para que se cuidara. Mayolo se cuidó de seguir en las mismas. Por eso, a finales de 2006, bajamos la guardia y nos hundimos en lo nuestro, porque Mayolo podría continuar por el mundo sin las muletas de sus amigos regañones.

El 3 de febrero de 2007, treinta años después de la muerte de su amigo Andrés Caicedo Estela, Carlos José Mayolo Velasco se levantó de su cama en Bogotá y salió a caminar muy temprano, como siempre, porque el sueño lo desesperaba (nunca lo vi dormir más de dos horas). Fue a la droguería a comprar el periódico, luego a la tienda a comprar un tamal, y regresó al apartamento. Se sintió mal y llamaron una ambulancia. La ambulancia le tomó la presión y le hizo un electrocardiograma. El corazón de Mayolo latía sin problemas. Una hora más tarde, Beatriz se quedó dormida en el sofá y Mayolo se puso a leer los diarios *El Tiempo* y *El Siglo*. Sus amigos más perversos aseguraron que eso fue lo que lo mató. Cuando Beatriz se despertó, vio a Mayolo dormido en el sillón de su padre, don Eduardo Caballero Calderón. Mayolo no lanzaba sus bufidos intermitentes. Entonces adivinó lo peor.

Poco a poco, fuimos llegando sus incondicionales: Harold Alvarado, Luis Ospina, María Eudoxia Arango, Liuba Hleap, Diego León Hoyos, la Paisa, Carlos Palau, sus fieles adolescentes. En medio del sopor y el desconcierto, yo veía pasar la vida en los rostros cansados de los cómplices que son, que fuimos, los amigos de Carlos Mayolo. La vida le ganó el pulso a Mayolo, como nos lo está ganando a todos. Hay muchos, muchísimos habitantes de este mundo que sienten cada madrugada como una bendición de Dios. Otros, tenemos el horror a cuestas y lo camuflamos a diario entre fiestas y travesuras creativas; poco a poco, luchamos para no apagar tan rápido la luz, pero sabemos que Dios nos romperá la bombilla de un escobazo. Sí. Quedan las obras, las películas de Mayolo, la lucha incesante por hacer brillar las pantallas con algo más que luz. Quedan los libros, las canciones, los cuerpos desnudos, la vida que salta y respira a tumbos.

Pero cuando uno ve el cadáver de Mayolo, con sus manos amarillas, su mandíbula amarrada con un pañuelo para que no se le descuelgue, cuando uno mira su cuerpo inmenso saliendo por la puerta de su casa, cuando las lágrimas de Beatriz Caballero nos siguen persiguiendo hasta más allá de los días, a veces nos da por preguntar si tanta dicha valió la pena.

¡Corten!

Creo que en más de veinticinco años de amistad y complicidad creativa, nunca estuve con el director de cine colombiano Carlos Mayolo en una iglesia. Bueno, sí estuvimos en algunos cementerios: en la filmación de la escena final de *Pura sangre*, en la que Mayolo representaba a un violador de niños y en uno de sus *Cuentos de espanto*, producidos por la televisión caleña (creo que el episodio, si la memoria no me falla, se llamaba "La muerte sin sosiego"), en el que la joven actriz Alejandra Borrero enloquecía de amor, desde la tumba, a un confundido Helios Fernández, otro que ya no está.

Con Mayolo, sus colaboradores siempre nos sentimos jóvenes. Tiendo a pensar en el Mayolo de la década del ochenta, un Mayolo entre los 35 y los 45 años de edad, que trabajaba sin pedirle permiso a nadie, involucrando en sus aventuras creativas a la productora Berta de Carvajal, a jóvenes sin experiencia como Adriana Herrán o David Guerrero, o que viajaba al Brasil a conseguir los mejores actores de Glauber Rocha (Antonio Pitanga, José Lewgoy). Ponía una ciudad a su servicio, para convertir a Cali en un inmenso *set* que diera cuenta de sus recuerdos y de sus caprichos creativos.

El 3 de febrero de 2007, en horas de la mañana, la historia de esa tormenta tropical que fue Carlos Mayolo, terminó. Sentado en el sillón que fuera del autor de *El Cristo de espaldas*, el director de cine se quedó dormido para siempre. Le tenía pánico a la muerte, y la enfrentó de una manera que ninguno de sus mejores amigos pudimos aceptar. Carlos, que en una época fue el más inteligente, sabía que se estaba matando, pero no hacía nada por impedirlo. Dejó que quienes lo rodeábamos nos encargásemos de mantenerlo vivo y, poco a poco, su loca carrera contra el destino tocó fondo y se encargó de mandarlo, sin permiso, a la morada final.

El 4 de febrero, fuimos en lenta peregrinación a la capilla del Gimnasio Moderno de Bogotá, a despedir a Mayolo. Llegamos, sin prisa, actores, directores, camarógrafos, poetas, periodistas, abogados, jóvenes no tan jóvenes, chicas que nunca vieron ninguna producción de Carlos ni en cine ni en televisión; pues Mayolo calló prácticamente sus cámaras en 1997, a pesar de algunos trabajos que hizo para universidades en distintas ciudades colombianas. La pequeña iglesia se llenó de silencio, hasta que un trío de músicos interpretó sobrias melodías de música clásica.

Un sacerdote, vestido de púrpura, se paró frente al altar y celebró una misa convencional. El día anterior, en el velorio en la Funeraria Gaviria, mientras ojeábamos el ataúd de Carlos, cubierto de anturios (las flores incestuosas de su película *Carne de tu carne*), y Luis Ospina quitaba los crucifijos, algunos amigos preparaban un homenaje *digno* a Mayolo. Alguien me propuso que llevara una grabadora con una versión de "Cocaine" de J.J. Cale o de Eric Clapton. Otro, estuvo tentado a bañar de whisky el sarcófago. Esperanza Biojó cantó *alabaos*, cada vez que tuvo la oportunidad, en el largo fin de semana que duró la ceremonia del adiós de nuestro amigo.

Nadie hizo ni dijo nada. Faltaba Mayolo para que empujara el cortejo. Ya todo estaba hecho. Diego León Hoyos leyó una de las epístolas, los músicos interpretaron sendas versiones del *Claro de luna* de Beethoven y del *Ave María* de Schubert, algunos de sus mejores colaboradores comulgaron, y luego vinieron las palabras. El primero que habló fue Rodrigo Obregón, quien trabajó con Carlos en la película *Fuga* de Nelo Rossati. Mayolo fue asistente de dirección de *Fuga*, pero Rodrigo quiso recordarlo como un vertiginoso creador, que siempre dejó su sello en cada uno de los trabajos en los que estuvo involucrado.

Luego, Vicky Hernández puso las cosas en orden y se expresó con la sapiencia y la seguridad que la caracterizan cuando habla en público. Comenzó diciendo, palabras más, palabras menos, que Mayolo quería que ella hablara en su velorio, para que la entrada al infierno se prolongara mucho más. Vicky puso el dedo en la llaga. Vicky, que tenía toda la autoridad física y moral del mundo, que conocía a Carlos desde los trece años y fue su actriz en *Carne de tu carne*, en *La mansión de Araucaíma* y en la serie de televisión *Azúcar*, miró a su alrededor y se preguntó qué estaría haciendo Mayolo en esas circunstancias si le hubiese tocado filmarnos. Todos nos vimos, en silencio, como sus extras, y guardamos silencio entre sollozos.

Más adelante, Esperanza Biojó volvió al micrófono y nos recordó los ancestros negros de Carlos (ella insistía en que su verdadero apellido era Mayolombo, como una especie de Mayolo y su combo). Yo recordé uno de sus últimos proyectos, que por allí guardo, consagrado a la costa pacífica colombiana. Y sus especiales para la televisión regional, en los que hizo tronar las marimbas de su imaginación. Por último, David Guerrero, el actor de sus largos y del mediometraje *Aquel 19*, leyó un poema de Carlos que le deslizó Alejandra Borrero, quien era incapaz de musitar palabra. El poema formaba parte de una de las tres o más obras de teatro que Mayolo escribió en los últimos años y que le endosó a la actriz, ahora directora, para que lo pusiese en las tablas. Lela enculebrada con el más allá.

Y luego el silencio. Salimos a la soleada tarde bogotana, mientras el ataúd iba desapareciendo de nuestra vida, hacia el horror del crematorio. ¿Un homenaje *digno* a Mayolo? ¿En qué consistía un homenaje *digno*? Miguelito González, crítico de cine y director de arte de los largometrajes del difunto, me miró con su impasible sapiencia, y ya sabíamos que cualquier otro impulso de la imaginación iba a ser inútil. La muerte y su podrida contundencia habían hecho su trabajo y no se podía competir con ellas. A Beatriz, la musa de la divina comedia mayoliana, la perdí de vista. Ella iba en silencio, levitando sedada, apoyada en los brazos de sus mejores amigas, las Madres de Mayo, las Madres de Mayolo. Supongo que ya no le cabía un milímetro más de tristeza en el cuerpo, ella que se había echado al hombro la responsabilidad de correr el riesgo de vivir con un toro salvaje al interior de su apartamento.

El día anterior, yo no pude soportar la evidencia de la muerte de Carlos, no solo al llegar a su cuarto y verlo en la cama sin respirar (¡Mayolo sin respirar!: inconcebible), sino por el dolor de Chispa a los pies del cadáver. El gato merodeaba por allí, ojeando el tamal que Carlos José había comprado un par de horas atrás y que no había sido capaz de devorarse.

Mayolo no había parado de escribir. De hecho, desde 1997 Mayolo no paraba de escribir. Escribió sus memorias *(Mamá, ¿qué hago?)*, las citadas obras de teatro, muchos artículos, poemas, un libro inédito que se llama *La vida de mis películas*. Con un par de cómplices, el viernes 2 de febrero el director empezó a garrapatear una nueva versión de un guion que le ocupaba su tiempo, acerca del condón. Yo no sabía que los preservativos le hubiesen generado tanta curiosidad a Mayolo, hasta el punto de consagrarles los últimos días de su vida. Pero así son las leyes del azar. Nadie programa sus escritos póstumos, y mucho menos sabrá si con ellos estará exhalando a conciencia su último suspiro.

Mientras el cuerpo de Carlos era preparado para salir definitivamente de su refugio del barrio La Macarena de Bogotá, con Ospina curioseamos entre los papeles finales de nuestro amigo muerto. Carlos Palau, el director de *A la salida nos vemos* y *El sueño del paraíso*, nos acompañó con su sombrero y su desconcierto.

Cuando llegó el poeta Harold Alvarado Tenorio, el dolor fue más terrible porque nos reíamos pasito con los recuerdos. Pero la risa se hacía trizas. Harold fue amigo de Mayolo desde la infancia. Estuvieron internos, hicieron cagadas milenarias, mataron profesores de secundaria del susto, se fugaron de cantinas sin pagar la cuenta, descubrieron el arte juntos y se asociaron para siempre con la poesía, el uno con los versos, el otro con las imágenes filmadas. Alvarado asegura que Mayolo se bebió las cenizas de su difunto padre en un vaso de vodka. Nadie le cree. Yo sí. Mayolo era capaz de beberse todo tipo de cocteles que estuviesen preparados a base de vodka. Pero el dolor de la carcajada furtiva se iba desvaneciendo con el llanto inclemente.

Allí, en medio de la mañana del sábado, entre frases quedas y decisiones prácticas (funerarias, velatorios, misas, flores, avisos póstumos, crematorios) nos mirábamos al espejo de nuestra propia vida. Creo que, desde una perspectiva generacional, la muerte de Andrés Caicedo nos dolió, y nos sigue doliendo, por la horrorosa evidencia de su juventud. La de Carlos Mayolo ha sido más desconcertante, porque nos pone frente a frente ante la evidencia de nuestros próximos infartos. La antesala de nuestra irremediable vejez.

Veo en la distancia al escritor Antonio Caballero, el hermano de Beatriz, y al día siguiente leo su columna en la revista *Semana* sobre la reforma agraria. Supongo que pensar en la propia muerte es un acto de flojera y pensar en la reforma agraria es una manera de mantenerse vivo. Yo envidio la lucha por la reforma agraria, pero no puedo dejar de pensar en la muerte. Y pocos cadáveres me gusta enfrentar a conciencia. El de Mayolo lo miré sin tapujos, durante mucho rato. Pensaba en "El entierro prematuro" de Allan Poe, pensaba en que de pronto iba a respirar a tumbos o me iba a picar el ojo antes de largarse. Nada sucedió. Nunca nadie me ha lanzado guiños desde el más allá.

Se necesitaron más de seis personas para cargar el cadáver de Carlos. La señorita de la funeraria pidió que algunos señores ayudaran a sacarlo. Solo recuerdo mujeres que se lo llevaron en hombros.

Hacia las tres de la tarde, luego de la misa en la capilla del Gimnasio Moderno, nos reunimos en el cementerio de Chapinero para la cremación del cuerpo de Mayolo. Yo no sé si él quería que lo cremaran. Mayolo, en medio de su colección de riesgos, tenía actos de cobardía desconcertantes. Una vez, luego de escupir un Cristo en la grabación de *Los pecados de Inés de Hinojosa*, decidió confesarse. Se escondía de su productora, doña Berta de Carvajal, para que no lo regañara por sus adicciones. Le tenía terror a su enfrentamiento con Klaus Kinski, en la filmación de *Cobra verde* de Werner Herzog, película en la que ambos trabajamos, él como actor, yo como asistente de dirección, en la parte que se filmó en Colombia. Mayolo jugaba como un niño y se protegía como tal de los compromisos del mundo. Por eso, nunca entendí por qué no le tuvo miedo a los excesos con los que se trituraba el cerebro. Mi paranoia tiende a echarle la culpa a la falta de resaca. Nada hay peor, para un alcohólico, que la ausencia de un mal guayabo.

En la capilla del crematorio, volvimos a oír al trío silencioso. Volvió a cantar Esperanza Biojó y Alejandra Borrero, entre sollozos, se atrevió a leer uno de los textos de Mayolo de su obra *La vida no está bien*. Luego, el silencio. Una puertecilla metálica. Se abrió, de abajo hacia arriba, como una guillotina invertida. Una empleada invitó a empujar el ataúd hacia el interior del horno. Allí me decidí y acompañé a Vicky Hernández, a las amigas fieles y al poeta Jotamario, a acercar a Mayolo al fuego siniestro. Unos segundos antes de introducirlo, alguien esparció discretamente un polvillo blanco sobre la tapa del féretro. Polvo de los ángeles. No. No era *la otra raya del tigre*. Solo un tímido pase tras el último suspiro. La puertecilla metálica cayó lentamente y todos adivinamos el fuego sobre la piel de Mayolo. María Mercedes Vásquez, amiga y cómplice, se aferró a mi brazo para no caer, ahogada en el temblor de su llanto. Felipe Aljure, el director de *La gente de la Universal,* permaneció en la capilla, con sus gafas oscuras, aterrado de la energía fatal del sueño eterno.

Sé que esa tarde los amigos de Carlos José se reunieron en distintos grupos y en distintas casas, a recordar la gesta mayolística entre 1945 y 2007. Yo no fui capaz. Regresé solo a mi casa. Tomé mi ejemplar de *Mamá, ¿qué hago?* y quise recordar el mundo creativo de mi propio Mayolo. Recordé sus momentos que me encantaban: sus delirios bolivarianos en *Quinta de Bolívar*, las procesiones de *Monserrate*, el agua bendita de la *Iglesia de San Ignacio*, los soldados bailando a Daniel Santos en *Oiga vea*, la cabalgata de *Cali: de película*, el secreto revelado de *Viene el hombre*, la foto de Mayolo sin camisa filmando *Angelita y Miguel Ángel*, las acrobacias de *Sin telón*, el agua hirviendo de *La hamaca*, la salsa rosada con sangre en *Asunción*, el "picadito" de *Rodillanegra*, Mayolo dirigiendo al director de cine Mayolo en *Agarrando pueblo*, la agonía de *Bienvenida a Londres*, el estallido del pavo en *Carne de tu carne*, las ánimas de los mediometrajes de horror, el viento en *Cali, cálido, calidoscopio*, los pasos de pachanga en *Aquel 19*, la erótica fatalidad de *La mansión de Araucaíma*.

Recordé también las actuaciones de Carlos y su exitoso paso por la televisión. Pero ya no pude más. Me quedé dormido. Cuando desperté, sentí pasos de animal grande. Era el fantasma de Mayolo que me susurraba al oído: "No te preocupés, Romerolozano, los muertos ya no nos despertamos más".

Leí entonces la edición electrónica de algunos periódicos: "Murió el director de cine Carlos Mayolo a los 61 años". Leí los correos que enviaban los lectores, unos echándole la culpa al gobierno, otros insultando al difunto, diciéndole periquero y alcohólico, como si eso fuera un insulto, otros valorando su obra y lamentando su deceso. Los leí y pasé la página. Yo no le echo la culpa a nadie. Mayolo no se murió por culpa del gobierno, ni por culpa de las programadoras de televisión, ni por culpa del alcohol, ni por culpa de la cocaína. Mayolo se murió porque estaba vivo y nada más. Mayolo se murió gracias al gobierno, gracias a las programadoras de televisión, gracias al alcohol, gracias a la cocaína, gracias a su corazón, que se le reventó sin pedir permiso. Mayolo no era capaz de suicidarse, entonces se mató lentamente, jodiéndonos a todos y demostrándonos que no podíamos vivir sin él. Lo consiguió.

Gracias, Mayolo, por haber vivido. Te las debo todas. Chao, Carlos José. Lástima. Te tocó el turno. Muy pronto, lectores y escritor, seguiremos el rastro de tu línea de la vida.

Todo comenzó por el fin

En 1972, Luis Ospina dirigió un breve corto experimental titulado *El bombardeo de Washington*. En este, apoyado en la música de Stravinski, manipulaba imágenes para dar la impresión de que la capital de los Estados Unidos era destruida. 43 años después, el realizador caleño muestra un bombardeo similar: esta vez, la implosión del edificio que acogía el restaurante Los Turcos, en la avenida Cuarta Norte de la ciudad de Cali, como si se tratase de la destrucción de Hiroshima. Mientras se muestran estas imágenes, se yuxtapone la palabra *fin*, extraída de muchas películas en distintos idiomas, y se oye un fragmento de *Los hombres huecos* de T.S. Eliot.[31] Con la destrucción de Los Turcos, el sitio de reunión de toda una generación de artistas e intelectuales caleños, se consolida el final de una época. Esas son las primeras imágenes de *Todo comenzó por el fin*. A partir de ese momento, la película de los recuerdos se echa hacia atrás y la aventura comienza. ¿Cuál es el origen? ¿La necesidad de un eterno presente? Los 208 minutos

[31] Coincidiendo con los cincuenta años de la muerte del poeta, Ospina incluye unos versos que ya habían sido utilizados en su documental *Adiós a Cali* (1990).

del documental de Ospina sobre nuestra generación parecieran ser la llave que abre el baúl que alberga incontables recuerdos y, al mismo tiempo, es el balance de un viaje, el punto final de una aventura.

Acabo de ver la versión final del largometraje y todavía tengo una deliciosa confusión entre la satisfacción y el desconcierto. Miro hacia atrás y trato de evocar las raíces de esta saga. Pero todo se me borra. Una extraña niebla se interpone en el camino, produciendo sensaciones encontradas; evocando lejanas fiestas, dolores sin fecha. Llega un momento, supongo, en el que los artistas necesitan mirarse en el espejo, después de una vida entera tratando de interpretar a los demás. *Todo comenzó por el fin* es el film que cierra y el que apaga la luz. Una puesta al día, un largo adiós, una antesala del gran sueño. Al mismo tiempo, a pesar de su extensión –es una película muy breve–, sintetiza veinte años de obsesión audiovisual; una experiencia única, irrepetible, local, terca, que encuentra su universalidad gracias al conjunto de sus frustraciones triunfales. Cuando todo termina, el espectador asfixiado que hay en mí, lanza cientos de preguntas privadas al viento y quisiera responderlas todas a una. Pero no es posible. Estas líneas desordenadas son el introito a un viaje mucho más largo, que tendrá su desarrollo cuando la película encuentre otros públicos. Por lo pronto, saltan en mi cabeza algunos recuerdos.

Es muy probable que la película haya comenzado a hacerse desde que Ospina y Eduardo "la Rata" Carvajal decidieron filmar una pantalla de televisión 38 años atrás, en 1977, para capturar la entrevista póstuma que le hiciera el poeta y editor bogotano Juan Gustavo Cobo Borda a Andrés Caicedo, para el programa *Páginas de Colcultura*. Una vez emitido, el programa desapareció. Pero las imágenes de Ospina y La Rata permanecen para la historia del audiovisual, en blanco y negro, subtituladas, último vestigio del paso de Andrés por su valle de risas y lágrimas. Sin embargo, uno comienza a echar más atrás la película y aparecen otros detonantes sobre las pantallas de la memoria: imágenes de Caicedo desnudo en la casa de Luis Ospina, escondiendo su miembro entre las piernas. Entrevistas a los hermanitos Lemos y su corte de empantanados. Más atrás, están las latas en 16 mm de los *rushes* sagrados de la película inconclusa *Angelita y Miguel Ángel*, la cual Ospina reconstruyó en su documental *Andrés Caicedo: unos pocos buenos amigos* de 1986.[32] Sí. El cine como un eterno presente. El realizador de *Todo comenzó por el fin* lo tenía muy claro y sabía que, en sus bodegas, reposaban también las películas familiares que su padre filmó en los años cincuenta y que, de alguna manera, impulsaron su vocación. Para alguien como Luis Ospina, cuya ocupación fundamental ha sido la de guardarlo todo, han debido pasar más de seis décadas, y tuvo que rodar horas y horas, inventarse documentales de ficción o ficciones documentales, hasta que llegó el momento en el que el vampiro decidió verse reflejado en el espejo. ¿Con qué contaba para contarse a sí mismo? Con sus archivos, por supuesto, con su propia filmografía, con su memoria y con la gesta de sus amigos. Pero, al mismo tiempo, había un poderoso "guardado" que se convertiría en uno de sus principales tesoros: la memoria audiovisual de Eduardo "la Rata" Carvajal.

A lo largo de la década del ochenta, La Rata no solo fue la foto fija de buena parte del cine realizado en Cali y sus alrededores.[33] Al mismo tiempo, el incansable fotógrafo se dedicó a grabar, con sus cámaras de video, la tras escena de muchos de los rodajes en los que ha participado: de *Carne de tu carne* a *Aquel 19*, de *La mansión de Araucaíma* hasta *Azúcar*. La Rata ha sabido camuflarse con discreta curiosidad por los rincones de las filmaciones y, con los años, ha atesorado cientos de horas con todo tipo de intimidades sanctas y non sanctas de los protagonistas de las aventuras cinéfilas locales. ¿Qué hacer con todo ese material? Carvajal sabía que esa imprudencia había que cometerla porque, más tarde que temprano, se convertirían en documentos imprescindibles.

---

32 Según cuenta la leyenda, las latas de *Angelita y Miguel Ángel* permanecieron guardadas en el búnker de Luis Ospina durante quince años. De lo contrario, la película habría desaparecido.

33 Sobre el trabajo de Eduardo "la Rata" Carvajal, véase http://eduardocarvajal.info/ Consultado el 22 de abril de 2015. Allí se encuentra un texto de mi autoría titulado "La Rata en la red", en el que presento la aventura visual del fotógrafo caleño.

Porque no se trataba solamente de registrar los excesos y defectos de una generación sino, al mismo tiempo, de dar cuenta de cómo se construye una película, con todos los triunfos y derrotas, las virtudes y los errores de la aventura de la creación.

El problema giraba en torno a qué hacer con todos esos materiales una vez grabados. La Rata los guardó durante décadas, en las bodegas de la Fundación Patrimonio Fílmico Colombiano, con la orden tajante de no dejarlos ver de nadie, salvo de Ospina y él mismo, hasta que llegase el momento. Y el momento llegó cuando don Luis tomó la decisión de contar la historia de un grupo de amigos que, durante veinte años, decidió reinventarse el cine. El detonante siempre fue, en primera instancia, la figura de Andrés Caicedo quien, después de su suicidio, se ha resistido a morir en el olvido. Por otra parte, estaba la agonía y el éxtasis de Carlos Mayolo, el director del cual Eduardo filmó la mayor cantidad de material en sus rodajes. En especial, de *La mansión de Araucaíma*, de la que se conservan los mejores momentos de toda la gestación del film, de las ocho semanas inolvidables, entre finales de 1985 y comienzos de 1986. Ospina desenterró los casetes sagrados de nuestro amigo y se puso manos a la obra. Tras la realización y el éxito ulterior de su falso documental de 2007 (*Un tigre de papel*), el director de *Pura sangre* había perdido la vergüenza y había descubierto que, para traducir en ficción una realidad, no se necesitaba de grandes presupuestos ni de ejércitos de colaboradores, sino de buenas ideas e imaginación sin vergüenza. El proyecto parecía avanzar sin problemas, luego de hacerse merecedor de un premio de Proimágenes en 2011, para poder sacarlo adelante. Pero cuando todo parecía ir sobre ruedas, Ospina cayó enfermo. Muy enfermo. Sus amigos nos mirábamos a los ojos sin musitar palabra, sospechando lo peor. Por fortuna, don Luis es un hombre sin pelos en la lengua y sabía muy bien que si la muerte se estaba atravesando en su camino, había que llamarla por su nombre sin confundirse con engaños ni recurrir a eufemismos. Y lo que más le preocupaba no era "la enfermedad de la muerte", al decir de Marguerite Duras, sino el hecho de no poder terminar su documental. Para un cinéfilo como él, una película es mucho más importante que los estragos de Dios. Por esta razón, *Todo comenzó por el fin* cambió su norte. Con el cáncer como asistente de dirección, la película se convirtió en una suerte de film en permanente construcción, en el que el realizador se veía enfrentando sus dolores y sus terrores, mientras el rodaje iba avanzando.

Todo comenzó por el fin era una frase que utilizamos, Ospina y el que estas líneas escribe, como parlamento inicial del guion de un largometraje titulado *El pobre Lara o las exigencias del delirio*, con el cual nos habíamos ganado un premio en el V Concurso de Guiones de Focine en 1984, pero que nunca se rodó. Una noche en Cali, invitamos a todos nuestros amigos a la casa de Ospina y, apoyados en algunos tragos de aguardientes helados, el autor de estas líneas leyó la totalidad del guion frente a una primitiva cámara de video. Ese material aun se conservaba en los archivos inmarcesibles de don Luis y fue consignado, como evidencia, en el documental del 2015. Allí estaba la frase que le daría título. Con este oxímoron como punto de partida, Ospina fue tejiendo su película, agregándole al eje Caicedo y al eje Mayolo, una tercera línea: la evolución de su propia enfermedad. En caso de que algo sucediera, quien esto escribe, en compañía del realizador Rubén Mendoza (*La sociedad del semáforo, Tierra en la lengua…*), debíamos encargarnos de empujar el barco al otro lado de la montaña. Los meses pasaron y Ospina estuvo al borde de golpear las puertas del cielo. Pero los cinéfilos son mucho más tercos de lo que parece y, sacando fuerzas de todas partes, tras una siniestra temporada en el infierno de los cuidados intensivos, apoyado en la firme complicidad de la artista Lina González, Ospina regresó a la sala de montaje. Con el editor Gustavo Vasco, tras varios meses de idas y vueltas, el realizador de *Soplo de vida* tuvo una nueva oportunidad sobre la tierra y, llenándose de fuerzas, decidió contarlo todo, sin escatimar tiempo ni esfuerzo. Así, entendió que su documental no debería ponerse trabas cronológicas, y si había de durar tres horas, ese tiempo debería extenderse. El resultado, 208 minutos en los que se cuenta el nacimiento de una generación, la consolidación de una amistad, el auge y la caída de los mitos juveniles, el suicidio de Andrés Caicedo con todos sus secretos, la creación cinematográfica a pesar de las limitaciones, los excesos en la mitad del infierno colombiano de la década del ochenta, la autodestrucción y muerte de Carlos Mayolo, la desconocida obsesión rockera del grupo Band-Aids, la dispersión de una pandilla de creadores, el inicio de la madurez, la conclusión de una gran fiesta. *Todo comenzó por el fin* es una celebración y, al mismo tiempo, una canción de despedida. Para todos los que allí participamos representa convertirnos en las fichas de una partida de ajedrez en la cual sabíamos muy bien que estábamos jugando, pero no alcanzábamos a vislumbrar, a ciencia cierta, cuál era el papel que íbamos a representar. Porque pasar de la vida a la ficción del documental no es tarea fácil. Y mucho menos cuando su creador se está jugando el todo por el todo. Ospina, por su parte, lo sabía muy bien. Y su gran reto se concentraba en construir una obra que no se limitase a ser un divertimento para iniciados, sino un trabajo de suficiente dimensión universal como para hablar del cine, de Colombia, de la juventud, de la muerte o del amor, y que fuese entendido y valorado en Buenos Aires, París, Barichara o, cómo no, en la avenida Sexta Norte.

A principios del año 2015, yo ya había visto borradores de *Todo comenzó por el fin*, pero aún no estaba seguro de cómo sería el resultado final. Cuando los signos vitales de Ospina daban por seguro que mi presencia o la de Rubén Mendoza no era indispensable, hicimos mutis y decidimos esperar a que el director terminara el documental a su ritmo. Por fin, llegó la cita esperada y, en discreta reunión de amigos, vimos la versión integral de la aventura de don Luis, el sábado 14 de febrero de 2015, al finalizar la tarde. No hubo licores, ni música, ni celebraciones. Licores, música y celebraciones estaban en el documental en inmensas cantidades. Al día siguiente, después de la proyección, tratando de organizar la cabeza después de semejante sacudida, recordé mi libro *Andrés Caicedo o la muerte sin sosiego*, que parecía haber desaparecido para siempre. En ese momento, pensé que podía darle un poco de respiración boca a boca y reinventármelo bajo el impulso emocional de *Todo comenzó por el fin*.

Este libro es, finalmente, mi respuesta y mi homenaje a la obra y a la vida de un amigo con el que he vivido lo mejor y lo peor de la existencia. Es mi manera de dialogar con él, luego de tantos silencios frente a la pantalla, luego de tantos hielos derretidos y de tantas noches con el azul colándose por las ventanas. *El fin*, según Luis Ospina, es una manera de hablar de la muerte como principio. Su desasosiego es quizás tan grande como el de Fernando Vallejo, a quien le consagraría un documental que tiene el mismo trasfondo. Al mismo tiempo, *el fin* está mediatizado por un *mientras tanto* de felicidad, de hedónicas celebraciones, como las que deja evocar el pintor Lorenzo Jaramillo en *Nuestra película*, el documental que Ospina le dedicase, mientras lo filmaba *ad portas* de su muerte irremediable (la de Lorenzo). Es posible suponer que el documental se ha llamado *Todo comenzó por el fin*, porque nacemos para la muerte y para darnos cuenta, tarde o temprano, que vinimos a este mundo a enfermarnos y, mientras tanto, vamos al cine, nos enamoramos, mitificamos nuestro entorno o nos inventamos causas para que el tiempo no se encargue de recordarnos, con demasiada vehemencia, que la cuenta sigue siendo regresiva. Y después, como al principio, regresamos a la Nada.

5. PERSONAJES, BIBLIOGRAFÍA Y VIDEOFILMOGRAFÍA

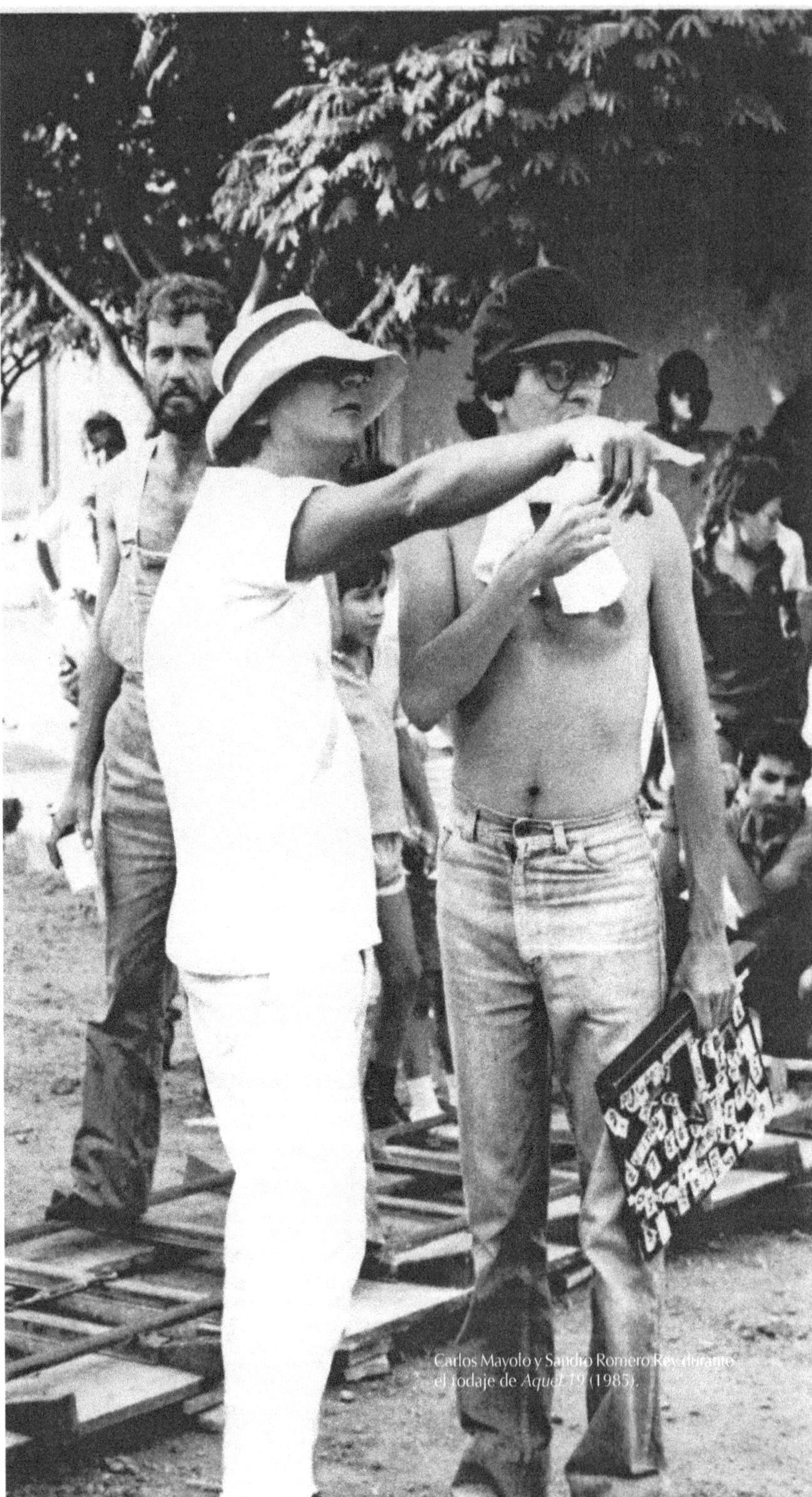

Carlos Mayolo y Sandro Romero Rey durante el rodaje de *Aquel 19* (1985).

ANDRÉS CAICEDO

(Cali, 29 de septiembre de 1951-Cali, 4 de marzo de 1977). A pesar de su prematura muerte, su obra es considerada como una de las más originales de la literatura colombiana. Se trata de un escritor precoz que desde que descubrió su vocación por la literatura no quiso perder ni un minuto de su vida, hasta el punto de convertir la construcción de su obra en una obsesión. A pesar de su fama en Colombia, Caicedo hasta hace poco era casi un desconocido en América Latina. Sin embargo, la permanente publicación de su producción literaria y la influencia que tiene en nuevas generaciones de escritores, hacen que cada vez más cobre gran valor su aporte literario. A la par de su gusto por la literatura, Andrés mostraba un gran interés por el teatro y el cine. En 1966 escribiría su primera obra de teatro, titulada *Las curiosas conciencias*; de ese mismo año data su relato *Infección*. Un año más tarde dirige la obra *La cantante calva*, de Eugène Ionesco y escribe las piezas *El fin de las vacaciones, Recibiendo al nuevo alumno, El mar, Los imbéciles están de testigo* y *La piel del otro héroe*, obra ganadora del I Festival de Teatro Estudiantil de Cali. En 1968 ingresa a la Universidad del Valle —institución que abandonaría poco después—; un año más tarde se incorpora como actor al Teatro Experimental de Cali de Enrique Buenaventura. 1969 viene a ser el año más prolífico de Andrés Caicedo. Su inicio en el ejercicio de la crítica cinematográfica en los diarios *El País*, *Occidente* y *El Pueblo* viene a coincidir con varios premios literarios: su relato *Berenice* es premiado en el concurso de cuento de la Universidad del Valle, mientras que *Los dientes de Caperucita* ocupa el segundo puesto en el Concurso Latinoamericano de Cuento, organizado por la revista venezolana *Imagen*. Adapta y dirige otra obra de Eugène Ionesco, *Las Sillas*. Escribe los relatos *Por eso yo regreso a mi ciudad, Vacío, Los mensajeros, Besacalles, De arriba abajo de izquierda derecha, El espectador, Felices amistades y Lulita, que no quiere abrir la puerta*. Su gusto por el cine lo lleva a fundar en 1969 el Cine Club de Cali, al cual se incorporaron sus amigos Ramiro Arbeláez, Hernando Guerrero, Carlos Mayolo y Luis Ospina. En 1970 adapta y dirige *La noche de los asesinos*, de José Triana. En ese mismo año escribe el relato *Antígona*. Un año más tarde escribe las narraciones *Patricialinda, Calibanismo, Destinitos fatales, Angelita y Miguel Ángel* y *El atravesado*. Con su amigo Carlos Mayolo intenta llevar al cine, sin éxito, su guion de *Angelita y Miguel Ángel*, en 1971. Luego escribe el guion *Un hombre bueno es difícil de encontrar*, y los relatos *El pretendiente* y *El tiempo de la ciénaga*, este último premiado por el Concurso Nacional de Cuento de la Universidad Externado de Colombia. En 1973, viaja a Hollywood con la ilusión de venderle a Roger Corman tres guiones de largometraje, pero estos nunca llegaron a manos del célebre productor de la serie B. En Estados Unidos empezaría a escribir la que es considerada su obra maestra: *¡Que viva la música!* e inicia la redacción de un diario que pretendía convertir en novela, titulado *Pronto: memorias de una cinesífilis*. En 1974 funda, junto a Ramiro Arbeláez, Carlos Mayolo y Luis Ospina, la revista *Ojo al Cine* y escribe *Maternidad*, considerado por él mismo como su mejor cuento. Un año después, Ediciones Pirata de Calidad publica su relato *El atravesado*, gracias al apoyo económico de su madre. Fiel a su idea de que vivir más de veinticinco años es una insensatez, Andrés intenta suicidarse dos veces en 1976. Ese mismo año entrega a Colcultura el manuscrito final de *¡Que viva la música!*, del cual alcanzaría a recibir un ejemplar el 4 de marzo de 1977, fecha de su muerte intencional con sesenta pastillas de Seconal. La mayoría de sus escritos han sido publicados póstumamente, gracias a la labor de Sandro Romero Rey, Luis Ospina y el Grupo Editorial Norma.

Libros y publicaciones con textos de Andrés Caicedo

Angelitos empantanados o historias para jovencitos (contiene los relatos "El pretendiente", "Angelita y Miguel Ángel", "El tiempo de la ciénaga"). La Carreta Literaria, Medellín, 1977.

Angelitos empantanados o historias para jovencitos/A propósito de Andrés Caicedo y su obra por Carlos Patiño (contiene los relatos "El pretendiente", "Angelita y Miguel Ángel", "El tiempo de la ciénaga" y un estudio sobre la vida y la obra del autor). Colección Cara y Cruz. Grupo Editorial Norma, Bogotá, 1995.

Angelitos empantanados (o historias para jovencitos). Biblioteca Andrés Caicedo. Presentación "Una hermosa modelo que se convirító en vampiro" por Carlos Patiño. Verticales de Bolsillo. Grupo Editorial Norma, Bogotá, 2008.

Angelitos empantanados (o historias para jovencitos). Punto de lectura. Prisa Ediciones, Bogotá, 2012.

Angelitos empantanados y *Los diplomas.* Dramaturgia: Cristóbal Peláez González. Separata Dramatúrgica. *Revista Gestus* No. 11. Centro de Documentación Escénica. Ministerio de Cultura, Bogotá, 2000.

Aquelarre No. 2. (Contiene el relato "El tiempo de la ciénaga"). Cali, 1973.

Berenice (contiene los relatos "Berenice", "El atravesado", "Maternidad" y "El tiempo de la ciénaga"). Plaza y Janés, Bogotá, 1978.

Calicalabozo (relatos). Presentación "Invitación a la noche" por Sandro Romero Rey y Luis Ospina. Grupo Editorial Norma, Bogotá, 2008.

Cartas de un cinéfilo 1971-1973. Selección y presentación: Luis Ospina. *Cuadernos de Cine Colombiano.* Cinemateca Distrital, Bogotá, 2009.

Cartas de un cinéfilo 1974-1976. Selección y presentación por Luis Ospina. *Cuadernos de Cine Colombiano.* Cinemateca Distrital, Bogotá, 2009.

Cine Club Tec y *Ojo al Cine.* Folletos de orientación cinematográfica sin fecha.

Cuentos completos. Presentación "El anacrónico" por Juan Gabriel Vásquez. Alfaguara, Bogotá, 2014.

De la crítica me gusta lo audaz, lo irreverente. El Colombiano, domingo 27 de marzo de 1977.

Destinitos fatales. Selección y prólogo "Invitación a la noche" por Sandro Romero Rey y Luis Ospina. Contiene "Calicalabozo" [cuentos], "Infección" (1966), "Por eso yo regreso a mi ciudad" (1969), "Vacío" (1969), "Besacalles" (1969), "De arriba abajo de izquierda derecha" (1969), "El espectador" (1969), "Felices amistades" (1969), "¿Lulita que no quiere abrir la puerta?" (1969), "En las garras del crimen" (1975), "Patricialinda" (1971), "Calibanismo" (1971), "Los dientes de Caperucita" (1969), "Maternidad" (1974), "Los mensajeros" (1969), "Destinitos fatales" (1971). "Angelitos empantanados o historias para jovencitos" [cuentos], I. "El pretendiente" (1972), II. "Angelita y Miguel Ángel" (1971), III. "El tiempo de la ciénaga" (1972). *Noche sin fortuna* [novela]. Biblioteca de Literatura Colombiana. Editorial Oveja Negra, Bogotá, 1984.

Destinitos fatales. Editorial Oveja Negra, Bogotá, 1988 (el mismo contenido de la edición anterior).

El atravesado (contiene los relatos "El atravesado" y "Maternidad"). Presentación por "Jaime Manrique Ardila". Ediciones Pirata de Calidad, Cali, 1975.

El atravesado (contiene los relatos "El atravesado" y "Maternidad"). Colección Milenio. Grupo Editorial Norma, Bogotá, 1997.

El atravesado (edición pirata: "La edición de este libro fue hecha pensando en la generación que no conoció a Andrés Caicedo") Sin editorial ni fecha.

El atravesado. Presentación "Secretos de *El atravesado*" por Sandro Romero Rey y "Contracubierta de la edición original" por "Jaime Manrique Ardila". Biblioteca Andrés Caicedo. Grupo Editorial Norma, Bogotá, 2009.

"El genio de Jerry Lewis". *Gaceta de Colcultura*. Agosto de 1976.

El cuento de mi vida (Memorias. Edición a cargo de María Elvira Bonilla. Presentación por María Victoria Caicedo. Contracarátula por Sandro Romero Rey). Grupo Editorial Norma, Bogotá, 2007. 2ª edición: presentación por María Victoria Caicedo Estela. Grupo Editorial Norma, Bogotá, 2008.

El libro negro. Edición: María Elvira Bonilla. Prólogo: "Caicedo, El atravesado" por Margarita Valencia. Grupo Editorial Norma, Bogotá, 2008.

Erotismo y perversiones (contiene fragmento del relato "Los dientes de Caperucita"). Edición pirata sin fecha.

"Especificidad del cine". *Gaceta de Colcultura*. Abril de 1977.

"La última existencia" (cuento). Suplemento *Contrastes*. *El Pueblo*, Cali, 1984.

"Los Rolling Stones vistos por su exmanager". *El Semanario*. *El Pueblo*, Cali, 16 de enero de 1977.

Mi cuerpo es una celda. Una autobiografía. Dirección y montaje: Alberto Fuguet. La Otra Orilla. Grupo Editorial Norma, Bogotá, 2008.

Mi cuerpo es una celda. Una autobiografía. Dirección y montaje: Alberto Fuguet. Prisa Ediciones, Bogotá, 2014.

Noche sin fortuna (contiene una presentación de Sandro Romero Rey titulada "Luz al sendero de *Noche sin fortuna*"; la novela *Noche sin fortuna* (1970-1976) y el relato "Antígona" (1970). Grupo Editorial Norma, Bogotá, 2002.

Noche sin fortuna. Presentación "Andrés más Caicedo: dos encuentros" por Alberto Fuguet. Biblioteca Andrés Caicedo. Grupo Editorial Norma, Bogotá, 2009.

Obra en marcha 2. La nueva literatura colombiana. Compilador: J.C. Cobo Borda (contiene el relato "Pronto: fragmentos de unas tales *Memorias de una cinesífilis*, encontrados dentro de una botella en las riberas del Canal de Panamá"). Bogotá, 1976.

Ojo al Cine. Nos. 1 al 5. Dirección: Andrés Caicedo. Cali, 1974-1976.

Ojo al Cine. Seleccionado y anotado por Luis Ospina y Sandro Romero Rey. (Contiene 124 textos sobre cine. El libro está dividido en seis secciones comentadas, junto a un *Avance* y a una introducción titulada "Andrés Caicedo y el cine"). Grupo Editorial Norma, Bogotá, 1999. 2ª edición: Biblioteca Andrés Caicedo. Verticales de Bolsillo. Grupo Editorial Norma, Bogotá, 2009. Seleccionado y anotado por Luis Ospina y Sandro Romero Rey. Presentación "*Ojo al Cine* paso a paso". Contiene textos adicionales, no incluidos en la primera edición.

¡Que viva la música! Instituto Colombiano de Cultura, Bogotá, 1977.

¡Que viva la música! Plaza & Janés, Bogotá, 1978.

¡Que viva la música! Selección Cultura Colombiana. Plaza & Janés, Bogotá, 1985.

¡Que viva la música! Narrativa Colombiana. Plaza & Janés, Bogotá, 1998. (Plaza & Janés publicó once ediciones de la novela con diferentes portadas).

¡Que viva la música! Edición al cuidado de Sandro Romero Rey. Grupo Editorial Norma Educativa, Bogotá, 2001.

¡Que viva la música! Presentación "El punk de Dios" por Fabián Casas. Grupo Editorial Norma, Buenos Aires, 2008.

¡Que viva la música! Presentación "Ogros ejemplares. Andrés Caicedo: palabras y empeños" por Daniel Centeno M. Biblioteca Andrés Caicedo. Verticales de Bolsillo. Grupo Editorial Norma, Bogotá, 2009.

¡Que viva la música! Presentaciones. "Cogiéndole el paso a la Siempreviva" por Bernard Cohen; "Mis días y noches con Andrés" por Jaime Manrique; "Caicedo y yo, destinitos fatales" por Marco Cassini; "Planeta Caicedo" por Albert Fuguet. Alfaguara, Bogotá, 2012.

¡Que viva la música! Punto de lectura. Prisa Ediciones, Bogotá, 2013.

¡Que viva la música! Editorial Víctor Hugo, sin fecha.

Recibiendo al nuevo alumno (Presentación "El mito de una generación" por Maurizio Domenici). Colección Tiempo

Estético. Facultad de Humanidades. Universidad del Valle, Cali, 1995.
Teatro (contiene las obras "El mar", "El fin de las vacaciones", "Los imbéciles están de testigo", "La piel del otro héroe", "Las curiosas conciencias". Presentación "El teatro maldito de Andrés Caicedo" por Maurizio Domenici). Editorial Universidad del Valle, Cali, 1997.

Traducciones

La mer. Traduit de l'espagnol (Colombie) par Dense Laroutis. Editions Les Solitaires Intempestifs y Théâtre Gérard Philipe de Saint-Denis, Paris, 1998 (teatro).
Liveforever. Introduced by Juan Gabriel Vásquez. Translated by Frank Wynne. Modern Classics. Penguin Books, London, 2014.
¡Que viva la música! Préface "Que la fête commence…" par Bernard Cohen. Traduit de l'espagnol (Colombie) par Bernard Cohen. Belfond, Paris, 2012.
Salsavida. Roman/Andrés Caicedo. Aus dem Spanischen von Klaus D. Hebenstreit. Sin editor, Wuppertal, 1997.
Traversé par la rage. Traduit de l'espagnol (Colombie) par Bernard Cohen. Belfond, Paris, 2013.
Viva la musica (romanzo). Traduzione dallo spagnolo di Maurizio Savoja e Maurizio Sacchi. Sugar Co. Edizioni, Milano, 1982.
Viva a música! Tradução Luis Reyes Gil. Rádio Londres, Rio do Janeiro, 2015.
Viva la musica! Traduttore R. Schenardi. Sur, Roma, 2012.

Sobre Andrés Caicedo (selección)

Aguirre, Alberto. "Ángeles custodios". *Cromos*, Bogotá, 1999.
Álvarez Gardeazábal, Gustavo. "Obra y figura de Andrés Caicedo". *El Café Literario*, Vol. 1, No. 1 (enero-febrero 1979).
Álvarez Gardeazábal, Gustavo. "Andrés otra vez". *El Colombiano*, Medellín, 21 de agosto de 1977.

Álvarez Gardeazábal, Gustavo. "Drogas, música y muerte". *El Colombiano*, Medellín, 3 de abril de 1977.

Álvarez Gardeazábal, Gustavo. *Notas profanas*. *El País*, Cali, 1977.

Alzate, Gastón. *Resistencia y sicotrópicos. Comentarios a la novela QVLM de A.C.* Arizona State University. Manuscrito sin fecha.

Barrientos Ortiz, Carlos. "Dos palabras acerca de Andrés Caicedo". *El Pueblo*, Cali, 4 de marzo de 1984.

Bonilla Aragón, Alfonso. "Andrés Caicedo Estela". *El País*, Cali, 1977.

Caicedo, Andrés. *Destinitos fatales*. Selección y prólogo por Sandro Romero Rey y Luis Ospina. Bogotá, Oveja Negra, 1984.

Caicedo, Rosario. "A mi hermano le gustaba ir al cine". *El Pueblo*. Cali, 6 de octubre de 1985.

Caicedo, Andrés. *Angelitos empantanados o historias para jovencitos.* Nota introductoria y cronología por Carlos Patiño. Colección Cara y Cruz. Grupo Editorial Norma, Bogotá, 1995.

Caicedo, Rosario. "La estrellita más brillante de todas". *Revista Piedepágina*. No. 11, abril de 2007.

Cañón, Héctor. "El cuento de Caicedo". *Lecturas* de *El Tiempo*, Bogotá, 2007.

Cobo Borda, Juan Gustavo. *Boletín Cultural y Bibliográfico*, No. 3. Vol. XXII, Bogotá, 1985.

Cobo Borda, Juan Gustavo. *La narrativa colombiana después de García Márquez*. Bogotá, Tercer Mundo Editores, 1989.

Cobo Borda, Juan Gustavo. *Breviario arbitrario de literatura colombiana.* Taurus, Bogotá, 2011.

Crotti, Egidio. *Prólogo a la edición italiana de QVLM.* Traducción de Luis Ospina. Suplemento *Contrastes*. *El Pueblo*, Cali, 1984.

Cuéllar García, Carolina y Mejía Peláez, Verónica. "La obra de teatro *Angelitos empantanados* de Andrés Caicedo bajo la mirada de los alumnos de los grados 10 y 11 del Colegio Alemán". Trabajo de Grado. Colegio Alemán, Medellín, 2001.

Cuervo, Germán. *El mar* (novela). Plaza & Janés, Bogotá, 1994.

Duchesne Winter, Juan y Gómez Gutiérrez, Felipe. *La estela de Caicedo. Miradas críticas*. Serie Nueva América. Universidad de Pittsburgh, Pittsburgh, 2009.

Elyeye Echeverri, Sonia. *Andrés Caicedo Stella* (sic). Librillo sin fecha ni editorial.

Estudios de Literatura Colombiana, No. 3 (contiene el ensayo "Música y ciudad en *QVLM* de Andrés Caicedo", de Edwin Carvajal). Universidad de Antioquia, Medellín, 1998.

Fuguet, Alberto. "El hombre que veía demasiado". Suplemento *Zona de Contacto*, Santiago de Chile, sin fecha.

Gómez, Felipe. *MISTERIO REGIO: Contracultura y el cadáver de Caicedo.* A dissertation submitted in partial fulfillment of the requirements for the degree of Doctor of Philosophy (Romance Language and Literature: Spanish) in the University of Michigan. Manuscrito, 2004.

Íkala. Revista de Lenguaje y Literatura. Vol. 3, No. 6 (contiene el artículo "María del Carmen Huerta o la negación de identidad social en *QVLM*", de Edwin Alberto Carvajal). Universidad de Antioquia, Escuela de Idiomas, Medellín, 1998.

Jiménez, Camilo Enrique. *Literatura, juventud y cultura posmoderna. La narrativa antiadulta de Andrés Caicedo.* Universidad Pedagógica Nacional, Bogotá, 2006.

Jordán, Nelly. *Como si los muertos hablaran.* Manuscrito inédito.

Linck, Anouck. *Andrés Caicedo: un météore dans les lettres colombiennes.* L'Harmattan, Paris/Budapest/Torino, 2001. Contient un choix de textes de A. Caicedo.

Marías, Miguel. "Andrés Caicedo". Suplemento *Contrastes. El Pueblo*, Cali, 1977.

Maza, Gonzalo. "Cinépata, cinéfago, cinéfilo". Suplemento *Zona de Contacto.* Santiago de Chile, sin fecha.

Motato, Hernando. "*QVLM,* Cali-doscopio de una conciencia". Revista *La Casa Grande,* México, 1997.

Muñoz Sarmiento, Luis Carlos. *La música y la literatura. Andrés Caicedo y ¡Que viva la música!* Ediciones Semper, Bogotá, 1987.

Nieves, Héctor E. *Análisis literario ¡Que viva la música!* Editorial Esquilo, Bogotá, 1999.

Obregón, Carlos Roberto. "Pataleos de la literatura". *Lecturas Dominicales* de *El Tiempo*. Bogotá, 1985.

Ochoa, Jorge Mario. *La narrativa de Andrés Caicedo.* Universidad de Caldas, Manizales, 1993.

Ospina, Luis. "Encuentro cercano de dos tipos". Revista *Don Juan*. No. 6, marzo de 2007.

Pescador R., Alvaro H. *Andrés Caicedo: ¿¡boom! o perpetuidad?* Tesis. Manuscrito sin fecha.

Ramos, Alberto. "La influencia del cine en la obra de Andrés Caicedo". *Dominical* de *El País*. Cali, sin fecha.

Restrepo, Patricia. "Andrés Caicedo (septiembre 1951-marzo 1977)". En *El libro de las celebraciones.* Fundación Domingo Atrasado, Bogotá, 2007.

Romero Rey, Sandro. "33 años A.C." Suplemento *Contrastes. El Pueblo*, Cali, 1984.

Romero Rey, Sandro. "Los papeles de Andrés". Suplemento *Contrastes. El Pueblo*, Cali, 1984.

Romero Rey, Sandro. *A.C.: Teatro, cine, literatura.* Inédito.

Romero Rey, Sandro. "Andrés Caicedo: La feliz amargura". Revista *Arcadia va al cine*. Bogotá, 1987. Reproducido en el programa del teatro Matacandelas, 1994. Reproducido en el libro *La crítica de cine. Una historia en textos. Artículos memorables en Colombia 1897-2000.* Compilación realizada por Juan Gustavo Cobo Borda y Ramiro Arbeláez. Coedición: Proimágenes Colombia, Universidad Nacional de Colombia. 2011.

Romero Rey, Sandro. "Poemitas de Andrés Caicedo: la mínima expresión". Inédito. 1990.

Romero Rey, Sandro. "¡Corten! (Carlos Mayolo: la misa final)". Revista *El Malpensante*, No. 76, 2007.

Romero Rey, Sandro. "La caja de Pandora". Revista *Número*, No. 52, 2007.

Romero Rey, Sandro. "Sin aliento (Adiós, Carlos Mayolo)". Revista *Número*. No. 52, 2007.

Romero Rey, Sandro. "La 'cinefilia' de Andrés Caicedo". *Revista Cine-Hoy*. Reproducido en *El Dominical* de *El País*. Cali, sin fecha.

Romero Rey, Sandro. *Andrés Caicedo o la muerte sin sosiego.* Grupo Editorial Norma, Bogotá, 2007.

Romero Rey, Sandro. "'Antígona', 'Destinitos fatales' y *Noche sin fortuna*: el mito de / en Andrés Caicedo". En *Género y destino. La tragedia griega en Colombia.* Tomo 1. Ediciones Universidad Distrital, Bogotá, 2015.

Suescún, Nicolás. "El caso más impresionante de precocidad literaria". *El Tiempo*, Bogotá, 1977.

Teatro Cero. Programa *El mar*, de Andrés Caicedo. Dirección: Sandro Romero Rey. Bogotá, 1996.

Teatro Matacandelas. Programa *Angelitos empantanados (Historias para jovencitos).* Medellín, 1995.

Valverde, Umberto. "Entrevista con Andrés Caicedo". *El Pueblo*, 1975.

Varanini, Francesco. *Viaje literario por América Latina*, El Acantilado, Barcelona, 2000. Traducción de Attilio Pentinalli.

Varios, Teatro Matacandelas. *Angelitos empantanados (Historias para jovencitos).* Programa Beca de Creación Colcultura. Medellín, 1994.

Videofilmografía sobre/de Andrés Caicedo

Angelita y Miguel Ángel

Dirección: Andrés Caicedo, Carlos Mayolo. Guion: Andrés Caicedo, basado en su relato homónimo. Producción: Carlos Mayolo, Simón Alexandrovich. Fotografía: Enrique Forero. Montaje: Luis Ospina. Reparto: Jaime Acosta, Pilar Villamizar, Fabián Ramírez, Andrés Caicedo, Astrid Orozco, Líber Fernández. Colombia/1971/25 min. (Versión 1991).

Angelitos empantanados: historias para jovencitos

Dirección: Andrés Caicedo. Cámara y sonido: Eduardo Carvajal. Montaje y postproducción: Luis Ospina. Asistente: Patricia Restrepo. Producción: Eduardo Carvajal. Reparto: Andrés

Caicedo, Clarisol Lemos, Guillermo Lemos, Carlos Tofiño, Fosforito. Colombia/1974/20 min.

ENTREVISTA PIRATA CON ANDRÉS CAICEDO

Esta es la única entrevista filmada de Andrés Caicedo, realizada una semana antes de su muerte. Fue emitida en el programa *Páginas de Colcultura* dirigido por Juan Gustavo Cobo Borda. El original de 16 mm de esta entrevista desapareció y solo queda este registro en video grabado de la pantalla de un televisor por Eduardo Carvajal y Luis Ospina el día de su emisión. Colombia/1977/3 min.

ANDRÉS CAICEDO: UNOS POCOS BUENOS AMIGOS

Dirección, guion y montaje: Luis Ospina. Cámara: Olmedo Cardozo/Diego Villegas/Erik Bongue/Mauricio Monsalve. Sonido: Mauricio Monsalve. Reparto: Carlos Alberto Caicedo, Carlos Mayolo, Sandro Romero Rey, Jaime Acosta, Alfonso Echeverri, Carlos Pineda, Hernando Guerrero, Miguel González, Óscar Campo, Pilar Villamizar, Fabián Ramírez, Hernán Nicholls, Carlos Tofiño, Patricia Restrepo. Imágenes de archivo de entrevista con Andrés Caicedo en *Páginas de Colcultura* (1977) y reconstrucción de la película *Angelita y Miguel Ángel* (1972) de Andrés Caicedo y Carlos Mayolo. Producción: Colcultura/Focine. Colombia/1986/86 min.

SIEMPREVIVA

Dirección: César Castro, Alberto Bejarano, Paula M. Trujillo. Guion: César Castro, Alberto Bejarano, Paula M. Trujillo. Producción: UVTV. Fotografía: Luis Hernández, Óscar Bernal. Montaje: César Castro, Alberto Bejarano, Paula M. Trujillo. Colombia/1990/25 min.

Calicalabozo

Dirección: Jorge Navas. Beca de Creación en Video Arte Instituto Colombiano de Cultura; Fondos Mixtos del Valle del Cauca, 1995. *Rostros y Rastros* Universidad del Valle Televisión. Dirección de Cultura del Municipio de Santiago de Cali; Fondo Mixto para la Promoción de la Cultura y las Artes del Valle del Cauca, Colcultura. Producción general: Halaix Barbosa. Dirección de fotografía: Juan Carlos Gil. Cámara y Steadicam: Diego Jiménez. Edición: David Paz Salazar. Música original: José Fernando Garrido. Voz: Isabel Torres. Guion: Jorge Navas. Entrenamiento vocal: Halaix Barbosa. Versión libre sobre la obra literaria de Andrés Caicedo. Reparto: Camilo Vega (Andrés Caicedo), Abdenís Bermúdez (Angelita), Francisco Lloreda (Miguel Ángel), Roberto Andrade (Solano), Marisol Palacios (Mariángela), Alexander Leudo (El Mico), Fernando Aguilar (El Indio), Mario Alcalde (Marucaco), Daniel Chávez (Mimo), Pilar Villamizar (Madre), María Del Mar Solano (Voz Mariángela). Aparición especial: Carlos Alberto Caicedo, Fernell Franco, Charlie Pineda, Hernando Guerrero, Pakiko Ordóñez, Eduardo Carvajal, Halaix Barbosa. Un video del Ojo Tachado. Colombia/1997/110 min.

Un ángel del pantano

Dirección: Óscar Campo. Guion: Óscar Campo. Producción: UVTV. Fotografía: Diego Jiménez. Montaje: Óscar Campo. Colombia/1997/51 min.

Andrés Caicedo y Gonzalo Arango

Programa: *Las dos caras de la moneda*. Dirección: Álvaro Perea. Producción: Susana Urrea. Cámara: Jorge Perea. Libretos: Álvaro Perea. Una Producción de Señal Colombia. Colombia/2001/55 min.

Retrato de Andrés Caicedo

Dirección: Lina Hincapié, Luis Mosquera. Guion: Lina Hincapié, Luis Mosquera. Producción: Lina Hincapié, Luis Mosquera. Fotogafía: Lina Hincapié, Luis Mosquera. Montaje: Lina Hincapié, Luis Mosquera. Con: Miguel González. Colombia/2006/120 min.

Infección BSAS

Dirección: Harbyn Patiño. Guion: Harbyn Patiño. Producción: Carmen Elena Cruz. Fotografía: Harbyn Patiño. Montaje: Rafael Guzmán. Reparto: Mariana Roffo. Argentina/Colombia/2007/3 min 19 s.

Jamás dijo nunca nada

Dirección: Esteban Arango. Guion: Esteban Arango, Erick Castrillón. Producción: Esteban Arango, Erick Castrillón. Fotografía: Esteban Arango. Montaje: Esteban Arango. Intérpretes: Jonathan Arango. Colombia/2009/5 min.

El último fragmento

Dirección: anónima. Guion: fragmento de *¡Que viva la música!* de Andrés Caicedo. Producción: anónima. Montaje: Tomás Calzada. Reparto: Juan Pablo Villa, personajes de Cali. Voz en *off*: Juan Pablo Villa, María Paula Hernández. Colombia /2009/7 min.

Noche sin fortuna

Un documental sobre Andrés Caicedo de Francisco Forbes y Álvaro Cifuentes. Cámara: Francisco Forbes, Alvaro Cifuentes, Juan Felipe Chaverra. Sonido: Damián Turkieh. Montaje: Francisco Forbes. Producción: Luis Gabriel Velásquez,

Florence Ortiz Coste. Animación: Marina Fages, Juan Manuel Bramuglia, Gabriela Goldberg, Andrew Sala. Música original: Andrés Barlesi, Jonah Schwartz. Narrador: Leonardo Murúa. Color y b/n. HD. Big Sur, Argentina. Argentina/Colombia/2010/86 min.

QUE VIVA LA MÚSICA

Dirección: Carlos Moreno. Producción: Roy Azout, Andrés Calderón, Cristian Conti, Alex García, Rodrigo Guerrero. Música: Iván Benavides. Fotografía: Juan Carlos Gil. Foto fija: Eduardo Carvajal. Edición: Luis Carballar, Carlos Moreno, Andrés Porras. Diseño producción: Diana Trujillo. Dirección de arte: Claudia Victoria. Decorados: Natasha López. Sonido: Alejandro de Icaza. Supervisión de música: Lynn Fainchtein. Reparto: Paulina Dávila, Alejandra Ávila, Juan Pablo Barragán, Nelson Camayo, David Cantor. Producción: Dynamo, Itaca Films. Colombia/México/2015/101 min.

TODO COMENZÓ POR EL FIN

Director: Luis Ospina. Productor: Luis Ospina. Productora ejecutiva: Sasha Quintero Carbonell. Guion: Luis Ospina. Director de fotografía: Francisco Medina. Fotografía adicional: José Luis Guerín, Lina González, Rubén Mendoza, Margarita Peña, Miguel Salazar, Jaime Bonilla, Óscar Campo, Ramiro Arbeláez. Edición: Gustavo Vasco/Luis Ospina. Música: Camilo Sanabria, Franz Schubert, Los Speakers, Johnny Pacheco y Rolando Laserie, Bloque de Búsqueda, Junior Jein et al. Sonido y diseño sonoro: Isabel Torres/Andrés Montaña/Camilo Martínez/Amanda Villavieja. Sonido adicional: Amanda Villavieja/Carlos Rincón/Andrés Montaña Duret/Elkin Pérez/Juan Camilo Martínez. Mezcla: José Valenzuela. Narradores: Sandro Romero Rey/Joe Broderick. Reparto: Alberto Quiroga, Alberto Valdiri, Alejandra Borrero, Alejandra Gómez Lemos, Andrés Caicedo, Ani Aristizábal, Beatriz Caballero, Carlos Congote, Carlos Mayolo, Clarisol Lemos, Claudia González, Corinna Chand, Eduardo Carvajal, Elsa Vásquez, Enrique Buenaventura, Eugenio Renjifo, Fernando López, Guillermo Lemos, Harold Alvarado Tenorio, Hernando Guerrero, Jaime Acosta, Jaime Bonilla, Joyce Lamassonne, Karen Lamassonne, Liuba Hleap, Luis Ospina, María Vásquez, Miguel González, Miguel Marías, Óscar Campo, Patricia Restrepo, Pilar Villamizar, Ramiro Arbeláez, Ricardo Duque, Rodrigo Lalinde, Rosario Caicedo, Sandro Romero Rey, Vicky Hernández. Premios: Producción de largometraje documental del Fondo de Desarrollo Cinematográfico Proimágenes-Colombia (2011). Colombia/2015/208 min.

SONIDO BESTIAL

Dirección: Sylvia Vargas, Sandro Romero Rey. Documental de largometraje, DVCAM PAL. Edición: Marius Wehrli. Producción: Sylvia Vargas. Coproducción: Marius Wehrli, Sandro Romero Rey. Reparto: Ricardo "Richie" Ray, Bobby Cruz. Solistas invitados: Charlie Cruz, Luisito Carrión, Alex D'Castro, los Hermanos Sanabria, Miki Vimari, José Hidalgo "Mañengue", Charlie "el Pirata" Cotto, "Manolito" González, "Polito" Huertas, Johnny Pacheco, Bobby Valentín, Papo Lucca, Luis Marín, Luis García. Testimonios: Pacífico Maldonado, Gan Gan y Gan Gon, Rafael Viera, Richie Viera, Angie Ray, Umberto Valverde, Rafael Quintero. 90 min.

CARLOS MAYOLO

(Cali, 10 de septiembre de 1945-Bogotá, 3 de febrero de 2007). Realizador audiovisual, pionero de las grandes transformaciones del cine y la televisión en su país. Autodidacta, sus primeros pasos detrás de las cámaras los dio en el mundo de la publicidad acercándose, al mismo tiempo, a las grandes vanguardias artísticas de los años sesenta. Sus primeras experiencias cinematográficas las realiza combinando sus conocimientos empíricos con la reproducción de fórmulas heredadas de su temprana cinefilia y de su entusiasmo político por la izquierda. Junto a Jaime Vásquez, colabora en la creación del primer cineclub de su ciudad natal. En 1971, se asocia con Luis Ospina, joven estudiante de cine de UCLA, con quien realiza el documental contestatario *Oiga vea*, sátira sobre los Juegos Panamericanos de Cali. En la misma época, colabora con el escritor y crítico Andrés Caicedo en la consolidación del Cine Club de Cali. En los años setenta, continúa en sus realizaciones al alimón con Ospina (*Cali: de película*, *Asunción*), hasta la consolidación de dicha complicidad creativa a través del documental *Agarrando pueblo* (1978), verdadera bomba de tiempo en contra del cine latinoamericano que se aprovechaba de la pobreza para venderla en los festivales internacionales, libelo en forma de comedia contra la explotación de la miseria, autodenominada *pornomiseria*. Aunque realiza otros trabajos en solitario (*La hamaca, Sin telón, Rodillanegra, Bienvenida a Londres...*) es en 1984, cuando estrena *Carne de tu carne,* su primer largometraje (una historia de incesto que simboliza la introspección de una clase en medio de la violencia y la dominación) que su nombre se consolida como el de una de las figuras más originales del cine colombiano de la segunda mitad del siglo XX. En su segundo largo, *La mansión de Araucaíma* (1986), basado en el relato del escritor colombiano Álvaro Mutis, hace una alegoría sobre el poder y el encierro por las vías del erotismo. Ambas películas muestran un trabajo vívido, fresco y talentoso a través del llamado "gótico tropical". Obtiene prestigiosos premios internacionales, sobre todo en festivales fantásticos y de horror. Por su trabajo en televisión, recibe premios por *Azúcar* (1989-1991) serie sobre el mestizaje, la música tropical y el imperio del azúcar. Dirige *La otra raya del tigre,* basada en la novela del escritor colombiano Pedro Gómez Valderrama. Otra de sus series, *Hombres,* una comedia sobre la sexualidad, gana varios premios nacionales e internacionales. Fue profesor universitario, desarrolló varios proyectos literarios y publicó un libro de memorias titulado *Mamá, ¿qué hago?* (Oveja Negra, 2002). Falleció en Bogotá, en 2007. Después de su muerte, se publicó *Vida de mi cine y mi televisión* (Villegas Editores, 2008) y se puso en escena su obra de teatro *Pharmakon* (2008).

Filmografía de Carlos Mayolo

Publicista

Realizador de comerciales con Nicholls Publicidad, Cine al Ojo, Corafilm, Cinesistema, Kinos, Producciones Visuales, Rodaje Ltda., Truca TV, RCN TV.

Director de cine

1967 *En grande*

Documental institucional sobre Sidelpa (Siderúrgica del Pacífico). No existe copia.

Dirección: Carlos Mayolo. Productor: Nicholls Publicidad. Fotografía: Jan Henk Kleijn. Música: The Modern Jazz Quartet. Formato: 35 mm color. Duración: 6 min.

1967-1968 *Corrida*

Correalizada con Gregorio González Caicedo. Documental sobre la fiesta brava, inspirado en un poema de Evtuchenko. La película se presentó en la televisión nacional, según versión del propio Mayolo, acompañada de un poema de Bertolt Brecht cantado por Charlie Boy (Carlos Parada).

Dirección: Carlos Mayolo. Producción: Carlos Mayolo y Gregorio González Caicedo. Fotografía: Gregorio González Caicedo. Guion: Carlos Mayolo. Montaje: Carlos Mayolo. Música: Carlos Parada. Duración: 20 min. (1ª versión), 3 min. (2ª versión). Formato: 16 mm., b/n.

En la revista *Ojo al Cine* No. 1 (1974), *Corrida* tiene como fecha el año 1967 y se considera un film "inacabado". En el libro *Mamá, ¿qué hago?* Mayolo la ubica en 1965.

1968 *El basuro*

Documental sobre el basurero de Cali. Película inacabada, actualmente desaparecida. En su libro *Mamá, ¿qué hago?*, Mayolo afirmaba que algunos planos aparecen en documentales del cubano Santiago Álvarez.

Realización colectiva: Arturo Alape, Carlos Mayolo, Juan José Vejarano, Hernando González. Fotografía: Carlos Mayolo, Jorge Silva, Juan José Vejarano. Guion: Carlos Mayolo, Arturo Alape. Música: *Sinfonía del Nuevo Mundo* de Dvorak. Duración: 4 min. Formato: 16 mm., b/n.

1969 *Quinta de Bolívar*

Cortometraje documental sobre la Quinta del Libertador Simón Bolívar en Bogotá. Dirección: Carlos Mayolo. Producción: Corafilm. Fotografía: Víctor Morales. Guion: Carlos Mayolo. Montaje: Carlos Mayolo. Duración: 6 min. Formato: 35 mm., b/n.

1970 *Iglesia de San Ignacio*

Cortometraje documental sobre la iglesia bogotana del mismo nombre.

Dirección: Carlos Mayolo. Producción: Corafilm. Fotografía: Víctor Morales. Guion: Carlos Mayolo. Montaje: Carlos Mayolo. Duración: 6 min. Formato: 35 mm., b/n.

1971 *Monserrate*

Cortometraje documental satírico sobre Monserrate, lugar de peregrinación de Bogotá.

Dirección: Carlos Mayolo, Jorge Silva. Producción: Corafilm. Fotografía: Víctor Morales. Guion: Carlos Mayolo, Jorge Silva. Sonido: Jorge Silva, Yesid Guerrero. Montaje: Carlos

Mayolo. Música: Vivaldi, Daniel Santos. Duración: 8 min. Formato: 35 mm., b/n.

1971 *Una experiencia*

Peleas y pedreas filmadas en las rebeliones estudiantiles de febrero de 1971 en Cali acompañadas por *Bomba camará* de Richie Ray. Cine urgente de contrainformación.

Creación colectiva. Fotografía: Carlos Mayolo, Fernando Vélez. Guion: Carlos Mayolo. Texto: Umberto Valverde. Montaje: Carlos Mayolo. Música: Richie Ray y Bobby Cruz.

No existen copias. Este título no está referenciado ni en la filmografía de Mayolo publicada en la revisa *Ojo al Cine* No. 1, ni en la filmografía del *Reportaje crítico al cine colombiano* de Umberto Valverde. Los datos aquí consignados corresponden a los libros firmados por Mayolo.

1971 *Angelita y Miguel Ángel*

Primer intento de hacer ficción sobre una historia de Andrés Caicedo. Película inacabada por falta de dinero y divergencias entre Caicedo y Mayolo. Historia de dos parejas de jóvenes de dos clases sociales diferentes.

Dirección: Carlos Mayolo, Andrés Caicedo. Producción: Carlos Mayolo, Simón Alexandrovich. Fotografía: Carlos Mayolo, Enrique Forero, Manfred Hirsch. Guion y diálogos: Andrés Caicedo (sobre su cuento homónimo). Sonido: Manfred Hirsch. Dirección de arte: Carlos Mayolo. Montaje: Carlos Mayolo, Luis Ospina. Script: Ute Broll. Reparto: Jaime Acosta, Pilar Villamizar, Fabián Ramírez, Líber Fernández, Astrid Orozco, Guillermo Piedrahita, Ute Broll. Duración: 50 min. Formato: 16 mm., b/n.

No existe copia terminada. Recuperada por Luis Ospina en su largometraje documental *Andrés Caicedo: Unos pocos amigos* (1986). En el citado documental, se establece que *Angelita y Miguel Ángel* fue filmada a finales de 1971, meses después del rodaje de *Oiga vea*.

1972 *Oiga vea*

Primer documental con Luis Ospina. El efecto de los VI Juegos Panamericanos en la ciudad de Cali de 1971, desde el punto de vista de la gente que no pudo entrar a los estadios. Hay un malentendido con su fecha de estreno en diversas publicaciones: aunque *Oiga vea* se filmó en 1971, en realidad fue estrenada en 1972.

Dirección: Carlos Mayolo, Luis Ospina. Producción: Ciudad Solar. Fotografía: Carlos Mayolo. Guion: Luis Ospina, Carlos Mayolo. Sonido: Luis Ospina. Montaje: Luis Ospina. Música: Richie Ray y Bobby Cruz, John Philip Sousa, Procol Harum. Asistente de dirección y script: Ute Broll. Duración: 27 min. Formato: 16 mm., b/n.

1973 *Cali de película*

Cortometraje documental sobre la Feria de Cali.

Dirección: Carlos Mayolo, Luis Ospina. Producción: Cinesistema, Cine al Ojo. Fotografía: Carlos Mayolo. Guion: Luis Ospina, Carlos Mayolo. Sonido y montaje: Luis Ospina. Música: Nelson y sus estrellas, Ennio Morricone. Asistente de dirección: Eduardo Carvajal. Duración: 14 min. Formato: 35 mm., color.

1973 *Viene el hombre*

Cortometraje documental que ilustra la canción del mismo nombre de Nelson Osorio Marín. Dirección colectiva: Carlos Mayolo, Patricia Restrepo, Álvaro Trujillo, Roberto Fernández, Nelson Osorio, Clara Luz Uribe, Eduardo Carvajal, Luis Ospina. Fotografía: Carlos Mayolo, Luis Ospina. Guion: creación colectiva. Sonido: Luis Ospina. Montaje: Luis Ospina. Música: Nelson Osorio, Clara Luz Uribe. Duración: 4 min. Formato: 16 mm., b/n.

1975 *Contaminación es…*

Cortometraje documental ecológico institucional.

Dirección: Carlos Mayolo. Producción: Suramericana. Guion: José María Raventós. Fotografía: Enrique Forero. Asistente: Jaime Ceballos. Montaje: Carlos Mayolo, Enrique Forero. Locución: Hernán Castrillón. Duración: 9:43 min. Formato: 35 mm., color.

1975 *Sin telón*

Cortometraje documental sobre el grupo de teatro La Candelaria durante el proceso de montaje de su obra de creación colectiva *Guadalupe años sin cuenta.*

Dirección: Carlos Mayolo. Producción: Corafilm. Guion: Carlos Mayolo. Fotografía: Víctor Morales. Sonido: Patricia Restrepo. Montaje: Luis Ospina. Duración: 8 min. Formato: 35 mm., color.

1975 *La hamaca*

Cortometraje argumental, basado en el cuento homónimo de José Félix Fuenmayor.

Dirección: Carlos Mayolo. Producción: Cinesistema. Guion: Patricia Restrepo. Fotografía: Jorge Pinto. Sonido y montaje: Luis Ospina. Reparto: Luis Fernando Pérez, Hilda Ruiz, Carlos Mayolo. Duración: 15 min. Formato: 35 mm., color.

1975 *Asunción*

Cortometraje argumental. La historia de la rebelión de una muchacha del servicio contra su patrona. Prohibida por la Junta de Calidad durante dos años.

Dirección: Carlos Mayolo, Luis Ospina. Producción: Producciones Caligari. Diálogos: Andrés Uribe. Fotografía: Roberto Álvarez. Sonido y montaje: Luis Ospina. Música: Rafael Escalona, Richie Ray y Bobby Cruz. Reparto: Marina Restrepo, Mónica Silva, Pablo Martínez, Genaro de Gamboa. Duración: 16 min. Formato: 35 mm., color.

1976 *Rodillanegra*

Cortometraje argumental. Adaptación del cuento *Un faul para el*

Pibe de Umberto Valverde. Hecha en el valle de Pance con actores naturales.

Dirección: Carlos Mayolo. Producción: Cinesistema. Guion: Carlos Mayolo. Fotografía: Carlos Mayolo. Sonido: Patricia Restrepo. Montaje: Luis Ospina. Música: Charlie Palmieri. Reparto: Darío Bermúdez y el equipo de fútbol de Barrios Unidos, Cali. Duración: 15 min. Formato: 35 mm., color.

1977 *Agarrando pueblo*

Película de ficción que simula ser un documental sobre los cineastas que explotan la miseria con fines mercantilistas. Es una crítica mordaz a la *pornomiseria* (término acuñado por Mayolo y Ospina) y el oportunismo de los documentalistas deshonestos que hacen "documentales sociopolíticos" en el Tercer Mundo con el objeto de venderlos en Europa y ganar premios.

Dirección: Carlos Mayolo, Luis Ospina. Producción: Satuple (Sindicato de Trabajadores y Artistas Unidos para la Liberación Eterna). Guion: Carlos Mayolo, Luis Ospina. Fotografía: Fernando Vélez (b/n), Eduardo Carvajal (color), Enrique Forero, Jacques Marchal, Oswaldo López (fotografía adicional). Asistente y script: Elsa Vásquez. Sonido y montaje: Luis Ospina. Reparto: Luis Alfonso Londoño, Carlos Mayolo, Eduardo Carvajal, Ramiro Arbeláez, Javier Villa, Fabián Ramírez, Astrid Orozco. Duración: 28 min. Formato: 16 mm., b/n, color.

1978 *Bienvenida a Londres*

Cortometraje argumental. La historia de una niña colombiana que viaja a Londres a aprender inglés y se suicida un 24 de diciembre en el metro.

Dirección: María Emma Mejía, Carlos Mayolo. Producción: María Emma Mejía. Guion: María Emma Mejía, Carlos Mayolo. Fotografía: Gabriel Beristain. Sonido, montaje y reparto: alumnos de la National Film School de Londres. Duración: 12 min. Formato: 16 mm., color.

1983 *Carne de tu carne*

Primer largometraje. Incesto entre dos medios hermanos. Desencadenan fuerzas del pasado volviéndose caníbales y vampiros. Alegoría política sobre la violencia en Colombia, especialmente en el Valle del Cauca.

Dirección: Carlos Mayolo. Producción: Berta de Carvajal, Fernando Berón. Guion: Jorge Nieto, Elsa Vásquez, Carlos Mayolo. Dirección de arte: Miguel González. Fotografía: Gabriel Beristain. Sonido: Philip Pearle. Música: Mario Gómez-Vignes. Montaje: Luis Ospina, Karen Lamassonne. Asistente de dirección: Isabella Borrero. Reparto: Adriana Herrán, David Guerrero, Carlos Mayolo, Santiago García, Vicky Hernández, Sebastián Ospina, Lina Uribe, Josué Ángel, Alberto Dow, William Durán, Silvio Arango, José Grisales, Paulina de Duque, César Ramírez, Álvaro Bejarano, Karen Lamassonne, Lucy Bolaños, Ximena Guerrero. Duración: 86 min. Formato: 35 mm., color.

1984 *En busca de El Dorado*

Coproducción de Focine con Le Groupe Via Le Monde de Montreal, Canadá, para la serie *Légendes du monde*, distribuida internacionalmente. Dos niños en el Museo del Oro en Bogotá se trasladan a la época de la Conquista y ven el rito de El Dorado. Filmada en Bogotá y en la costa pacífica.

Dirección: Carlos Mayolo, Nicole Duchesne. Producción: Producciones Visuales, Berta de Carvajal, Liuba Hleap. Guion: Carlos Mayolo, Beatriz Caballero, Nicole Duchesne. Dirección de arte: Ricardo Duque. Fotografía: Rodrigo Lalinde. Sonido: Gustavo de la Hoz. Montaje: Luis Ospina. Reparto: Boris Birmaher, Gilberto Ramírez. Duración: 25 min. Formato: 16 mm., color.

1984 *La madremonte*

Coproducción de Focine con Le Groupe Via Le Monde de Montreal, Canadá, para la serie *Légendes du monde,* distribuida internacionalmente. Línea argumental a partir del mito de la productora de la naturaleza.

Dirección: Carlos Mayolo, Raúl Held. Producción: Producciones Visuales, Berta de Carvajal, Liuba Hleap. Guion: Carlos Mayolo, Raúl Held. Fotografía: Raúl Held. Sonido: Gustavo de la Hoz. Script: Elsa Vásquez. Montaje: Luis Ospina. Reparto: Alejandra Borrero, Helios Fernández. Duración: 25 min. Formato: 16 mm., color.

1985 *Aquel 19*

Cortometraje argumental para Focine, basado en un guion de Umberto Valverde. *Romeo y Julieta* en el barrio Obrero de Cali. Historia de amor imposible en un barrio popular en los años sesenta.

Dirección: Carlos Mayolo. Producción: Producciones Visuales, Berta de Carvajal, Liuba Hleap. Guion: Umberto Valverde. Fotografía: Joaquín Villegas. Sonido: Hernando Tejada. Montaje: Norma Desmond (seudónimo de Luis Ospina). Música: Ismael Rivera, Alberto Beltrán, Joe Cuba. Reparto: Marcela Agudelo, David Guerrero, Helios Fernández, muchachos del barrio, Carlos Mayolo. Duración: 25 min. Formato: 16 mm., color.

1985 *Cali, cálido, calidoscopio*

Cortometraje documental para celebrar los 450 años de la fundación de Cali.

Dirección: Carlos Mayolo. Producción: Producciones Visuales, Berta de Carvajal. Guion: María Elvira Bonilla. Fotografía: Carlos Congote. Sonido: Hernando Tejada. Script: Elsa Vásquez. Montaje: Luis Ospina. Música: Pepito López, Grupo Niche, Philip Glass. Duración: 25 min. Formato: 16 mm., color.

1985 *Rodando por el Valle*

Cortometraje. Una pareja es tomada como excusa para mostrar los sitios más turísticos del Valle del Cauca: Casa del Virrey en Cartago, Piedechinche, Tuluá, Museo Rayo, Hacienda El Paraíso, Plaza de Palmira, Parque de la Caña, Catarata del Indio, entre otros.

Dirección: Carlos Mayolo. Producción: Producciones Visuales. Asistente de dirección: Oscar Díaz. Jefe de producción: Berta de Carvajal. Asistente de producción: Liuba Hleap. Fotografía: Víctor Morales. Sonido: Hernando Tejada. Montaje: Luis Ospina, Karen Lamassonne. Duración: 15 min. Formato: 35 mm., color.

1986 *La mansión de Araucaíma*

Largometraje argumental. Adaptación de *La mansión de Araucaíma (relato gótico de tierra caliente)* de Álvaro Mutis, premio de Guion de Focine, realización encargada a Mayolo.

Dirección: Carlos Mayolo. Producción: Producciones Visuales, Berta de Carvajal, Liuba Hleap. Asistente de dirección: Sandro Romero Rey. Guion premiado: Julio Olaciregui, Philip Priestley. Adaptación del guion: Sandro Romero Rey, Carlos Mayolo. Fotografía: Rodrigo Lalinde. Dirección de arte: Miguel González, Ricardo Duque. Sonido: Gustavo de la Hoz. Script: Elsa Vásquez. Montaje: Luis Ospina, Karen Lamassonne. Música: Germán Arrieta. Reparto: Adriana Herrán, José Lewgoy, Vicky Hernández, Antonio Pitanga, Luis Fernando Montoya, Carlos Mayolo, Alejandro Buenaventura, David Guerrero. Duración: 86 min. Formato: 35 mm., color.

2007 *El placer de aprender*

Tráiler para largometraje (sin realizar) sobre la libertad sexual entre adolescentes y maestras.

Duración: 7 min. Formato: video, color. Cámara: La Mansión de Araucaíma. Música: Manuela Valencia. Reparto: Manuela Valencia, Juana González, Santiago Ayerbe, Gabriel Ponce, Félix Martínez, Julián Ospina (niños), Carmenza Gómez, Rosario Jaramillo (maestras).

Premios en cine

Dos premios Catalinas de oro por cortometrajes industriales, en el Festival de Cine de Cartagena.

Mención de honor, I Concurso Nacional de Cine de Arquitectura por *Iglesia de San Ignacio.*

Mención de honor, I Festival Colcultura por *La hamaca.*

Mejor cortometraje argumental, II Festival Colcultura por *Asunción.*

Mejor dirección cortometraje argumental, II Festival Colcultura por *Asunción.*

Mejor cortometraje argumental, III festival Colcultura por *Agarrando pueblo.*

Premio de la crítica Novais-Teixeira, Festival de Cortometrajes de Lille, Francia, por *Agarrando pueblo.*

Premio Interfilm, Festival de Oberhausen, Alemania, por *Agarrando pueblo.*

Mención de honor, Festival de Bilbao, España, premio de la Occic por *Agarrando pueblo.*

Mejor guion argumental, III Festival Colcultura por *Carne de tu carne.*

Mejor película, Fantasporto, Portugal, por *Carne de tu carne.*

Mejor película, Festival Imagfic (ciencia ficción e imaginario), Madrid, España por *Carne de tu carne.*

Mejor guion documental Cine en TV por *Cali, cálido, calidoscopio.*

Mejor documental Cine en TV por *Cali, cálido, calidoscopio.*

Mejor guion argumental Cine en TV por *Aquel 19.*

Mejor cortometraje argumental Cine en TV por *Aquel 19.*

Mejor película colombiana, Festival Internacional de Cine de Cartagena por *La mansión de Araucaíma.*

Premio especial del jurado del Festival de Río, Río de Janeiro, por *La mansión de Araucaíma.*

Otras participaciones en festivales de cine

Río de Janeiro, muestra oficial, *Carne de tu carne.*

Luxemburgo, festival imaginario y de ficción, *Carne de tu carne.*
Nueva Delhi, invitación a *Carne de tu carne.*
Tokio, en la reseña de invitados, *Carne de tu carne.*

Adenda

Después de su muerte, algunas de sus películas se han exhibido en la Tate Gallery de Londres, en la Filmoteca de Cataluña, en la Cineteca de México, en Casa de América de Madrid y en varios festivales internacionales, entre ellos, CPH:DOX de Copenhague, Fidocs de Santiago de Chile, Ambulante de México, Cinéma du Réel de París, Festival de los Tres Continentes en Nantes, Buenos Aires Festival de Cine Independiente –Bafici–, así como en el Festival Internacional de Cine Ficunam, México 2015, y en la Cinemateca Distrital de Bogotá. Su obra ha sido restaurada por la Fundación Patrimonio Fílmico Colombiano.

Director asistente

1981 *Fuga*

Título original: *Fuga scabrosamente pericolosa.* Un guerrillero secuestra a una muchacha de la burguesía.

Dirección: Nello Rossati. Director asistente: Carlos Mayolo. Coproducción: Carreta Films y Rafael Culzat. Reparto: Eleonora Vallone, Rodrigo Obregón. Duración: 90 min. Formato: 35 mm., color.

Director de arte

1978 *Tacones*

Largometraje musical. Versión caleña de *West Side Story*, con enfrentamientos entre la música disco y la salsa.

Dirección: Inti Pascual (Pascual Guerrero). Director de arte: Carlos Mayolo. Reparto: María Fernanda Martínez, Hermann Wexler, Margarita Rosa de Francisco, Fanny Mikey. Duración: 90 min.

ACTOR

1982 *Pura sangre*

Personaje: Perfecto. Perverso, pedófilo, asesino. Primera aproximación a historias góticas: en Cali, un rico hacendado sobrevive a punta de la sangre de muchachos pobres.

Dirección y producción: Luis Ospina. Fotografía: Ramón Suárez. Dirección de arte: Karen Lamassonne. Guion: Alberto Quiroga, Luis Ospina. Sonido: Philip Pearle. Montaje: Luis Ospina. Música: Gabriel y Bernardo Ossa. Asistente de dirección: Alex Martínez. Script: Elsa Vásquez. Reparto: Gilberto "Fly" Forero, Florina Lemaitre, Humberto Arango, Carlos Mayolo, Luis Alberto García. Duración: 98 min. Formato: 35 mm., color.

1983 *Carne de tu carne*

Personaje: Ever. Administrador de la finca, "pájaro", vigila a los medios hermanos amantes. (Ficha técnica en "Director de cine").

1985 *En busca de "María"*

Personaje: Máximo Calvo. Reconstrucción del rodaje de *María* de Máximo Calvo y Alfredo del Diestro, primer largometraje nacional, filmado en el Valle del Cauca, a partir de la novela de Jorge Isaacs.

Dirección: Jorge Nieto y Luis Ospina. Producción: Nueva Era, Cinemateca Distrital. Investigación: Martha Helena Retrepo. Guion: Luis Ospina y Jorge Nieto. Fotografía: Víctor Morales. Dirección de arte: Karen Lamassonne. Montaje: Luis Ospina y Karen Lamassonne. Música: Antonio María Valencia, Pepito López. Asistente de dirección: Andrés Marroquín. Reparto: Elsa Vásquez, Adriana Calero, Sandro Romero, Luis Ospina, Carlos Mayolo, Estella López. Duración: 15 min. Formato: 35 mm., b/n y color.

1985 *Aquel 19*
Personaje: el investigador que descubre a los dos niños suicidas. (Ficha técnica en "Director de cine").

1986 *La mansión de Araucaíma*
Personaje: el guardián. Encargado de mantener el orden material en la casa. (Ficha técnica en "Director de cine").

1987 *Mi alma se la dejo al diablo*
Personaje: encargado de buscar perdidos en el Amazonas.
Dirección: Andrés Agudelo. Producción: RTI TV. Especial argumental unitario, basado en el libro de Germán Castro Caycedo. Reparto: Jairo Camargo, Mariela Rivas, Víctor Hugo Cabrera, Robert Watson, Kapax, Carlos Mayolo.

1987 *Cobra verde*
Personaje: gobernador de Pernambuco.
Dirección: Werner Herzog. Producción: Werner Herzog Filmproduktion. Duración: 111 min. Reparto: Klaus Kinski, Nana Fedu Abodo, King Ampaw, Salvatore Basile, Kofi Bryan, Guillermo Coronel, Kwesi Fase, Carlos Mayolo.

1988 *Los pecados de Inés de Hinojosa*
Personaje: Lope de Aguirre.
Dirección: Jorge Alí Triana. Producción: RTI TV. Serie de diez capítulos, basada en la novela de Próspero Morales Padilla. Reparto: Margarita Rosa de Francisco, Amparo Grisales, Diego Álvarez, Fanny Mikey, Diego Vélez, Carlos Mayolo, entre otros.

2002 *El brillante de Fondclaire*
Personaje: el obispo.
Dirección: Armando Escobar. Producción: Corporación del Nuevo Cine Latinoamericano. Cortometraje experimental colectivo en video.

2003 *Escena, ¿qué?*
Personaje: el profesor de guion. Una alumna y su profesor discuten la manera de hacer un guion.
Dirección: Pablo González. Producción: Pontificia Universidad Javeriana. Cortometraje en video.

DIRECTOR DE TELEVISIÓN

1984 *Cuentos de espanto*
Cuatro episodios unitarios de media hora: "Despierta si estás dormida", "La mujer en llamas", "La muerte sin sosiego", "Baila para mí".
Dirección: Carlos Mayolo. Producción: Proyectamos TV, Clara María Ochoa. Libretos: Sandro Romero Rey.

1987 *Mi alma se la dejo al diablo*
Detrás de cámaras de la producción del mismo nombre de RTI TV.

1987/1988 *Suspenso 7:30 p.m.*
Episodios unitarios de media hora. Algunos títulos dirigidos por Mayolo: "Noches de pasión", "Gato encerrado".
Dirección: Carlos Mayolo. Producción: RTI TV.

1989 *Rostros y rastros*
Serie. Tres episodios:*Tatínez y Matachín.* Documental.
Dirección: Carlos Mayolo. Producción de campo: Alejandra David. Producción ejecutiva: Doris Eder de Zambrano, Germán Vallejo. Coordinación: Óscar Campo.
Cámara: Luis Hernández. Iluminación/dirección de fotografía: Luis Hernández. Sonido: César Salazar. Operación de video: Edgar Gil. Duración: 25 min., 35 s. Formato de grabación y emisión: 3/4 U-matic. Producción: UVTV, Universidad del Valle.
Sinopsis: cada dos años en el municipio de Riosucio, departamento de Caldas, se celebra el Carnaval del Diablo. *Tatínez*

y Matachín muestra las dinámicas de la festividad e indaga en los orígenes de la misma. El documental también da cuenta de las significaciones culturales del diablo que subyacen a la celebración del carnaval, explorando las relaciones de los riosuceños con esta figura.

1989 *La palabra del diablo I y II*
Ficción.
Dirección general: Carlos Mayolo. Producción de campo: Alejandra David. Producción ejecutiva: Doris Eder de Zambrano, Germán Vallejo. Jefa de producción: Yolanda Bautista. Música: Carlos Iván Medina. Dirección artística y vestuario: Joyce Lamassonne. Guion: Carlos Mayolo, Joyce Lamassonne. Postproducción: Paranova Films, Giovanni Agudelo. Edición: Antonio Dorado, Óscar Agredo. Cámara, iluminación y dirección de fotografía: Luis Hernández. Duración: 26 min (c/u). Formato de grabación y emisión: 3/4 U-matic. Producción: UVTV, Universidad del Valle. Reparto: July Pedraza (Lucero), José Luis Quessep (Damián), Omar Marín Cardona, Jaime Grisales Cruz, Adriana Pérez, Ana Campiño, Joaquín Guevara, Edgar Gil, Augusto Gartner, Joyce Lamassonne.
Sinopsis: para los pobladores de Riosucio, Caldas, recibir la visita del diablo es motivo de orgullo. La gente lo espera con emoción, con ansiedad, preparando una fiesta para su llegada; las mujeres del pueblo sueñan con tener un hijo suyo. A través de un relato fantástico en el que se insertan algunas imágenes documentales, este audiovisual registra una de las fiestas populares más singulares del país, el Carnaval del Diablo.

1988-1999 *Litoral*
Serie documental sobre la costa pacífica. 36 episodios: "Memoria I y II", "Mercedes Montaño", "La Gringa", "La caída", "Vaporinos", "Gertrudis Bonilla", "La Madre de Agua", "El Riviel", "El barco Maravelí", "La Tunda", "La Marimonda o Madremonte", "El duende", "Experiencias I y II".

Dirección: Carlos Mayolo y Gerardo Otero. Producción: Imágenes Televisión, Jairo Sánchez, para Telepacífico. Asistente de dirección: Gerardo Otero. Cámara: Carlos Blanco. Sonido: César Salazar.

1989 *Azúcar*
Serie argumental de 83 horas que cuenta la saga de una hacienda de caña de azúcar en el Valle del Cauca, a lo largo de tres generaciones.
Dirección: Carlos Mayolo. Producción: RCN TV. Argumento original: Rodolfo Gómez, Carlos Mayolo, Virgilio Trespalacios, Sandro Romero Rey. Libretos: Mauricio Navas, Fernando Gaitán. Reparto: Gerardo de Francisco, Alejandra Borrero, Óscar Borda, Vicky Hernández, Alberto Valdiri, Carmenza Gómez, Hansel Camacho, Rita Robert, Danna García, Cristóbal Errázuriz, Helios Fernández, Luis Fernando Hoyos, Humberto Arango, Leonor González.

1990 *Laura, por favor*
Comedia sobre situaciones de familia de clase media. 68 capítulos de 30 min.
Dirección: Carlos Mayolo. Producción: RCN TV. Libretos: Fernando Gaitán. Reparto: Alberto Valdiri, David Guerrero, Constanza Duque, Juan Carlos Arango, Ana María Arango, Rosita Alonso.

1992 *Protagonistas*
Serie. Dirección de algunos episodios.
Dirección: Carlos Mayolo. Producción: Telepacífico.

1993 *Cuentos de Bernardo Romero Pereiro*
Serie. "¿Por qué te fuiste, Ramírez?" (dos capítulos)
Dirección: Carlos Mayolo. Producción: RTI TV. Reparto: Rosario Jaramillo, Jaime Andrés Uribe, Manuel Busquets.

1993 *La otra raya del tigre*

Serie de trece capítulos de una hora. Novela épica basada en el libro homónimo de Pedro Gómez Valderrama.

Dirección: Carlos Mayolo. Producción: RCN TV. Adaptación y libretos: Martha Bossio. Script y edición: Gerardo Otero. Música original: Josefina Severino. Reparto: Guy Ecker, Danna García, Claudia González, Gerardo de Francisco, Luis Fernando Múnera, María Fernanda Martínez, Orlando Valenzuela, Juan Carlos Arango, Guillermo Vives, Humberto Arango, Santiago Vejarano, Jaime Andrés Uribe, Rosario Jaramillo, Raquel Sofía Amaya, Matilde Suescún, Talú Quintero.

1996 *Hombres*

Comedia ética sobre el comportamiento de los sexos. Serie de 85 capítulos de una hora.

Dirección: Carlos Mayolo. Producción: RCN TV. Libretos: Mónica Agudelo. Música original: Bernardo Ossa. Edición: Adriana Villamizar. Reparto: Margarita Rosa de Francisco, Nicolás Montero, Alejandra Borrero, Luis Fernando Hoyos, Gustavo Angarita, Aura Cristina Geithner, Luis Mesa.

1997 *Caballero expuesto*

Video sobre la exposición *Luis Caballero: sin título, 1966-1968* en el Museo Nacional.

Dirección: Carlos Mayolo. Producción: Beatriz Caballero. Edición: Gerardo Otero. Duración: 24 min. Formato: video, color.

2000 *Brujeres*

Serie sobre cuatro mujeres tras el crimen de su mejor amiga.

Dirección: Carlos Mayolo (inicial de Kepa Amuchastegui y Nicolás Montero). Producción: RCN TV. Libretos: Mónica Agudelo. Música: Juan Gabriel Turbay. Reparto: Rita Bendek, Marcela Agudelo, Helena Mallarino, Patricia Polanco.

2002 *Mario Fernando Piano*
Programa de entrevistas y musical de Mario Fernando Prado. Primeras emisiones.
Creación y dirección: Carlos Mayolo. Producción: Telepacífico. Reparto: Mario Fernando Prado. Invitados.

Obra de teatro

Pharmakon (bálsamo o veneno)

Texto teatral. Mayolo escribió tres versiones distintas. Ensayo sobre la droga, escrito desde el punto de vista del drogadicto. La puesta en escena fue estrenada en agosto de 2008, para inaugurar la Sala Mayolo de Casa Ensamble (hoy, Casa E) en Bogotá.
Montaje y dirección: Sandro Romero Rey. El paciente: Alejandra Borrero. Médicos invitados (en videos con cámara de Felipe Montoya): Sandro Romero Rey, Adriana Herrán, David Guerrero, Marcela Agudelo, Luis Fernando Montoya, Rosario Jaramillo, Luis Mesa, Ricardo Duque, Santiago García, Alberto Valdiri, Ricardo Vélez, Óscar Borda, Luis Ospina, Carmenza Gómez, Nicolás Montero, Vicky Hernández. Dirección de arte: Ricardo Duque. Imágenes: fragmentos de *Cali, cálido, calidoscopio* y *Carne de tu carne*. Fotos: Carlos Duque, Carlos Mario Lema, Humberto Quevedo. Producción: Katrin Nyfeler. Música: bandas sonoras de *Carne de tu carne* (Mario Gómez Vignes) y de *La mansión de Araucaíma* (Germán Arrieta). Asistentes de dirección: Catalina González, Roni Sabaleta.

Premios televisión

17 premios Simón Bolívar, por *Azúcar.*
Mejor Guion, mejor dirección Simón Bolívar, por *Hombres.*
Tercer puesto Ibermedia (España), por *Hombres.*

Cursos recibidos

Dirección: José Luis Borau, Cali, 1983.
Dirección de fotografía: Michael Balhaus, Medellín, 1983.
Dirección: Fernando Trueba, Ronda (España) 1997.

Instituciones cinematográficas y eventos

Cine Estudio 35, Cali. Fundador y director con Jaime Vásquez y Enrique Buenaventura.
Cine Club obrero en Fedetav, Cementos del Valle y Sindicato de La Manuelita, Cali.
Miembro del Cine Club de Cali, fundado por Andrés Caicedo.
Miembro de la junta directiva del Cine Club de Bogotá, fundado por Diego León Hoyos, Diego Rojas y Juan Diego Caicedo.
Jurado en el Festival Internacional de Cine de Cartagena.
Presidente de la Corporación del Nuevo Cine Latinoamericano.
Retrospectiva en Cine al Parque, Instituto Distrital de Cultura y Turismo, Bogotá.
Jurado de video de Sky TV.

Cursos, diplomados y realizaciones en video

Museo de Arte Moderno de Bogotá, *El encierro*, comedia.
UVTV, Universidad del Valle, *El sueño del pongo*, adaptación del cuento homónimo de José María Arguedas, ficción, y *El asalto*, drama.
Universidad del Tolima, *El mohán*, dramatizado experimental.
Interconsult y Universidad de Panamá, *Piratas*, *thriller*.
UVTV, Universidad del Valle, y Telepacífico, *Los miniserios*, comedia.
Universidad Autónoma de Occidente de Cali, "Prácticas de realización dramática para televisión", *La serie anunciada*, comedia, y *Salpicón*, comedia.
Universidad del Rosario, Bogotá, *Como la tentación*, drama.

Otras asesorías (selección)

Dirección de Cinematografía, Ministerio de Cultura y Fondo Mixto, Yopal, Casanare, evaluación de cortometrajes realizados en Casanare y presentación de largometrajes de Carlos Mayolo.

Dirección de Cinematografía, Ministerio de Cultura y Fondo Mixto, Barranquilla, Atlántico, asesoría en la realización de un cortometraje.

Producciones Chicamocha, Tipacoque, Boyacá, *El sueño de una película* de Eduar Rojas.

Festival de la Amazonia y Cine Mujer, Florencia, Caquetá, taller con estudiantes y trabajadoras sexuales.

Conferencias (selección)

Festival de Cine de Santa Fe de Antioquia, cuatro conferencias sobre cine colombiano.

La Isla al Mediodía, Bogotá, conferencia sobre la dirección de actores.

La Mansión de Araucaíma (grupo cultural), Bogotá, seis conferencias basadas en su libro en preparación *La vida de mi cine y mi televisión.*

Universidad Autónoma de Bucaramanga, conferencia sobre Andrés Caicedo.

Universidad del Rosario, Bogotá, conferencia sobre el documental.

Universidad Javeriana, Bogotá, pasantía: "Cómo hacer un largometraje".

Universidad Santiago de Cali, conversatorio sobre la serie de televisión *Hombres.*

Libros de Carlos Mayolo

Mamá, ¿qué hago? Vida secreta de un director de cine. Editorial Oveja Negra, Bogotá, 2002.

La vida de mi cine y mi televisión. Villegas Editores, Bogotá, 2008.

Libros sobre Carlos Mayolo (selección)

Hernández Samaniego, Georgina; Ortiga Parejo, Enrique (editores). *Carlos Mayolo. Un intenso cine de autor.* Universidad Autónoma de México, México D.F., 2015.

Varios. *Carlos Mayolo. Cuadernos de Cine Colombiano*, No. 21. Cinemateca Distrital, Bogotá, 2015.

Audiovisuales sobre Carlos Mayolo

1994 *Carlos Mayolo, un creador de cine en acción y reacción permanentes* de Luis Alberto Díaz. Serie "Los Protagonistas". 27 min.

2002 *Dirección* de Patricia Restrepo y Diego Rojas. Serie "Imágenes en movimiento". 30 min.

2004 *Caliwood* de William Vega. 27 min.

2005 *3 grados más de fiebre* de Carlos Andrés Bedoya. 25 min.

2006 *El vampiro de Ciudad Solar* de Ronald Ojeda. 29 min.

2006 *Carlos Mayolo, de película* de Roberto Triana. 59 min.

2006 *Homenaje a Carlos Mayolo.* Serie "El cine no ha muerto" de III Festival Internacional de Cortos El Espejo y Culturama. 25 min.

2007 *La última* de Hildebrando Porras. 30 min.

2007 *El vanguardista del cine caleño* de Harold Romo y Jairo Sánchez Ayala. Universidad Autónoma de Occidente, Cali. 55 min.

2015 *Todo comenzó por el fin* de Luis Ospina. 210 min.

LUIS OSPINA

(Cali, 14 de junio de 1949). Realizó estudios de cine en la Universidad del Sur de California USC (1968-69) y la Universidad de California UCLA (1969-72). Ha sido codirector del Cine Club de Cali (1972-77); cofundador, junto con Andrés Caicedo, Carlos

Mayolo y Ramiro Arbeláez, de la revista *Ojo al Cine* (1974-77); profesor de cine en la Universidad del Valle (1979-80); director de la Cinemateca del Museo de Arte Moderno La Tertulia, Cali (1986); crítico de cine y cronista para varias publicaciones, entre ellas: *Ojo al Cine*, *Kinetoscopio*, *El Pueblo*, *Cine*, *El Malpensante*, *Número* y *Cinemateca*; coproductor del largometraje alemán filmado en Colombia *Jackpot* (1976) de Renate Sami y Matthias Weiss, producido por la ZDF; editor de los largometrajes *Carne de tu carne* (1983) y *La mansión de Araucaíma* (1986) de Carlos Mayolo, y de los cortometrajes *Viene el hombre* (creación colectiva, 1973), *La hamaca* (Carlos Mayolo, 1975), *Sin telón* (Carlos Mayolo, 1975), *Cartagena: festival de cine* (Luis Crump, 1976), *La otra cara de La Moneda* (Eduardo Carvajal, 1976), *Atrapados* (Juan José Vejarano, 1987), *Valeria* (Óscar Campo, 1987), *Momentos de un domingo* (Patricia Restrepo, 1987) y *Las andanzas de Juan Máximo Gris* (Óscar Campo, 1987); director del taller de video documental Comuna's Películas en el Liceo Santo Domingo Savio de Medellín (1997); coeditor, con Sandro Romero Rey, de los libros *Destinitos fatales* (1984) y *Ojo al cine* (1999) de Andrés Caicedo; coautor de la obra de teatro *Solo mujeres solas* estrenada en el Teatro Nacional (2001); profesor de taller de documental en la Universidad Javeriana (2001-2004) y en la Universidad de los Andes (2003-2004), y curador de la exposición "Andrés Caicedo: morir y dejar obra" (2012). Desde 2009 es el director artístico del Festival Internacional de Cine de Cali (Ficcali). Ha sido merecedor de la Medalla al Mérito de las Comunicaciones Manuel Murillo Toro (1986); de la Medalla al Mérito Cultural en Cine, Festival Internacional de Arte de Cali (2001), y del Trofeo del II Festival de Cine y Video Cinmilímetros de Cali "por su valioso aporte al cine colombiano" (2001). En 2007, la Universidad del Valle le confirió el grado Honoris Causa en Periodismo y Comunicación Social y, en 2010, el Ministerio de Cultura le otorgó el premio "Toda una vida dedicada al cine" y el Festival InVitro Visual reconoció su aporte al cine colombiano con el premio Santa Lucía. Es autor del libro *Palabras al viento, mis sobras completas* (2007), recopilación de sus escritos de cine y de los cuadernillos *Andrés Caicedo: cartas de un cinéfilo* (2007). Sus películas han obtenido premios en los festivales internacionales de Oberhausen, Cádiz, Toulouse, Bilbao, Sitges, La Habana, Biarritz, Lima, Caracas, Bogotá y Cartagena. Su película *Un tigre de papel* (2007) ha ganado los siguientes galardones: Premio Nacional Documental, Ministerio de Cultura (2007); Premio Especial del Jurado, Festival Internacional de Miami (2008); Premio Especial del Jurado, Rencontre Cinémas d'Amérique Latine, Toulouse (2008); Premio TeleSur al Mejor Documental Latinoamericano, Edoc (2008); Segundo Premio al Mejor Documental, Festival de Lima (2008), y Mejor Documental de la revista *Revolución y Cultura*, Festival del Nuevo Cine Latinoamericano de La Habana (2008). Retrospectivas de su obra se han realizado en Nueva York, Caracas, Santiago, Buenos Aires, Toulouse, Barcelona, Madrid, Cali, Medellín, Barranquilla y Bogotá. En 2010 se publicó la antología crítica *Oiga/Vea: sonidos e imágenes de Luis Ospina*.

Filmografía

Director

1964 *Vía cerrada*

Cortometraje argumental.

Dirección: Luis Ospina. Producción: Luis Ospina. Guion: Luis Ospina. Fotografía: Luis Ospina. Montaje: Luis Ospina. Sonido: muda. Asistente de dirección: Hernando Guerrero. Reparto: Rodrigo Varona. Formato: 16 mm., color. Duración: 5 min.

Argumento: un joven, aburrido en Cali, toma un tren y se encuentra con su propia muerte.

1970 *Acto de fe*

Cortometraje argumental.

Dirección: Luis Ospina. Producción: Luis Ospina. Guion: Luis Ospina, adaptación del cuento "Eróstrato" de Jean-Paul

Sartre. Fotografía: Morgan Renard. Música: Béla Bartók. Montaje: Luis Ospina. Sonido: Luis Ospina. Asistente de dirección: Bill Coker. Reparto: David Hamburger, Herbert Di Gioia. Formato: Super-8, b/n. Duración: 17 min.

Argumento: adaptación del cuento "Eróstrato" de Jean Paul Sartre. Filmado en Los Ángeles como primer proyecto para la escuela de cine de UCLA. Un hombre al borde de la desesperación, decide comprar un revólver y sale a matar indiscriminadamente. Premios: primer premio I Festival de Cine Super-8 (Bogotá, 1977).

1971 *Autorretrato (dormido)*

Cortometraje experimental.

Dirección: Luis Ospina. Producción: Luis Ospina. Fotografía: Luis Ospina. Sonido: muda. Formato: Super-8, color. Duración: 3 min.

Argumento: film experimental en el cual el director registra, con una cámara automática, diez horas de su sueño condensados en tres minutos. Premios: primer premio, I Festival de Cine Super-8 (Bogotá, 1977).

1972 *Oiga vea*

Cortometraje documental.

Dirección: Luis Ospina/Carlos Mayolo. Producción: Luis Ospina/Carlos Mayolo/Ciudad Solar. Fotografía: Carlos Mayolo. Música: John Philip Souza, Procol Harum, Daniel Santos, Richie Ray y Bobby Cruz. Montaje: Luis Ospina. Sonido: Luis Ospina. Script: Ute Broll. Formato: 16 mm., b/n. Duración: 27 min.

Argumento: documental de denuncia sobre el efecto en la ciudad de Cali de los VI Juegos Panamericanos, vistos desde el punto de vista de la gente que no pudo entrar a los estadios.

1972 *El bombardeo de Washington*

Cortometraje experimental.

Dirección: Luis Ospina. Producción: Luis Ospina. Música: *La consagración de la primavera* de Igor Stravinski. Montaje: Luis Ospina. Sonido: Luis Ospina. Formato: 16 mm., b/n. Duración: 1 min.
Argumento: film experimental hecho con materiales de archivo encontrados mediante los cuales, por medio del montaje, se crea la ilusión de un bombardeo aéreo de Washington.

1973 *Cali: de película*
Documental.
Dirección: Luis Ospina/Carlos Mayolo. Producción: Cine al Ojo/Cinesistema. Fotografía: Carlos Mayolo. Montaje: Luis Ospina. Sonido: Luis Ospina. Mezcla: Elmer "Tilín" Carrera. Script: Ute Broll. Asistente de dirección: Eduardo Carvajal. Formato: 35 mm., color. Duración: 14 min.
Argumento: documental satírico sobre la Feria de Cali.

1975 *Asunción*
Cortometraje argumental.
Dirección: Luis Ospina/Carlos Mayolo. Producción: Producciones Caligari. Productores: Luis Ospina, Sergio Dow, Octavio Cruz. Guion: Luis Ospina/Carlos Mayolo. Diálogos: Andrés Uribe. Fotografía: Roberto Álvarez. Cámara: Enrique Forero. Montaje: Luis Ospina. Sonido: Luis Ospina. Asistente de dirección: Patricia Restrepo. Reparto: Marina Restrepo, Mónica Silva, Vicenta Carabalí, Genaro de Gamboa, Pablo Martínez, Hugo Rivera, Arturo Restrepo, José I. Murcia, Ludmila. Foto fija: Vicky Ospina, Patricia Restrepo. Script: Teresa Saldarriaga. Formato: 35 mm., color. Duración: 15 min.
Argumento: la venganza de una empleada doméstica contra sus patrones. Premios: primer premio II Festival de Colcultura (Bogotá, 1977); Premio al Mejor Guion, II Festival de Colcultura (Bogotá, 1977).

1978 *Agarrando pueblo*
Cortometraje argumental.
Dirección: Luis Ospina/Carlos Mayolo. Producción: Satuple (Sindicato de Artistas y Trabajadores Unidos Para la Liberación Eterna). Guion: Luis Ospina/Carlos Mayolo. Fotografía (b/n): Fernando Vélez, Enrique Forero, Oswaldo López. Fotografía (color): Eduardo Carvajal, Jacques Marchal. Montaje: Luis Ospina. Sonido: Luis Ospina. Asistente de dirección: Elsa Vásquez. Reparto: Luis Alfonso Londoño, Carlos Mayolo, Eduardo Carvajal, Ramiro Arbeláez, Javier Villa, Fabián Ramírez, Astrid Orozco, Jaime Cevallos. Foto fija: Eduardo Carvajal. Formato: 16 mm., color, b/n. Duración: 27 min.
Argumento: película de acción que simula ser un documental sobre los cineastas que explotan la miseria con fines mercantilistas. Es una crítica mordaz a la *pornomiseria* y al oportunismo de los documentalistas deshonestos que hacen documentales "sociopolíticos" en el Tercer Mundo con el objeto de venderlos en Europa y ganar premios. Premios: primer premio III Festival de Colcultura (Bogotá, 1978); Premio Novais-Teixeira (Sindicato Francés de la Crítica de Cine); Festival Internacional del Cortometraje de Lille (Francia, 1979); Premio Interfilm Festival Internacional de Oberhausen (Alemania Federal, 1979); Mención de Jurado, Festival Internacional de Bilbao (España, 1979).

1982 *Pura sangre*
Largometraje argumental.
Dirección: Luis Ospina. Producción: Luis Ospina, con el apoyo de la Compañía de Fomento Cinematográfico, Focine. Productor asociado: Rodrigo Castaño. Producción ejecutiva: Héctor Buitrago. Producción de campo: Rocío Obregón. Asistentes de dirección: Karen Lamassonne, Alex Martínez. Guion: Alberto Quiroga, Luis Ospina. Director de fotografía: Ramón Suárez. Segunda cámara: Sergio Cabrera. Asistente de cámara: Jorge Cifuentes. Jefe electricista: Ernesto

Rodríguez. Música original: Gabriel Ossa, Bernardo Ossa. Música adicional: "Let it Bleed" (The Rolling Stones), "Pa fricassé los pollos" (Daniel Santos), "Tú me acostumbraste" (Olga Guillot), "Sombras" (Felipe Pirela). Montaje: Luis Ospina, Rodrigo Lalinde. Asistentes de montaje: Karen Lamassonne, Elsa Vásquez. Dirección artística: Karen Lamassonne. Storyboard: Karen Lamassonne. Vestuario: Ivonne Genrich. Utilería: Ricardo Duque. Maquillaje: Rubén Darío Serna. Sonido: Phil Pearle. Microfonista: Gustavo de la Hoz. Mezcla: Michel Carton. Script: Elsa Vásquez. Jefe electricista: Ernesto Rodríguez. Tramoya: Ignacio Tovar, Gilberto "Fly" Forero, Pompeyo Tiriat. Foto fija: Eduardo Carvajal. Reparto: Florina Lemaitre (Florencia), Carlos Mayolo (Perfecto), Humberto Arango (Ever), Roberto "Fly" Forero (Roberto Hurtado), Luis Alberto García (Adolfo), Patricia Bonilla (monja), Alvaro Gutiérrez (Babalú), Rita Escobar (la madre), César Muñoz (Henry), Luis Eduardo Fernández (Charlie), Victor Sands (Dr. Hughes), Berta Cataño (madre de Perfecto), Ramiro Arbeláez (reportero de televisión), Luis Alberto Álvarez (cura). Afiche: Carlos Duque. Actuación especial: Franky Linero (Poncho), Mario Rojas (Talía). Formato: 35 mm., color. Duración: 98 min.

Argumento: Roberto Hurtado, un anciano magnate azucarero, regresa a Cali después de hacerse un examen médico en los Estados Unidos. Lo acompañan en el avión privado su hijo Adolfo y el médico norteamericano Hughes. Este último le revela a Adolfo que su padre padece de una extraña enfermedad que exige transfusiones masivas de sangre de niños o adolescentes del mismo sexo. Dicha enfermedad ha convertido a Roberto Hurtado en un inválido de aspecto monstruoso. Vive aislado del mundo en un *penthouse*, desde donde controla su imperio económico. Su única comunicación con el mundo exterior es por medio de un circuito cerrado de televisión. Ignora de dónde proviene la sangre que lo mantiene vivo. Pasa los ratos libres viendo películas en video. Una vez enterado de las exigencias de la enfermedad de su padre,

Adolfo, al encontrar unas fotos que comprometen a tres de sus empleados (dos choferes y una enfermera) en un turbio crimen sexual, los chantajea para que le procuren la sangre a como dé lugar. Ever, Perfecto y Florencia conforman una banda de sádicos que recurren a métodos inescrupulosos para conseguir la sangre. En incursiones nocturnas, atrapan a sus víctimas y los someten a sus perversiones sexuales antes de sacarles la sangre y asesinarlos. La extraña desaparición de niños y la recurrente aparición de sus cadáveres desnudos en lugares despoblados ("mangones") crean un estado de terror y pánico en la ciudad. Son numerosas las versiones que la imaginación popular y la prensa tejen en torno a la serie de crímenes; se habla de un sádico, de un vampiro, de un "Monstruo de los Mangones". Premios: Mención al Guion, II Concurso de Guiones de Focine (Bogotá, 1981); Premio a la Mejor Actriz y al Mejor Sonido, Festival Internacional de Cine de Cartagena (1982); Mención del Jurado de la Crítica, Festival Internacional de Cine Fantástico de Sitges (España, 1983).

1985 *En busca de "María"*
Cortometraje documental.
Dirección: Luis Ospina/Jorge Nieto. Producción: Nueva Era/Cinemateca Distrital. Producción ejecutiva: Claudia Triana de Vargas, Jaime Cifuentes. Productor de campo: Diego Rojas. Guion: Luis Ospina/Jorge Nieto. Investigación y asistencia de dirección: Marta Helena Restrepo. Fotografía: Víctor Morales. Música: Pepito López, Luis A. Calvo, Hernando Sinisterra, Antonio María Valencia. Locución: José María Arzuaga (Máximo Calvo), Sandro Romero Rey (Efraín). Montaje: Luis Ospina. Preedición en video: Fernando Revollo. Dirección artística y asistencia de montaje: Karen Lamassonne. Sonido: Luis Ospina. Asistente de dirección: Elsa Vásquez. Script: Andrés Marroquín. Asistencia de cámara: Juan Ríos. Tramoyista: Gilberto "Fly" Forero. Reparto ficción: Elsa Vásquez (María), Sandro Romero Rey (Efraín),

Adriana Calero (Emma), Carlos Mayolo (Máximo Calvo), Luis Ospina (Alfredo del Diestro), José Antonio Moreno (padre Posada), Jorge Nieto (Federico López), Andrés Marroquín (ayudante), Margarita Pombo, Genaro Otero, Valeria Quintana. Reparto documental: Hernando Salcedo Silva, Stella López, Manolo Narváez, Esperanza Calvo, Gilberto "Fly" Forero, Julia E. Salcedo, Berta Llorente de Ponce de León. Foto fija: Eduardo Carvajal. Formato: 35 mm., color, b/n. Duración: 15 min.

Argumento: a partir de los únicos cuatro planos que sobreviven del primer largometraje mudo colombiano *María* (1921), del español Máximo Calvo, el documental reúne las técnicas de la investigación histórica, de la entrevista y de la reconstrucción escénica para rescatar la memoria de un film perdido. Premios: Medalla al Mérito de las Comunicaciones Manuel Murillo Toro, Premio Focine (1986); Círculo Precolombino al Mejor Documental, III Festival de Cine de Bogotá (1986); India Catalina al Mejor Documental, Festival Internacional de Cartagena (1986); Premio al Mejor Documental, Bienal de Cine de Bogotá (1986); Danzante de Bronce, Certamen Internacional del Film Corto Ciudad de Huesca (España, 1986).

1986 *Andrés Caicedo: unos pocos buenos amigos*

Largometraje documental.

Dirección: Luis Ospina. Producción: Colcultura/Focine. Producción ejecutiva: Mónica Gutiérrez, Ricardo Alonso, Fundación Cali-gráfica (Luis Ospina). Guion: Luis Ospina. Fotografía: Olmedo Cardozo, Diego Villegas, Erik Bongue, Mauricio Monsalve. Música: The Rolling Stones, Richie Ray y Bobby Cruz, The Animals, Bill Haley, Bernard Herrmann, Janis Joplin, Bob Dylan, Pete Rodríguez, Ray Barreto, Mario Gómez-Vignes, Héctor Lavoe, Gabriel Ossa, Bernando Ossa. Locución: Sandro Romero Rey. Montaje: Luis Ospina. Editores: Mario H. Sandino, Diego Ospina. Ingeniero de video: Erik Bongue. Postproducción: Justo Pastor, Hugo

Chavarro. Dirección artística: Karen Lamassonne. Actuación especial: Ana María Aristizábal (entrevistadora), Carmina Lago (María del Carmen Huerta), Julio Ardila (el atravesado). Reparto: Carlos Mayolo, Patricia Restrepo, Óscar Campo, Carlos Alberto Caicedo, Enrique Buenaventura, Carlos Pineda, José A. Moreno, Miguel González, Jaime Acosta, Pilar Villamizar, Alfonso Echeverri, Hernán Nicholls, Germán Cuervo, Hernando Guerrero, Fabián Ramírez, Guillermo Lemos, Carlos Tofiño. Material de archivo: *Angelita y Miguel Ángel* (Andrés Caicedo/Carlos Mayolo), *Pura sangre* (Luis Ospina), *Agarrando pueblo, Cali: de película* (Luis Ospina/Carlos Mayolo), *Carne de tu carne* (Carlos Mayolo), *Cali, cálido, calidoscopio* (Carlos Mayolo), *Valeria* (Óscar Campo), *Adela H.* (François Trufraut), *Las joyas de la familia* (Jerry Lewis), *Rewind* (Julien Temple). Fotografías: Eduardo Carvajal, Ciudad Solar, Ramiro Arbeláez, Luis Ospina, familia Caicedo Estela. Formato: U-matic, color, b/n. Duración: 86 min.

Argumento: utilizando como eje narrativo la reconstrucción de la película inacabada *Angelita y Miguel Ángel* (1971) de Andrés Caicedo y Carlos Mayolo, los amigos del escritor y crítico de cine Andrés Caicedo reflexionan sobre su vida, su obra y su suicidio.

1987 *Antonio María Valencia: música en cámara*

Largometraje documental.

Dirección: Luis Ospina. Producción: Corporación para la Cultura de Cali/Banco de la República/Colcultura/Universidad del Valle. Producción ejecutiva: María Isabel Caicedo. Guion: Luis Ospina. Fotografía: Diego García, Erik Bongue. Música: Antonio María Valencia. Intérpretes: "Trío emociones caucanas" (Trío Biava-Uribe), "Pasillo Palmira", "Preludio", "Aube estivale", "Bambuco del tiempo del ruido", "Sonatina boyacense" (Alina Sandoval), "Chirimía y bambuco sotareño" (Luis Carlos Figueroa), "Ritmo suramericano No. 5" (Mary Fernández), "Kunanti-Tutaya" (Coro Polifónico),

"Chirimía y bambuco sotareño" (Orquesta Sinfónica del Valle), *Réquiem* (Coro Benposta), "Chirimía y bambuco sotareño", *Danza ritual del fuego* de Manuel de Falla (Antonio María Valencia). Locución: Joëlle Coquerie (Anaïs Nin). Montaje: Luis Ospina. Editores: Antonio Dorado, Yolanda Bautista, Alfonso Vásquez. Ingeniero de video: Erik Bongue. Asistente de cámara: Mauricio Monsalve. Asistencia de dirección: Astrid Muñoz. Reparto: Mario Gómez-Vignes, Susana López, Mary Fernández, Luis Carlos Figueroa, Jesús María Espinosa, Otto de Greiff, Joaquín Nin-Culmell, Guillermo Valencia, Lola de Vaisman, Santiago Velasco, Luz María Bonilla, Lila Cuéllar, Rafael Ortiz, Daniel Romero. Formato: U-matic, color, b/n. Duración: 87 min.

Argumento: este documental rescata del olvido la memoria trágica del compositor Antonio María Valencia (1902-1952), pionero de la cultura musical y artística de Cali. Premios: Mención Especial del Jurado, IV Salón de Cine de Bogotá (1991).

1987 *Ojo y vista: peligra la vida del artista*

Cortometraje documental.

Dirección: Luis Ospina. Producción: Luis Ospina. Guion: Luis Ospina. Fotografía: Diego García. Asistente de cámara: Mauricio Monsalve. Montaje: Luis Ospina. Editores: Hernando León Moreno, Pablo Antonio Leal. Sonido: HernandoTejada. Ingeniero de video: Erik Bongue. Reparto: Dudman Adolfo Murillo, el Faquir Caleño. Formato: U-matic, color. Duración: 26 min.

Argumento: diez años después de *Agarrando pueblo* se produce el reencuentro del realizador con uno de sus protagonistas: un faquir callejero que sigue haciendo el mismo espectáculo. La visión de la película produce en él reflexiones sobre su vida, su trabajo y su imagen. Premios: Mejor Documental en Video, XIII Festival del Nuevo Cine Super-8 y Video de Caracas (1988).

1988 *Arte-sano cuadra a cuadra*
Cortometraje documental.
Dirección: Luis Ospina. Producción: Universidad del Valle UVTV. Producción general: Alejandra David. Producción ejecutiva: Doris Eder de Zambrano. Guion: Luis Ospina. Fotografía: Erik Bongue. Montaje: Luis Ospina. Sonido: César Salazar. Formato: U-matic, color. Duración: 25 min.
Argumento: en un espacio reducido a tres cuadras de la avenida Sexta de Cali, la cámara recoge las opiniones de los *hippies* dedicados a la artesanía.

1989 *Fotofijaciones: retrato hablado de Eduardo Carvajal*
Cortometraje documental.
Dirección: Luis Ospina. Producción: Universidad del Valle UVTV/Corporación para la Cultura de Cali. Producción general: Alejandra David. Producción ejecutiva: María Isabel Caicedo, Doris Eder de Zambrano, Yolanda Bautista. Guion: Luis Ospina. Fotografía: Óscar Bernal. Iluminación: Luis Hernández, Edgar Gil. Montaje: Luis Ospina. Editores: Antonio Dorado, Óscar Ágredo. Sonido: Hernando Tejada. Asistente: José Ignacio Sánchez. Formato: U-matic, color. Duración: 25 min.
Argumento: retrato hablado de Eduardo "la Rata" Carvajal sobre su trabajo como foto fija y videasta de la trasescena del cine colombiano.

1989 *Slapstick: la comedia muda norteamericana*
Serie documental.
Dirección: Luis Ospina. Producción: Inravisión/Fundación Patrimonio Fílmico Colombiano/Fundación Universidad de Bogotá Jorge Tadeo Lozano. Producción ejecutiva: Claudia Triana de Vargas. Guion: Luis Ospina, adaptación del ensayo: "La subversión de las convenciones: el slapstick como género" de Eileen Bowser, Eric Rhode, William K. Everson y Buster Keaton. Música: Armando Velásquez. Montaje: Constantín Stanislapstick (Luis Ospina). Editor:

Andrés R. Murillo B. Material de archivo: Departamento de Cine del Museo de Arte Moderno de Nueva York, MoMA. Formato: U-matic, b/n. Duración: serie de dos capítulos de 25 min. c/u.

Argumento: documental didáctico sobre la comedia silente norteamericana realizado con materiales de archivo.

1990 *Adiós a Cali*

Serie documental.

Primera parte: *Cali plano x plano*. Dirección: Luis Ospina. Producción: Universidad del Valle UVTV/Corporación para la Cultura de Cali. Jefe de producción: Alejandra David. Producción ejecutiva: María Isabel Caicedo, Doris Eder de Zambrano, Yolanda Bautista. Guion: Luis Ospina. Fotografía: Óscar Bernal. Iluminación: Luis Hernández. Música original: Germán Arrieta. Montaje: Luis Ospina. Editor: Óscar Ágredo. Sonido: Hernando Tejada. Asistente: José Ignacio Sánchez. Formato: U-matic, color. Duración: 25 min.

Segunda parte: *¡Ah, diosa Kali!* Dirección: Luis Ospina. Producción: Universidad del Valle UVTV/Corporación para la Cultura de Cali. Jefe de producción: Alejandra David. Producción ejecutiva: María Isabel Caicedo, Doris Eder de Zambrano, Yolanda Bautista. Guion: Luis Ospina. Fotografía: Óscar Bernal. Iluminación: Luis Hernández. Música original: Germán Arrieta. Música adicional: Yma Sumac, Arvo Pärt, Masayuki Koga, Roberto Ledesma, Dueto de Antaño. Montaje: Luis Ospina. Editor: Óscar Ágredo. Sonido: Hernando Tejada. Asistente: José Ignacio Sánchez. Reparto: Óscar Muñoz, Fernell Franco, Ever Astudillo, Karen Lamassonne. Formato: U-matic, color. Duración: 25 min.

Argumento: el documental se compone de dos partes: *Cali plano x plano* y *Adiós a Cali/¡Ah, diosa Kali!* La primera parte es un contrapunto de imagen y sonido sobre la destrucción del patrimonio arquitectónico de la ciudad. La segunda, recoge los testimonios de dos bandos opuestos: los artistas locales que han tratado el tema de la ciudad y los demoledores que se han empeñado en destruirla. Premios: Círculo Precolombino al Mejor Director de Video, VII Festival de Cine de Bogotá (1991); Mención Especial del Jurado, III Bienal Internacional de Video MAMM (Medellín, 1990); Mención Especial del Jurado, IV Salón de Cine de Bogotá (1991).

1990-1991 *Cámara ardiente*
Cortometraje documental.
Dirección: Luis Ospina. Producción: Universidad del Valle UVTV. Guion: Luis Ospina. Montaje: Luis Ospina. Formato: U-matic, color. Duración: 50 min.
Argumento: documental de encuesta con cámara fija sobre el ser caleño y sus opiniones sobre diversos temas: la felicidad, el dinero, la inocencia, el amor, los sueños...

1991 *Al pie*
Cortometraje documental.
Dirección: Luis Ospina. Producción: Telepacífico/Colcultura. Producción de campo: Gladys Arciniegas. Guion: Luis Ospina. Fotografía: Óscar Bernal. Música: "El limpiabotas" (Miguelito Valdés), "Esta tarde vi llover" (Roberto Ledesma), *Bolero* (Maurice Ravel). Sonido: César Salazar. Montaje: Luis Ospina. Editores: Giovanny Agudelo, Jaime Salinas. Asistente de dirección: Gerardo Otero. Formato: U-,matic, color. Duración: 25 min.
Argumento: el oficio de los lustrabotas.

1991 *Al pelo*
Cortometraje documental.
Dirección: Luis Ospina. Producción: Telepacífico/Colcultura. Producción de campo: Gladys Arciniegas. Guion: Luis Ospina. Asistente de dirección: Gladys Arciniegas. Fotografía: Óscar Bernal. Música: "Improvisaciones" (Sociedad Rap), "¿Quién te riza el pelo?" (Los Calis), "El barbero loco" (El Gran Combo), "Me gusta tu pelo" (Los Chunguitos). Sonido: César Salazar. Montaje: Luis Ospina. Editor: Giovanny

Agudelo. Asistente de dirección: Gerardo Otero. Formato: U-matic, color. Duración: 25 min.
Argumento: el oficio de los peluqueros.

1991 *A la carrera*
Cortometraje documental.
Dirección: Luis Ospina. Producción: Telepacífico/Colcultura. Producción de campo: Gladys Arciniegas. Guion: Luis Ospina. Asistente de dirección: Gladys Arciniegas. Fotografía: Óscar Bernal. Música: "Bella by Barlight" (John Lurie), "I Want to Live" (John Zorn), "Pura sangre" (Gabriel y Bernardo Ossa), *String Quartet No. 8* (Peter Sculthorpe), *Concerto pour la main gauche* (Maurice Ravel), *Stabat Mater* (Arvo Pärt), "In C" (Terry Riley), "Amazing Grace" (Ben Johnston), Mariachi Jalisco del Charro de Plata. Sonido: César Salazar. Montaje: Luis Ospina. Editor: Giovanny Agudelo. Asistente de dirección: Gerardo Otero. Formato: U-matic, color. Duración: 25 min.
Argumento: el oficio de los taxistas. Premios: Video Documental, IV Bienal Internacional de Video MAMM (Medellín, 1992); Mención Especial del Jurado, 5éme Rencontres Cinémas d'Amérique Latine, Toulouse (Francia, 1993).

1993 *Nuestra película*
Largometraje documental
Dirección: Luis Ospina. Producción: Unos Pocos Buenos Amigos /Galería Garcés Velásquez. Producción ejecutiva: Claudia Triana de Vargas. Guion: Luis Ospina. Fotografía: Rodrigo Lalinde. Fotografía adicional: Luis Ospina, Diego García. Música: "Je suis seule" (Léo Marjane), *Tosca* (Giacomo Puccini), "Piezas en forma de pera" (Erik Satie), "Psycho Killer" (Talking Heads), "I Got Rhythm" (Fats Waller), *Gloria* (Antonio Vivaldi), *Norma* (Vincenzo Bellini), "Mood Indigo" (Duke Ellington), *Stabat Mater* (Giovanni Battista Pergolesi), "Où sont tous mes amants" (Fréhel), "Improvisation" (Masayuki Koga), *Stabat Mater* (Arvo Pärt). Locución:

Rosario Jaramillo. Montaje: Luis Ospina. Editor: Amparo Saavedra. Sonido: Rodrigo Lalinde, Luis Ospina. Material de archivo: *Lightning Over Water* (Wim Wenders/Nicholas Ray), *El misterio Picasso* (H.G. Clouzot), *Barbarroja* (Akira Kurosawa), *Aparajito* (Satyajit Ray), *Trono de sangre* (Akira Kurosawa), *Los caballeros las prefieren rubias* (Howard Hawks), *Alemania, año cero* (Roberto Rossellini), *Historia de Tokio* (Yasujiro Ozu), *La novia vestía de negro* (François Truffaut), *La ronda* (Max Ophüls). Material de archivo adicional: Jérôme Bel, Eduardo Carvajal, Teatro Nacional, Teatro Libre de Bogotá. Formato original: Hi8. Formato exhibición: Betacam SP, color, b/n. Duración: 96 min.

Argumento: ante su muerte inminente por sida, el artista Lorenzo Jaramillo reflexiona sobre su vida y obra a través de los cinco sentidos.

1993 *Autorretrato póstumo de Lorenzo Jaramillo*

Cortometraje documental.

Dirección: Luis Ospina. Producción: Luis Ospina. Guion: Luis Ospina, basado en una entrevista de Fernando Quiroz a Lorenzo Jaramillo. Fotografía: Rodrigo Lalinde. Montaje: Luis Ospina. Sonido: Rodrigo Lalinde. Reparto: Rosario Jaramillo (Lorenzo Jaramillo). Formato: Hi8, b/n. Duración: 9 min.

Argumento: monólogo del pintor Lorenzo Jaramillo interpretado por su hermana Rosario.

1994 *Capítulo 66*

Cortometraje argumental.

Dirección: Luis Ospina/Raúl Ruiz. Producción: Luis Ospina. Guion: Raúl Ruiz, Walter Rojas, Astrid Muñoz, Luis Rozo, Víctor Guerrero. Fotografía: Rodrigo Lalinde, Óscar Bernal. Asistentes de iluminación: Luis Hernández, Diana Ospina, Antonio Dorado. Música: Jesús Pinzón, Mario Gómez-Vignes, Germán Arrieta, Gabriel Ossa. Montaje: Luis Ospina. Editores: Amparo Saavedra, Rafael Restrepo. Dirección artística y utilería: Cristina Llano, Edgar Quiroz,

Patricia Moreno, Carlos Julio Díaz, Wilmer Echeverry. Sonido: Gerardo Otero, Gustavo Fernández. Microfonistas: Gabriel García, Juan Carlos Orozco. Asistentes de dirección: William González, Mauricio Durán, Walter Rojas. Reparto: Ricardo Duque, Rolf Abderhalden, María Paulina de Zubiría, María Teresa Hincapié, Jimena Guerrero, Heidi Abderhalden, John Rivera, Rubén Darío Forero, Juan Carlos Orozco, Luis Alberto Barrero, Jorge Londoño. Formato: U-matic, b/n. Duración: 25 min.

Argumento: video experimental, grabado durante un taller dictado por Raúl Ruiz en Bogotá, en el cual se combina la telenovela con el género gótico, para crear una historia que no sabemos cómo comenzó ni cómo terminará. Premios: segundo premio de video, XI Festival de Cine de Bogotá (1993).

1995 *Cali: ayer, hoy y mañana*

Serie de diez capítulos.

Dirección, guion y montaje: Luis Ospina. Cámara: Óscar Bernal. Montaje: Daniel Iarussi. Asistente de dirección: Beatriz Llano. Duración: 10 capítulos de 25 min. c/u: 1. "La muy noble y leal ciudad de Cali"; 2. "A toda máquina"; 3. "El ser caleño"; 4. "¡Que viva la música!"; 5. "Al pie de la letra"; 6. "Ojo vivo"; 7. "Caliwood"; 8. "Oiga, mire, lea"; 9. "Ocio y medio"; 10. "¡Oh, diosa Kali!" Producción: Universidad del Valle Televisión/Colcultura.

1997 *Mucho gusto*

Largometraje documental.

Dirección: Luis Ospina. Producción: Luis Ospina. Producción ejecutiva: Beatriz Llano, Diana Jaramillo. Guion: Luis Ospina. Fotografía: Óscar Bernal. Sonido: Juan Fernando Franco, Javier Quintero. Reparto: Rodolfo Llinás, Jaime Garzón, Harold Alvarado Tenorio, Juan Camilo Uribe, Darío Ruiz, Clemencia Varela, Beatriz González, Elizabeth Reichel, Pedro Alcántara, Carolina Ponce, Luis Alberto

Álvarez, Martha Bossio, Cristina Llano. Formato: U-matic, color. Duración: 108 min.

Argumento: ensayo documental sobre el tema del gusto, en todas sus acepciones, después del fenómeno del narcotráfico en Colombia.

1999 *Making of "La virgen de los sicarios"*

Cortometraje documental.

Dirección: Luis Ospina. Producción: Les Films du Losange, Tucán Producciones. Fotografía: Sergio García. Formato: Betacam SP, color. Duración: 45 min.

Argumento: detrás de cámaras del rodaje de *La virgen de los sicarios* de Barbet Schroeder.

1999 *Soplo de vida*

Largometraje argumental.

Dirección: Luis Ospina. Producción: EGM Producciones (Colombia). Coproducción: Hangar Films (Colombia), Mille et Une Productions (Francia). Producción ejecutiva: Efraín Gamba Martínez. Productor asociado: Sebastián Ospina. Producción de campo: Gloria Gamba. Con el apoyo de la Dirección de Cinematografía del Ministerio de Cultura (Colombia); Ministère de la Culture, Ministère des Affaires Étrangeres, Centre National de Cinématographie-Fonds Sud (Francia). Guion original: Sebastián Ospina. Adaptación: Sebastián Ospina, Luis Ospina. Asistentes de dirección: Marcela Vásquez, Jorge Valencia. Dirección de fotografía: Rodrigo Lalinde. Cámara: Óscar Bernal. Música: Germán Arrieta, Gonzalo de Sagarmínaga. Montaje: Luis Ospina, Elsa Vásquez. Sonido: César Salazar. Microfonista: Marianne Roussy. Mezcla: Jean Hotzmann. Montaje de sonido: Tristan Essyad. Dirección artística: Mónica Marulanda. Vestuario: Consuelo Sierra. Maquillaje: Jairo Cruz. Foto fija: Eduardo Carvajal, Isabelle de Funès. Afiche: Karen Lamassonne, Susana Carrié. Reparto: Fernando Solórzano (Emerson), Flora Martínez (Golondrina), Robinson Díaz

(Jacinto), César Mora (mago), Constanza Duque (Irene), Álvaro Ruiz (Medardo), Álvaro Rodríguez (Estupiñán), César Badillo (Hugo), Juan Fernando Franco (José Luis Domingo), Jaime Iván Paeres "Tatay" (el Gordo), Frank Beltrán (Arley), Rosario Jaramillo (empleada casino), Jaime Andrés Uribe (dependiente hotel), Yolanda García (madre de Martillo), Diego León Hoyos (juez), Mónica Campo (tendera), Alejandra Borrero (mujer en la escalera). Formato original: Super-16.Formato exhibición: 35 mm., color, b/n. Duración: 110 min.

Argumento: una película de cine negro colombiana que gira en torno al asesinato de una joven, conocida solo como Golondrina, en un sórdido hotel del centro de Bogotá. Por razones del destino, un expolicía (Emerson) se convierte en el investigador del crimen. Sin conocer la verdadera identidad de la víctima, él reconstruye, en el curso de su investigación, fragmentos de la vida de la muchacha. Descubre, paso a paso, que esta joven misteriosa tuvo relaciones con varios hombres: un boxeador fracasado (Martillo), un vendedor ciego de lotería (Mago), un torero cobarde (José Luis) y un político corrupto (Medardo) con vínculos con grupos paramilitares. Lo que comienza como una simple encuesta de un crimen pasional termina por convertirse en una trama en la cual el propio detective-narrador descubre que él también hace parte de la vida de la víctima. Premios: Mejor Guion Premio Nacional de Cine (1994); premio a la Mejor Actriz (Flora Martínez), Festival de Biarritz des Cinémas et Cultures de l'Amérique Latine (1999); Mención al Mejor Actor (César Mora), Festival de Cine de La Habana (1999); Mejor Película Colombiana, Festival de Cine de Cartagena (2000); Mejor Dirección de Festival de Cine de Cartagena (2000); Mejor Guion Premio Nacional de Cine (2002).

2003 *La desazón suprema: retrato incesante de Fernando Vallejo* Largometraje documental.

Dirección: Luis Ospina. Producción: Luis Ospina. Guion: Luis Ospina. Fotografía: Luis Ospina. Fotografía adicional: Rodrigo Lalinde. Música original: Germán Arrieta. Música adicional: "Ya lo verás" (Leo Marini). Montaje: Rubén Mendoza, Luis Ospina. Sonido: Luis Ospina. Locución: Sandro Romero Rey. Mezcla: Carlos Manrique. Asistente de mezcla: Vivianne Cárdenas. Graficación y efectos: Rubén Mendoza. Afiche: Lucas Ospina. Reparto: Fernando Vallejo, Barbet Schroeder, Carlos Monsiváis, Elena Poniatowska, Antonio Caballero, William Ospina, Enrique Ortiga. Material de archivo: Barbet Schroeder (Fernando Vallejo en Medellín y en México, 1998), Jorge Ruffinelli (entrevista con Fernando Vallejo, 1999), Caracol Televisión (*Cara a cara,* 1999), RCN Televisión (*La Noche,* 1999), Ramón Jimeno/Telecolombia (*Hechos y personajes,* 1999), Canal Capital/Instituto Distrital de Cultura y Turismo (*Memorias Encuentro Iberoamericano de Escritores,* 2000), Señal Colombia/Guiomar Acevedo y Asoc. (*Libro abierto,* 1999), Les Films du Losange/Le Studio Canal+ (*La virgen de los sicarios*-Barbet Schroeder, 2000), Pablo Barbachano/Secine (*El Corsario Negro*-Chano Urueta, 1944), Video Universal S.A. de C.V./Carlos Vasallo-José Díaz (*En la tormenta*-Fernando Vallejo, 1979), Sindicato de Trabajadores de la Producción Cinematográfica de la República Mexicana (*Crónica roja*-Fernando Vallejo, 1977), Fernando Vallejo *(Películas familiares y Una vía hacia el desarrollo*-Fernando Vallejo, 1968). Archivo fotográfico: William Fernando Martínez, Familia Vallejo Rendón. Archivo pictórico: David Antón (retrato de Fernando Vallejo), Beatriz Caballero (pinturas de Luis Caballero), Yolanda Mora de Jaramillo (dibujos de Lorenzo Jaramillo). Archivo audio: Radio Exterior de España (*Los Desayunos Radio Exterior de España,* 1999), RCN Radio (*La FM,* 2000). Formato original: Mini DV. Formato exhibición: Betacam Digital, color, b/n. Duración: 90 min.

Argumento: documental sobre Fernando Vallejo, el polémico escritor colombiano residente en México. A pesar de haber dirigido tres películas y de haber publicado cinco novelas autobiográficas, Vallejo era prácticamente un desconocido hasta la publicación y posterior adaptación al cine de *La virgen de los sicarios*, dirigida por Barbet Schroeder. Al decidir hablar en nombre propio y asumiendo sin disimulos ni subterfugios sus amores y sus odios, Vallejo rompe con la más obstinada tradición literaria: la del narrador omnisciente que todo lo sabe y todo lo ve. El documental no solo abarca su vasta obra literaria sino también sus múltiples intereses: el cine, la música, la poesía, la gramática, la ciencia y la política. Premios: ganador de la Convocatoria Nacional Cinematográfica (2001); beca del programa Residencias Artísticas en México (2002); Premio Radio France Internationale, Rencontres Cinémas d'Amérique Latine de Toulouse (2004); Premio Nacional de Medios Audiovisuales, Ministerio de Cultura (2004); Premio a la Libertad de Expresión en CadizDoc (2005).

2003 *Video (B)Art(H)Es*
Videoarte.
Dirección: Luis Ospina. Producción: Luis Ospina. Guion: Luis Ospina. Fotografía: Luis Ospina. Montaje: Luis Ospina. Editor: Roberto Herrera. Reparto: Natalia Helo, Luis Ospina. Formato: Betacam SP, color, b/n. Duración: 3 min.
Argumento: videoarte que combina materiales de archivo con material grabado en la India como contribución a la convocatoria "Fragmentos de un video amoroso" inspirada en el texto de Roland Barthes.

2007 *Un tigre de papel*
Largometraje documental.
Dirección: Luis Ospina. Producción: Luis Ospina con el apoyo del Fondo para el Desarrollo Cinematográfico. Productores asociados: Congo Films, Efe-X, Fundación Patrimonio Fílmico Colombiano (Bogotá), Miguel Salazar (Nueva York, Ucrania, Amazonas), Andrés Mora (China), Rodrigo Lalinde

(Rumania), Karen Lamassonne (Atlanta). Con el apoyo del Fondo para el Desarrollo Cinematográfico. Guion: Luis Ospina basado en una investigación de Lucas Ospina, François Bucher y Bernardo Ortiz, con la colaboración de Carolina Sanín. Fotografía: Luis Ospina. Fotografía adicional: Miguel Salazar, Rodrigo Lalinde. Música: *En el segundo tono* de Guillermo Gaviria interpretada por la Orquesta Sinfónica de Colombia bajo la dirección de Federico García Vigil. Montaje: Rubén Mendoza, Luis Ospina. Sonido: Luis Ospina. Locución: Natalia Iartovsky, Jacques Marchal, Luo Huiling. Graficación y efectos: Rubén Mendoza. Postproducción: Efe-X. Reparto: Jaime Osorio, Carlos Mayolo, ArturoAlape, Joe Broderick, Jotamario Arbeláez, Vicky Hernández, Juan José Vejarano, Tania Moreno, Beatriz González, Santiago García, Umberto Giangrandi, Jorge Masetti, Krishna Candeth, Penélope Smith, Rolando Peña, Carolina Sanín, Tsu Ke-Uin, Carlos Castillo, Petra Popescu, Mijaíl Grushenko, Tarcisio Vanegas, Walter Morales. Formato original: Mini DV. Formato exhibición: Betacam Digital. Duración: 114 min.

Argumento: la vida de Pedro Manrique Figueroa, precursor del *collage* en Colombia, no está escrita por nadie, y por una razón poderosa: se parece demasiado a una novela de aventuras, a la vez incompleta y contradictoria, siempre vinculada a las centelleantes incertidumbres de la tradición oral. Utilizando como pretexto la vida y obra de Manrique Figueroa, la película hace un recorrido por la historia desde 1934 hasta 1981, año de la misteriosa desaparición del artista. A la manera de un *collage*, *Un tigre de papel* yuxtapone el arte con la política, la verdad con la mentira, el documental con la ficción. Premios: Mejor Documental, Ministerio de Cultura de Colombia (2007); Premio Especial del Jurado, Festival Internacional de Cine de Miami (2008); Premio Signis, Rencontres Cinémas d'Amérique Latine de Toulouse (2008); segundo premio al Mejor Documental Latinoamericano, Festival de Lima (2008); Premio TeleSur EDOC

Encuentros del Otro Cine (2008); Premio de la revista *Revolución y Cultura* al Mejor Documental, Festival del Nuevo Cine Latinoamericano de La Habana (2008).

2007 *De la ilusión al desconcierto: cine colombiano 1970-1995*
Serie documental. Capítulo I: "El desprecio del sobreprecio"; Capítulo II: "El estado de las cosas"; Capítulo III: "Las cosas del Estado"; Capítulo IV: "Memorias del subdesarrollo".
Dirección: Luis Ospina. Producción: Fundación Patrimonio Fílmico Colombiano con el apoyo del Fondo para el Desarrollo Cinematográfico. Productores asociados: Escuela de Cine y TV de la Universidad Nacional, Corporación Universitaria Nueva Colombia-Facultad de Cine y TV, Pontificia Universidad Javeriana-carrera de Comunicación Social, Universidad Jorge Tadeo Lozano de Cartagena-facultad de Comunicación Social, TeleAntioquia. Producción ejecutiva: Sasha Quintero Carbonell. Guion e investigación: Luis Ospina y Diego Rojas. Investigación previa y realización de entrevistas 1994-1996: Jorge Nieto. Fotografía: Sergio Triviño (Bogotá), Sergio Andrés López (Medellín), Leonardo Giraldo (Cali). Música: Luis Antonio Escobar, tema de la película *Fuga*. Montaje: Luis Ospina. Editor: Cristian Corradine. Sonido: Nicolás Guarín (Bogotá), Andrés Felipe Cardona (Medellín), Catherine Vásquez (Cali). Mezcla: Mauricio Mendoza. Colorista: Wilmar Muñoz. Material de archivo: Universidad del Valle, Fundación Patrimonio Fílmico Colombiano, Cinemateca Distrital, Eduardo Carvajal, Luis Ospina. Reparto: Fernando Laverde, Carlos Mayolo, Camila Loboguerrero, Luis Alfredo Sánchez, Lisandro Duque, Carlos Álvarez, Ciro Durán, Francisco Norden, Jairo Pinillla, Jorge Alí Triana, Ramiro Arbeláez, Marta Rodríguez, Óscar Campo, Jorge Nieto, Orlando Mora, Isadora de Norden, Luis Ospina, Patricia Restrepo, Hernando Martínez Pardo, Hugo Chaparro, Carlos Palau, Erwin Goggel, Luis Alberto Álvarez, Hernando Salcedo Silva, Gustavo Nietro Roa, Claudia Triana de Vargas, María Emma Mejía, Víctor Gaviria, Luis

Alberto Restrepo, Julio Luzardo, Clara Riascos, Gloria Triana, Sergio Cabrera, Jaime Osorio. Formato: Betacam Digital, color, b/n. Duración: serie de 4 capítulos de 25 min. c/u.

Argumento: panorama histórico del cine colombiano desde 1970 hasta 1995, centenario de la invención del cine, con énfasis en las relaciones entre el Estado y el cine.

2015 *Todo comenzó por el fin*

Director: Luis Ospina. Productor: Luis Ospina. Productora ejecutiva: Sasha Quintero Carbonell. Guion: Luis Ospina. Director de Fotografía: Francisco Medina. Fotografía adicional: José Luis Guerín, Lina González, Rubén Mendoza, Margarita Peña, Miguel Salazar, Jaime Bonilla, Óscar Campo, Ramiro Arbeláez. Edición: Gustavo Vasco/Luis Ospina. Música: Camilo Sanabria, Franz Schubert, Los Speakers, Johnny Pacheco y Rolando Laserie, Bloque de Búsqueda, Junior Jein et al. Sonido y diseño sonoro: Isabel Torres/ Andrés Montaña/Camilo Martínez/Amanda Villavieja. Sonido adicional: Amanda Villavieja/Carlos Rincón/Andrés Montaña Duret/Elkin Pérez/Juan Camilo Martínez. Mezcla: José Valenzuela. Narradores: Sandro Romero Rey/Joe Broderick. Reparto: Alberto Quiroga, Alberto Valdiri, Alejandra Borrero, Alejandra Gómez Lemos, Andrés Caicedo, Ani Aristizábal, Beatriz Caballero, Carlos Congote, Carlos Mayolo, Clarisol Lemos, Claudia González, Corinna Chand, Eduardo Carvajal, Elsa Vásquez, Enrique Buenaventura, Eugenio Renjifo, Fernando López, Guilermo Lemos, Harold Alvarado Tenorio, Hernando Guerrero, Jaime Acosta, Jaime Bonilla, Joyce Lamassonne, Karen Lamassonne, Liuba Hleap, Luis Ospina, María Vásquez, Miguel González, Miguel Marías, Óscar Campo, Patricia Restrepo, Pilar Villamizar, Ramiro Arbeláez, Ricardo Duque, Rodrigo Lalinde, Rosario Caicedo, Sandro Romero Rey, Vicky Hernández. Premios: Producción de Largometraje Documental del Fondo de Desarrollo Cinematográfico Proimágenes-Colombia (2011). Duración: 208 min.

Argumento: *Todo comenzó por el fin* es el autorretrato del Grupo de Cali, también conocido como Caliwood, un grupo de amigos apasionados por el cine, que en medio de la rumba y del caos histórico comprendido entre 1971 y 1991, lograron producir un corpus cinematográfico que ya hace parte fundamental de la historia del cine colombiano. A su vez, es la historia clínica del propio realizador, quien se enfermó gravemente durante la producción del film.

2015 *Hay que ser paciente*
Dirección: Luis Ospina. Montaje: David Rojas/Luis Ospina. Producción: Gusano Films. Materiales de archivo: *Dialogue with Life* (Murray Lerner/Lloyd Ritter), *Cancer* (Encyclopedia Britannica Films), *Confidential File* (Paul Coates), *Insomnia* (United States Navy), "Heart and Circulation" (Erpi Classroom Films Inc), Prelinger Archives, imágenes de "*Impaciente*" (Jorge Caballero) y de *Un tigre de papel* (Luis Ospina). Duración: 3 min.
Argumento: cortometraje con material de archivo que hace parte del proyecto webdoc *Paciente* de Jorge Caballero, sobre las tribulaciones por las que tiene que pasar una persona con cáncer en el sistema de salud colombiano.

Premios y distinciones

Acto de fe y autorretrato (dormido)

Primer premio, I Festival de Cine Super-8 (Bogotá, 1977)

Asunción

Primer premio, II Festival de Colcultura (Bogotá, 1977)
Premio al Mejor Guion, II Festival de Colcultura (Bogotá, 1977)

AGARRANDO PUEBLO

Primer premio, III Festival de Colcultura (Bogotá, 1978)
Premio Novais-Teixeira (Sindicato Francés de la Crítica de Cine) Festival Internacional del Cortometraje de Lille (Francia, 1979)
Premio Interfilm, Festival Internacional de Oberhausen (Alemania Federal, 1979)
Mención de Jurado, Festival Internacional de Bilbao (España, 1979)

PURA SANGRE

Premio a la Mejor Actriz y al Mejor Sonido, Festival Internacional de Cartagena (1982)
Mención al Guion, II Concurso de Guiones de Focine (Bogotá, 1981)
Mención del Jurado de la Crítica Festival Internacional de Cine Fantástico de Sitges (España, 1983)

HOME MOVIE (guion de largometraje sin realizar)

Segundo premio, II Concurso de Guiones de Focine (Bogotá, 1981)

EL POBRE LARA (guion de largometraje sin realizar)

Mención de honor, V Concurso de Guiones de Focine (Bogotá, 1984)

EN BUSCA DE "MARÍA"

Medalla al Mérito de las Comunicaciones Manuel Murillo Toro
Premio Focine 1986 Círculo Precolombino al Mejor Documental, III Festival de Cine de Bogotá (1986)

India Catalina al Mejor Documental, Festival Internacional de Cine de Cartagena (1986)
Premio al Mejor Documental, Bienal de Cine de Bogotá (1986)
Danzante de Bronce, Certamen Internacional del Film Corto Ciudad de Huesca (España, 1986)

Aquel 19

Círculo Precolombino al Mejor Montaje, III Festival de Cine de Bogotá (1985)

Ojo y vista: peligra la vida del artista

Mejor Documental en Video, XIII Festival del Nuevo Cine Super-8 y Video de Caracas (1988)

Adiós a Cali

Círculo Precolombino al Mejor Director de Video, VII Festival de Cine de Bogotá (1991)
Mención Especial del Jurado, III Bienal Internacional de Video MAMM (Medellín, 1990)
Mención Especial del Jurado, IV Salón de Cine de Bogotá (1991)

Antonio María Valencia: música en cámara

Mención Especial del Jurado, IV Salón de Cine de Bogotá (1991)

A la carrera

Premio Video Documental, IV Bienal Internacional de Video MAMM (Medellín, 1992)
Mención Especial del Jurado, 5éme Rencontre Cinémas d'Amérique Latine, Toulouse (Francia, 1993)

CAPÍTULO 66

Segundo Premio de Video, XI Festival de Cine de Bogotá (1993)

SOPLO DE VIDA

Mejor Guion, Premio Nacional de Cine (1994)
Premio a la Mejor Actriz (Flora Martínez), Festival de Biarritz des Cinémas et Cultures de l'Amérique Latine (1999)
Mención al Mejor Actor (César Mora), Festival de Cine de La Habana (1999)
Mejor Película Colombiana, Festival de Cine de Cartagena (2000)
Mejor Director de Cine Colombiano, Festival de Cine de Cartagena (2000)
Mejor Guion Premio Nacional de Cine (2002)

LA DESAZÓN SUPREMA: RETRATO INCESANTE DE FERNANDO VALLEJO

Ganador de la Convocatoria Nacional Cinematográfica (2001)
Beca del Programa Residencias Artísticas en México (2002)
Premio Radio France Internationale, Rencontres Cinémas d'Amérique Latine de Toulouse (2004)
Premio Nacional de Medios Audiovisuales, Ministerio de Cultura (2004)
Premio a la Libertad de Expresión, en CadizDoc (2005)

UN TIGRE DE PAPEL

Premio Nacional Documental, Ministerio de Cultura (2008)
Premio Especial del Jurado, Rencontres Cinémas d'Amérique Latine de Toulouse (2008)
Segundo Premio, Festival de Lima (2008)
Mejor Documental de la revista *Revolución y Cultura,* Festival del Nuevo Cine Latinoamericano de La Habana (2008)

Premio a Toda una Vida Dedicado al Cine, Ministerio de Cultura, Colombia (2010).

FILMOGRAFÍA DEL GRUPO DE CALI (1971-1991)

1971 *Monserrate* (Carlos Mayolo/Jorge Silva), cortometraje
1971 *Angelita y Miguel Ángel* (Carlos Mayolo/Andrés Caicedo), cortometraje
1972 *Oiga vea* (Carlos Mayolo/Luis Ospina), cortometraje
1973 *Cali: de película* (Carlos Mayolo/Luis Ospina), cortometraje
1975 *Asunción* (Carlos Mayolo/Luis Ospina), cortometraje
1975 *Contaminación es…* (Carlos Mayolo), cortometraje
1975 *Sin telón* (Carlos Mayolo), cortometraje
1975 *La hamaca* (Carlos Mayolo), cortometraje
1976 *Rodillanegra* (Carlos Mayolo), cortometraje
1976 *La otra cara de La Moneda* (Eduardo Carvajal)
1978 *Agarrando pueblo* (Carlos Mayolo/Luis Ospina), cortometraje
1978 *Bienvenida a Londres* (Carlos Mayolo/María Emma Mejía), cortometraje
1982 *Pura sangre* (Luis Ospina), largometraje
1982 *Secretos delicados* (Karen Lamassonne), videoarte
1984 *Ruido* (Karen Lamassonne), videoarte
1983 *Carne de tu carne* (Carlos Mayolo), largometraje
1984 *Cuentos de espanto* (Carlos Mayolo), cortometraje
1984 *La Madremonte* (Carlos Mayolo/Raúl Held), cortometraje
1984 *El Dorado* (Carlos Mayolo/Raúl Held), cortometraje
1985 *En busca de "María"* (Luis Ospina/Jorge Nieto), cortometraje
1985 *Cali, cálido, calidoscopio* (Carlos Mayolo), cortometraje
1985 *Aquel 19* (Carlos Mayolo), cortometraje
1986 *Andrés Caicedo: unos pocos buenos amigos* (Luis Ospina), largometraje
1986 *Valeria* (Óscar Campo), cortometraje
1986 *La mansión de Araucaíma* (Carlos Mayolo), largometraje
1987 *Antonio María Valencia: música en cámara* (Luis Ospina), largometraje

1987 *Suspenso 7:30* (Carlos Mayolo), cortometraje
1987 *Las andanzas de Juan Máximo Gris* (Óscar Campo), cortometraje
1988 *Suspenso 7:30* (Sandro Romero/Elsa Vásquez), cortometraje
1988 *Ojo y vista: peligra la vida del artista* (Luis Ospina), cortometraje
1988 *Pacífico negro* (Óscar Campo), cortometraje
1988 *Arte sano cuadra a cuadra* (Luis Ospina), cortometraje
1989 *Slapstick: la comedia muda norteamericana* (Luis Ospina), largometraje
1989 *Retratos tras las rejas* (Óscar Campo), cortometraje
1989 *El último canto del guerrero* (Eduardo Carvajal/Elsa Vásquez), cortometraje
1989 *El Cali que se fue* (Óscar Campo/Beatriz Llano), cortometraje
1989 *Colombians in Korea* (Óscar Campo), largometraje
1990 *Adiós a Cali* (Luis Ospina), largometraje
1990 *¡Azúcar!* (Carlos Mayolo), serie TV
1990 *Laura, por favor* (Carlos Mayolo), serie TV
1990 *Recuerdos de sangre* (Óscar Campo/Astrid Muñoz), largometraje
1991 *Cámara ardiente* (Luis Ospina), largometraje
1991 *Al pie* (Luis Ospina), cortometraje
1991 *Al pelo* (Luis Ospina), cortometraje
1991 *A la carrera* (Luis Ospina), cortometraje

Este libro, por lo pronto, ha llegado a su FIN.

www.ingramcontent.com/pod-product-compliance
Lightning Source LLC
LaVergne TN
LVHW010609100826
845148LV00014B/2899

* 9 7 8 9 5 8 6 6 5 3 5 4 1 *